"中美澳"

竞技游泳人才培养体系研究

兼论中国游泳"浙江经验"

李建设　顾耀东　王章明　沈国琴　/ 著

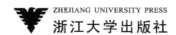

ZHEJIANG UNIVERSITY PRESS
浙江大学出版社

图书在版编目(CIP)数据

"中美澳"竞技游泳人才培养体系研究：兼论中国
游泳"浙江经验" / 李建设等著. —杭州：浙江大学
出版社，2020.12(2023.6 重印)
ISBN 978-7-308-20760-7

Ⅰ.①中… Ⅱ.①李… Ⅲ.①游泳－竞技体育－人才
培养－对比研究－中国、美国、澳大利亚②游泳－竞技体
育－人才培养－经验－浙江 Ⅳ.①G861.102.5

中国版本图书馆 CIP 数据核字(2020)第 218289 号

"中美澳"竞技游泳人才培养体系研究
——兼论中国游泳"浙江经验"
李建设　顾耀东　王章明　沈国琴　著

责任编辑	董　文
责任校对	汪淑芳　李　琰
封面设计	春天书装
出版发行	浙江大学出版社
	（杭州市天目山路 148 号　邮政编码 310007）
	（网址：http://www.zjupress.com）
排　　版	浙江时代出版服务有限公司
印　　刷	广东虎彩云印刷有限公司绍兴分公司
开　　本	710mm×1000mm　1/16
印　　张	14
字　　数	230 千
版 印 次	2020 年 12 月第 1 版　2023 年 6 月第 3 次印刷
书　　号	ISBN 978-7-308-20760-7
定　　价	58.00 元

序

从我国重返奥运大家庭的 1984 年洛杉矶奥运会到 2016 年里约热内卢奥运会，美国共获得 119 枚游泳金牌，平均每届约 13 枚；同样是游泳强国的澳大利亚共获得 27 枚游泳金牌，平均每届 3 枚；我国则共获得 13 枚游泳金牌，平均每届不到 1.5 枚。显然，美国始终居于国际泳坛的霸主地位；澳大利亚近年来虽有滑坡，但仍然是游泳强国；我国则崛起了一股中国游泳的"浙江力量"，在近两届奥运会获得的 5 枚金牌中，4 枚是"浙江造"，"中国游泳看浙江"也早已成为泳坛共识。

提起当今世界泳坛谁游得最快，人们自然会想到菲尔普斯，他在近四届奥运会中豪夺了 23 枚金牌。我们不禁发问：这位 1985 年出生的游泳天才，为什么出现在美国？美国的竞技游泳为什么能长期称霸天下？其人才辈出且巨星不断涌现的奥秘又是什么？2008 年北京奥运会后，浙江游泳启动了大规模的"留洋计划"，造就了孙杨、叶诗文、徐嘉余等优秀运动员，他们已然成为浙江游泳乃至中国游泳的核心力量。我们同样有理由追问：为什么他们出现在浙江？浙江的竞技游泳为何能成为中国泳坛的"半壁江山"？浙江竞技游泳之于中国与美国竞技游泳之于世界，其水平与地位几乎相当，浙江游泳的成功经验与美国游泳的长盛不衰，必有其相似的内在逻辑。

任何竞技体育项目，冒出几个明星或许是偶然，但一拨接一拨地新人辈出，其中就有偶然中的必然了，不断的"偶然"构成了某种现象，而现象的形成就可能蕴含着某种规律。泳坛巨星的出现如果是偶然，为什么美国能源源不断地涌现出巨星？为什么浙江游泳在中国率先崛起，并在崛起后人才辈出？如果是必然，为什么"飞鱼"菲尔普斯的教练鲍曼说"菲尔普斯是十代人里出一个的水平，世上只有一个菲尔普斯"？偶然中蕴含着必然，偶然与必然之间充满了辩证关系。浙江培养游泳人才走的是一条什么路？又是怎样从这条路上走过来的？为何其他省份不乏类似浙江的举措，唯独浙江游泳"一枝独秀"？为何浙江发展竞技体育的大环境相同,唯独游泳项目脱颖而出？

诚然,制度的不同,使得我国竞技体育的管理体系、训练体系、竞赛体系、运动员培养体系和教练员培养体系与美国和澳大利亚有很大的差异。但"美国体育缘何如此强盛"一直是我们对竞技体育应有的诘问,而探究"美国游泳缘何长盛不衰"或许能为我们指点迷津。本书从社会学、体育学和管理学的视角,探究以下问题:美国游泳缘何长盛不衰？澳大利亚缘何成为游泳强国？浙江游泳缘何在我国率先崛起？浙江游泳究竟为中国游泳提供了什么经验？优秀游泳运动员的成长是否蕴含着什么规律？这一系列问题是中国游泳乃至中国竞技体育亟待探究的重大命题。

在我担任浙江体育职业技术学院院长时期,正是浙江游泳初露端倪、蓄势待发之时,出于职业的使命及个人的习惯,我开始关注浙江游泳,尤其是与游泳队教练员、运动员及其家长广泛而频繁地交流沟通后,我认为浙江游泳即将迎来整体突破。与此同时,另一件事对我影响深刻,那就是虽然浙江竞技体育从来不乏世界冠军,浙江甚至是我国"届届奥运有金牌"的两个省份之一,但是,浙江缺乏"巨星"级的体坛明星。例如上海,仅姚明和刘翔两人就已决定了上海竞技体育在全国的巨大影响力。这样的比较及反差促使我很快做出决策并开始行动。在时任浙江省体育局局长李云林同志的支持下,我与时任学院党委书记刘军同志一拍即合,拟定了浙江竞技体育发展"双八"战略,与"八八战略"恰好形成呼应。"双八"战略中最先实施的两大战略就是"拔尖运动员培养工程"和"青年教练员培养工程"。前者简称"造星工程",即着力培养世界级乃至"巨星"级拔尖运动员;后者则旨在促进浙江竞技体育的可持续发展,着力培养一批具有高点站位、国际视野的年轻教练员。

随即,学院就启动了优秀运动员"留洋计划",并作为备战"1213周期"的主要抓手。竞技体育行业内通常把四年作为一个周期,因为奥运会、全运会每四年举办一届。备战"1213周期"指的是备战2012年的伦敦奥运会和2013年的辽宁全运会。在经过充分调研论证后,游泳队去了著名的澳大利亚迈阿密游泳俱乐部(Pro-Miami Swimming Club),田径短跑队去了美国田径名校——得克萨斯农工大学(Texas A&M University)。赴澳大利亚训练后,孙杨、叶诗文、傅园慧、徐嘉余、汪顺等一批运动员很快从"优秀"达到了"拔尖",继伦敦奥运会夺得4枚金牌、实现了男子游泳奥运金牌零的突破后,他们在辽宁全运会上更是豪夺15枚金牌。谢震业赴美国训练后也迅速脱颖而出,跨入了国内"拔尖"短跑运动员的行列,并逐渐成为亚洲乃至世界级高水平短跑运动员。

短暂的"留洋计划"收获了巨大成效,表面上看是运动员成绩的突飞猛进,但我看到的却是:我们与竞技体育发达国家的差距并不在于运动员,而主要在于教练。尽管这个判断可能会伤害一些教练的自尊心,但近些年我国在直道竞速类项目上(不仅是游泳,还包括短跑和赛艇等)普遍聘请国际优秀教练已是不争之实。我们拥有庞大的青少年竞技体育后备人才,其中不乏优秀运动员苗子,但我们缺乏把优秀运动员培养成拔尖运动员的经验和办法。如果从人才培养的角度考察,我们可能在人才成长的"最后一公里"上缺了点什么。可能这就是竞技体育的"钱学森之问"。在多年竞技体育管理及运动员培养的实践中,我几乎天天都与教练们打交道,其中不乏国家级教练或国家队教练。我发现他们大多具有优秀的专业背景和良好的专项运动经验,在训练过程中,"师徒"间的技能传习,可以很快使"徒弟"习得并超越"师傅"的技能。但随着运动员竞技水平的不断提升,教练的知识结构、认知能力和学习能力逐渐变成了短板,不少教练就显得力不从心了。故"科技助力"变得越来越迫切,其作用也越来越突显。相反,美国等竞技体育发达国家的很多教练本身就有良好的生理学、心理学、生物力学背景,本身就是"科技助力"的行家。

我关注中国游泳"浙江现象"始于2011年上海游泳世锦赛,2012年伦敦奥运会后便开始了系统思考。系统梳理研究大量理论与文献后,我深感浙江体育有很多值得总结提炼的"现象"乃至"经验",尤其是中国游泳的"浙江现象"和"浙江经验"。但当时因集中精力于国家社科基金项目"竞技体育人才培养与管理体制浙江模式的实践探索",我尚无暇匀出精力系统研究"浙江游泳"。其实,竞技体育人才培养与管理体制院校化改革就是体育领域最重要的"浙江经验","竞技系-项目中心-单项协会"和"训-科-医"两个三位一体,保证了"举省体制"下浙江竞技体育资源整合和利用的高效性。2013年末,我离开浙江体育职业技术学院后,方觉得中国游泳看浙江,看什么,怎么看,该有人为此做点什么了。由此,我萌生了申报国家社科基金项目的想法,希望通过浙江游泳的崛起,探究优秀运动员成长、成才、成功的路径及规律,并为其他竞技体育项目的发展提供可能的借鉴和路径依赖。

　　然而,要在实践中找到一条正确的道路并非那么容易。我们要实事求是,要深入实际了解事物的本来面貌,要善于透过现象找到本质,从零乱的现象中发现事物内部存在的必然联系,从客观事物存在和发展的规律出发,在实践中按照客观规律办事。课题立项后,我就开始着手进行调查研究及文献梳理。我们的调查研究是扎根式的蹲点调查,从基层体校一直到美国和澳大利亚的高水平游泳俱乐部。我的学生顾耀东博士(现任宁波大学体育学院执行院长)和顾耀东的学生李蜀东博士充分利用先后给孙杨提供翻译及科技助力的机会,深度考察、调研了澳大利亚和美国的高水平游泳俱乐部,希望循着中国游泳"浙江现象"的形成机制,比较美国、澳大利亚游泳长盛不衰的原因,总结出一点"浙江经验",看看这些经验对于其他竞技体育项目是否具有可复制性。阶段性成果要报分别报送国家体育总局和浙江省人民政府,得到了国家体育总局局长苟仲文和时任浙江省人民政府副省长成岳冲的肯定性批示。我还就中国游泳"浙江现象"和"浙江经验"写了两篇学术论文,都得以在《体育科学》发表[①],其中《中国游泳"浙江经验"及美国游泳长盛不衰之探究》还收入了国家体育总局的《体育工作情况》供全国体育局长会议参阅。2019年末到2020年初,我们向浙江省人民政府提交了《关于优秀运动员培养体系中的家庭角色问题——孙杨事件引发的家庭参与方式亟待破题研究》的报告,时任副省长成岳冲立即做了"的确是一个值得研究的问题,请省体育局研阅"的批示。在优秀运动员的培养及管理体系中,体制决定了培养方式、培养机制及管理模式。家庭是否应该参与、应该怎样参与,这个问题长期没有得到重视,更没有解决方案。从制度层面考量,我们在"治理体系"建设和"治理能力"提升上确实存在着短板,亟待破题。本书则在优秀运动员培养的"整体智治"方面提出了一些思考和建议。

　　2017年,我退休后本想结束研究,效先人"如今但欲关门睡,一任梅花作雪飞"。然而,本人性格使然,再加上同行邀约、盛情难却,还是接手了新

---

　　① 李建设,王章明,顾耀东.中国游泳"浙江现象"及形成机制探究[J].体育科学,2017,37(6):35-40;李建设,王章明,李蜀东,等.中国游泳"浙江经验"及美国游泳长盛不衰之探究[J].体育科学,2019,39(1):27-34.

的工作和新的项目。由于精力和水平有限,匆匆成稿后觉得研究探索成果
与初衷仍有差距。本书中难免存在错漏,请大家批评指正。

　　本书在撰写过程中,得到了学界和业界同仁的支持,尤其感谢陈小平教
授数次与笔者深度交流,其力作《康希尔曼训练思想研究》正是研究美国游
泳为何长盛不衰的理论力作。感谢李蜀东、关志逊和梅其昌博士查阅并整
理原始信息,尤其是李蜀东博士,他是孙杨的翻译兼科研行政主管,常年与
孙杨、孙杨的父母、朱志根教练、丹尼斯教练及孙杨的团队在一起,对优秀外
教及其俱乐部均进行了深度的考察调研,提供了宝贵的一手材料。感谢应
姗姗、吴紫莹、梁志强、程林辉、但林飞等老师和同学在文献资料查阅、统计
数据核对、书稿排版校对等方面所做的细致且烦琐的工作。

　　最后,衷心感谢浙江大学出版社的葛娟、丁沛岚和董文老师为本书的封
面设计及文字编辑提供的帮助。

李建设

2020 年 5 月

前　言

在 2008 年北京奥运会上,中国竞技体育就金牌和奖牌总数而言,已经取得了巨大成功,凭借 51 枚金牌(后因女子举重兴奋剂问题被收回 3 枚金牌,实为 48 枚金牌)成功冲顶,共获得 100 枚奖牌。这背后蕴含着丰富的物质与文化因素。在 2012 年伦敦奥运会上,尽管我国的金牌和奖牌总数出现了较大幅度下滑,但仍以 38 枚金牌、88 枚奖牌位居次席,仅列美国之后,立于第一集团。在 2016 年里约热内卢奥运会上,我国的金牌总数继续较大幅度下滑,获得 26 枚金牌,比起八年前北京奥运会的金牌数,几乎"腰斩",奖牌总数则为 70 枚,位列金牌榜第三和奖牌榜第二。如果单纯以奥运金牌和奖牌数量来评价,我国已是奥运金牌大国或者竞技体育大国,但当我们理性地审视北京奥运会金牌数量的巨大增幅和后北京奥运会时期金牌数量的快速滑坡之时,被遮盖的"短板"即刻凸现。在竞技体育"含金量"最高的"三大球"之足球和篮球项目上,我们与"世界强队"还相去甚远,实现"冠军梦"可能还非常遥远。职业化改革最早的男子足球,即便在亚洲,我们也没有地位,参加世界杯成了国人的奢望。竞技体育的"田径、游泳、水上"基础大项,我们还基本没有突破,奥运会和世锦赛鲜有金牌入账,其中影响力最大的直道竞速类项目的差距更大。即便是我们长期保持优势的六大项群也面临着严峻挑战,除举重和跳水优势尚存、乒乓球滑坡后有所复苏外,羽毛球、体操和射击已经优势不再。

然而,让国人欣喜的是,中国游泳已经悄然崛起,继 2012 年伦敦奥运会孙杨、叶诗文、焦刘洋勇夺 5 枚金牌后,在 2015 年喀山世界游泳锦标赛上又取得了金牌数和奖牌数双第一的优异成绩。在 2016 年里约热内卢奥运会上,来自浙江的孙杨、徐嘉余、傅园慧和汪顺共获得 1 金、2 银、2 铜,包揽了中国游泳在本届奥运会上的全部奖牌,捍卫了中国游泳尤其是浙江游泳在国际泳坛的地位。孙杨、叶诗文、傅园慧、徐嘉余、汪顺等浙江籍游泳世界冠军的名字,俨然成为中国游泳崛起的象征,中国也日渐成为有一定影响力的游泳大国。然而,我们必须清醒地认识到,我国还远未成为游泳强国,与美国和澳大利亚等游泳强国相比较,我国游泳运动员培养模式单一、基础训练理念落后、后备人才培养不足、科学训练水平不高、科技助力不够得力、训学矛盾仍然突出等问题一直没有得到根本解决。其中,在国家体育总局竞技体育司注册的高水平专业游泳运动员数量严重不足,与游泳强国美国相比差距巨大。

提起游泳,不能不研究在国际泳坛长盛不衰的美国。在奥运会历史上(第1届至第29届),美国获得的游泳金牌总数达到了212枚,占奥运会游泳金牌总数的44%,从中国、美国和澳大利亚在历届奥运会上获得的游泳金牌总数来看,美国的霸主地位显然不可撼动。如果以我国恢复参加奥运会以来的9届奥运会成绩统计,美国共获得了119枚游泳金牌,平均每届高达约13枚;同样是游泳强国的澳大利亚共获得27枚游泳金牌,平均每届3枚;我国共获得13枚游泳金牌,平均每届不到1.5枚。除1992年巴塞罗那奥运会"五朵金花"傲然绽放夺得4金及2012年伦敦奥运会"金童玉女"横空出世夺得5金外,在其他7届奥运会中,有4届各获1金,有3届"颗粒无收"。纵观当今的国际泳坛格局,美国仍然牢牢占据着霸主地位,澳大利亚紧随其后,只不过近几届奥运会金牌数有所下滑。中国游泳则随着浙江游泳的异军突起开始崭露头角。

如果要问当今泳坛谁游得最快,人们自然会想到美国"飞鱼"迈克尔·菲尔普斯(Michael Phelps),他所在的美国队在里约热内卢奥运会上以绝对优势获得男子4×100米混合泳接力金牌,这也是他连续征战2004年雅典、2008年北京、2012年伦敦和2016年里约热内卢4届奥运会收获的第23枚金牌。人们不禁要问:这位1985年出生的游泳天才,为什么出现在美国?美国的竞技游泳为什么能长期称霸天下?其人才辈出的奥秘又是什么?2005年,中国国家游泳队开始了大规模的"留洋计划",赴澳大利亚训练。随后,各省级游泳队也相继前往澳大利亚训练。其中,最先"吃到螃蟹"的当属北京的张琳和上海的刘子歌,前者师从澳大利亚著名教练丹尼斯·科特瑞尔(Denis Cotterell),后者拜师肯·伍德(Ken Wood)。短暂的"留洋计划"收到了立竿见影的效果,张琳获得了2007年墨尔本游泳世锦赛男子800米自由泳冠军,刘子歌夺得了2008年北京奥运会女子200米蝶泳金牌。2008年北京奥运会后,浙江游泳开启了规模化的优秀运动员"留洋计划",短短数年,就使得孙杨、叶诗文、傅园慧、徐嘉余、汪顺、李广源、李朱濠、朱梦惠、柳雅欣、吴越、吴卿风、何峻毅等一批又一批优秀游泳运动员脱颖而出,他们已然成为浙江竞技游泳的核心竞争力。浙江游泳缘何在中国游泳处于最低潮时率先崛起? 在崛起后又缘何涌现出一批又一批优秀运动员? 浙江游泳成功的奥秘,引起了中国乃至世界泳坛的极大关注,新华社曾经数次刊发长篇报道:《钱塘何以出蛟龙——泳坛浙军现象解析》《泳池再现浙江现象,浙江游泳缘何常青?》《中国泳军里约大放异彩,浙江大地遍植游泳基因》《全运游泳综述:浙江"一家独大"模式难以复制》。我们有理由追问:浙江的竞技游泳为何能成为中国泳坛的"半壁江山"? 浙江竞技游泳之于中国与美国竞技游泳之于世界,其水平与地位相当,浙江游泳的成功经验与美国游泳的长盛不衰,其相通之处值得学界和业界研究。

泳坛"巨星"的出现到底是偶然还是必然? 如果是偶然,为什么美国能长期称雄天下,且源源不断地涌现出"新星"乃至"巨星"? 为什么浙江游泳会在中国率先崛起,并在崛起后人才辈出? 如果是必然,为什么"飞鱼"的教练鲍勃·鲍曼(Bob Bowman)说"菲尔普斯是十代人里出一个的水平,世上只有一个菲尔普斯"? 中国游泳界也普遍认同孙杨是五十年一遇的游泳天才。偶然中一定蕴含着必然,探寻浙江竞技游泳人才培养,尤其是后备人才培养和拔尖人才培养究竟走了一条什么路,又是怎么从这条路上走过来的,进而深度探究中国游泳"浙江现象"及其形成机制,可以解答以下问题:为何其他省尤其是传统体育强省也不乏类似浙江的举措,但浙江游泳仍一枝独秀? 为何浙江发展竞技体育的政策环境和保障条件相同,唯独游泳项目脱颖而出? 进而研究高水平游泳运动员的成长、成才之道。其中,浙江游泳究竟为中国游泳提供了什么经验? 这些经验是否可以借鉴、复制乃至向其他竞技体育项目辐射? 这便是本书的缘起与意义所在。

不可否认,我国竞技游泳在管理体系、训练体系、竞赛体系、运动员培养体系和教练员培养体系等方面,与美国和澳大利亚有很大的差异,但"美国游泳缘何长盛不衰"一直是我们对竞技游泳乃至竞技体育的诘问。本书从社会学、体育学和管理学的视角,从制度层面深度探究美国和澳大利亚优秀游泳人才培养的体制机制,以及这些体制机制是如何演化为制度的,进而为我国竞技游泳优秀人才培养提供可借鉴及可复制的经验和理论。无论是微观调研,还是宏观思考,我们都需要对中、美、澳竞技游泳进行深刻的系统梳理和分析研判,并努力探寻和提炼优秀、拔尖游泳运动员的成长路径及成长规律,这是中国游泳乃至中国竞技体育亟待探究的重大命题,也是本书的选题背景和依据。

目　录

第一章　国内外相关研究梳理 ……………………………………… 1

　　第一节　竞技人才培养的社会学研究 …………………………… 1

　　第二节　竞技人才培养的体育学研究 …………………………… 4

　　第三节　竞技人才培养的管理学研究 …………………………… 7

　　第四节　研究评述及本研究的切入点 …………………………… 9

第二章　研究意义和研究思路 …………………………………… 10

　　第一节　研究对象、总体框架、研究重点和研究意义 ………… 10

　　　　一、研究对象 ………………………………………………… 10

　　　　二、总体框架 ………………………………………………… 11

　　　　三、研究重点 ………………………………………………… 12

　　　　四、研究意义 ………………………………………………… 12

　　第二节　研究思路、研究方法、研究计划和主要创新 ………… 13

　　　　一、研究思路 ………………………………………………… 13

　　　　二、研究方法 ………………………………………………… 13

　　　　三、研究计划 ………………………………………………… 15

　　　　四、主要创新 ………………………………………………… 16

第三章　我国竞技体育人才培养模式和演进 ………………… 17

　　第一节　我国竞技体育人才培养模式的形成 ………………… 17

　　第二节　我国竞技体育人才培养模式的变革 ………………… 20

　　第三节　我国竞技体育人才培养模式反思 …………………… 24

第四章 "中美澳"竞技游泳人才培养机制和比较 …………… 30

第一节 美国游泳长盛不衰的缘由 ……………………… 32
一、体育文化：运动基因根植人心 …………………… 34
二、管理体系：美国式"举国体制" …………………… 37
三、竞赛体系：纵横交错形成网络 …………………… 40
四、训练体系：各年龄衔接全覆盖 …………………… 42
五、教练员培养体系：终身学习养成 ………………… 46

第二节 澳大利亚游泳强国探究 ……………………… 53
一、游泳文化：中小学生人人会游泳 ………………… 55
二、培养模式：学校一俱乐部二元架构 ……………… 57
三、培养体系：分年龄三级培养体系 ………………… 60
四、教练员培养体系：专家型教练培养 ……………… 62

第三节 中国游泳浙江经验提炼 ……………………… 90
一、中国游泳"浙江现象"及形成机制 ……………… 94
二、浙江游泳人才培养模式主要创新 ………………… 95

第五章 "中美澳"竞技游泳人才培养体系和个案研究 …… 113

第一节 竞技游泳人才培养体系比较 ………………… 113
一、管理体系 ……………………………………… 113
二、训练体系 ……………………………………… 114
三、竞赛体系 ……………………………………… 115
四、教练员培养体系 ……………………………… 116
五、国家队组建 …………………………………… 117
六、早期专门训练 ………………………………… 118
七、家庭参与培养 ………………………………… 118
八、教练员与运动员的关系 ……………………… 119

第二节 拔尖运动员成长个案探究 …………………… 120
一、迈克尔·菲尔普斯(Michael Phelps) …………… 120
二、凯蒂·莱德基(Katie Ledecky) ………………… 129

三、卡汀卡·霍苏(Katinka Hosszú) ·········· 134

四、孙杨 ··· 138

第六章　竞技游泳人才成长规律 ·············· 146

第一节　共生效应规律 ························· 147

第二节　师承效应规律 ························· 147

第三节　期望效应规律 ························· 148

第四节　最佳年龄规律 ························· 148

第五节　扬长避短规律 ························· 149

第六节　综合效应规律 ························· 149

第七章　基本结论和引申问题 ··············· 150

第一节　基本结论 ···························· 150

一、中国游泳"浙江经验" ···················· 150

二、美国游泳经验借鉴 ····················· 151

三、澳大利亚游泳经验 ····················· 151

四、拔尖运动员成长规律 ··················· 152

第二节　引申问题 ···························· 153

一、早期专门训练 ························· 153

二、家庭参与培养 ························· 153

三、人才培养方式 ························· 154

附　录 ··· 155

附录一　主要人物和名词 ···················· 155

附录二　近九届奥运会"中美澳"游泳金牌统计 ···· 165

附录三　调查问卷及结果分析 ················ 172

附录四　孙杨美国米逊维耶荷(Mission Viejo)俱乐部短训报告

(2018-10-4～2018-10-28) ············· 192

附录五　锁定目标,同心同德,强化管理,突出实效

——浙江体育职业技术学院 2012 年冬训动员报告 ······ 203

第一章　国内外相关研究梳理

第一节　竞技人才培养的社会学研究

徐向军等①在关于竞技体育可持续发展的研究中提出，竞技体育优势项目的快速发展对我国跻身世界体育大国贡献巨大，但竞技项目发展的不均衡性，尤其是基础大项的长期落后及后备人才培养失衡，正制约着我国从体育大国向体育强国的发展。

马玉芳②在关于竞技体育发展方式的研究中提出，转变竞技体育的发展方式，必须着力破解竞技体育可持续发展的体制难点，着力重建我国竞技体育后备人才的培养模式。

严蓓③对我国竞技体育人才培养的调查结果揭示，我们长期依靠业余体校、游泳学校（体校）和体工队三级训练网培养游泳运动员的模式，已经影响到了后备人才培养。建议广泛吸引社会资本开办游泳俱乐部，充分利用假期对运动员进行强化训练，培养更多游泳后备人才。然而，我国的游泳俱乐部还基本处于最初级的业余培训阶段，至今还没有真正意义上的高水平游泳俱乐部，与美国、澳大利亚相去甚远。

阳艺武等④在关于竞技体育后备人才培养体系的研究中提出，我国竞

①　徐向军，刘建通，席凯强. 对我国竞技体育可持续发展的思考[J]. 北京体育大学学报，2010，33(7)：111-114.

②　马玉芳. 关于我国竞技体育发展方式转变若干问题的研究[J]. 体育与科学，2012，33(2)：102-105.

③　严蓓.我国青少年业余游泳后备人才培养的现状及发展对策研究[J]. 体育科学，2004，24(6)：60-63.

④　阳艺武，吕万刚，郑伟涛.我国竞技体育后备人才培养现状与发展评价[J]. 上海体育学院学报，2015，39(3)：44-49，74.

技体育人才尤其是后备人才的培养单位,从延续了几十年的市(县)、省、国家三级体育系统培养方式,已经逐渐扩展为体育系统、教育系统、社会系统和家庭系统四线并举的多样化培养方式。但除了体育系统外,其他系统还远未建立并形成竞技体育人才的培养体系。

浦义俊等[①]在我国竞技体育"地方现象"的研究中指出,我国基层体校由于办学模式过于单一,学训矛盾突出、教练员水平落后、后备人才萎缩等问题已经凸显。

根据《体育事业统计年鉴》,我国竞技体育三线培养单位,即市(县)业余体校(含体育传统项目学校)的数量出现了严重萎缩,有的地区业余体校几近瘫痪,体校总量从1991年的3687所下降至2013年的1510所,减少近60%。然而,在体校数量急剧减少的同时,传统三线培养的体育后备人才数量却有大幅增长,从2009年的224213人猛增至2013年的521932人,说明体育系统后备人才培养渠道和培养方式的观念改变和路径调整已经初见成效。其中,适合学龄段儿童和青少年的"走训制"成了各级各类体校重要的培养方式。

吴重涵等[②]在关于家庭对儿童成长的作用的研究中发现,家庭资本及家庭教育对儿童成长成才具有显著的正向作用,其中家长与学校交流合作的正向作用尤其显著。美国游泳名将内森·阿德里安(Nathan Adrian)曾表示,父母是自己游泳运动生涯中最有影响力的人,而且他的兄弟姐妹也都是游泳运动员。同样,分别来自美国、澳大利亚和中国的拔尖游泳运动员菲尔普斯、伊恩·詹姆斯·索普(Ian James Thorpe)和孙杨的成功,均与家长对他们从事游泳运动的长期支持、陪伴、教育和家校(俱乐部)合作紧密相关。

郭宇刚等[③]以1991—2013年"教练员—运动员关系"领域的442篇文献为分析对象,借助HistCite软件进行了文献的可视化分析,从年代分布、重

---

① 浦义俊,刘昌亚,邰崇禧.可持续发展背景下对竞技体育"地方现象"的理性思考——以奥运冠军"南通现象"为例[J].西安体育学院学报,2013,30(3):263-266.

② 吴重涵,张俊,王梅雾.家长参与的力量——家庭资本、家园校合作与儿童成长[J].教育学术月刊,2014(3):15-27.

③ 郭宇刚,夏树花,张忠秋.国际教练员—运动员关系研究现状、热点和前沿的可视化分析[J].成都体育学院学报,2015(4):31-37.

要研究地区、机构和学者、研究的历程、研究的热点、前沿文献等方面进行了分析,结果表明,"教练员—运动员关系"的研究文献呈逐年上升趋势,出现了以 Jowett 等为代表的 11 位具有高影响力的学者,且主要集中在英国、美国等国家,研究热点主要聚焦在执教、动机、知觉、领导、团队、凝聚力、移情、准确性、成绩、精英和职业倦怠等方面,研究前沿主要集中在"教练员—运动员关系"的跨文化研究及多样化研究。

Jowett 等[1]通过长期、系列的"教练员—运动员关系"的群体和个案研究,深刻分析了教练员与运动员之间在情感、认知和行为间的相互关系,并提出,运动员与教练员在目标、价值观和信念等方面的观点交换及良好沟通是促进运动员竞技能力提升的重要手段,两者间的关系处理失当将严重影响运动员的心理状态、运动能力乃至运动生涯。

Howells 等[2]通过对奥运会游泳冠军的系列研究,结合游泳运动员的成长轨迹,着重从心理学角度对美国著名游泳运动员娜塔莉·考芙琳(Natalie Coughlin)、菲尔普斯、达拉·托雷斯(Dara Torres)、阿曼达·比尔德(Amanda Beard)和澳大利亚著名游泳运动员索普等奥运冠军级运动员的职业生涯进行了个案分析,得出关于"教练员作用"的一个重要结论:教练员必须掌握运动员在训练及比赛过程中遇到了什么困境、如何帮助他们应对这些困境,并重新恢复他们的最佳竞技状态。

叶绿等[3]在对"教练员—运动员关系"的研究中得出,改善教练员与运动员的关系,有助于提高运动员对训练及比赛的期望和投入水平,进而促进并提高其运动表现的满意度。在教练员与运动员关系的管理中,应重点培养教练员和运动员之间的承诺,而不是一味地强调教练员的支配与运动员的服从。浙江游泳名将吴鹏在 2009 年赴密歇根大学训练期间,教练在每堂训练课前都会征求其对当天训练计划的意见和建议,并根据其建议对训练计划进行适当的调整。教练员作为训练和比赛计划的制订者,运动员作为

---

① Jowett S, Cockerill I M. Olympic medallists' perspective of the athlete-coach relationship[J]. Psychology of Sport and Exercise, 2003(4):313-331.

② Howells K, Fletcher D. Sink or swim: adversity- and growth-related experiences in Olympic swimming champions[J]. Psychology of Sport and Exercise, 2015(16):37-48.

③ 叶绿,王斌,刘尊佳,等.教练员—运动员关系对运动表现满意度的影响——希望与运动投入的序列中介作用[J].体育科学,2016,36(7):40-48.

训练和比赛计划的执行者,两者理应在训练及比赛计划上沟通交流,实现"教学相长"。但在我们传统的、形成习惯的竞技体育管理体制下,运动员与教练员缺乏必要的交流"语境",教练员在训练计划的制订与执行过程中也几乎不与运动员进行沟通,在运动训练的三个核心问题(练什么、为何练、怎么练)上,还存在相当大的盲目性和盲从性。

曹立智等[①]在关于"运动员—教练员关系"系列影响因素的研究中提出,训练及比赛的满意感将影响运动员投入训练和比赛的动机、情绪、成绩及表现,对运动员的心理健康、个人成长、未来发展具有重要意义。运动员和教练员是训练和比赛中两个重要的参与主体,两者之间的关系作为竞技运动中最基本和最核心的关系,对运动员的训练效果、运动表现乃至运动生涯都具有重要的影响。此外,社会及媒体的支持对运动员的身心健康和成长成才都有着积极的影响,运动员是一个需要经常面对"高压"的特殊群体,社会支持对他们而言尤为重要。

第二节　竞技人才培养的体育学研究

田麦久等[②]针对我国现阶段优势项目和潜优势项目的差距及现状,提出了我国竞技体育超常规发展的若干策略,包括环境优化策略、双赢策略、偏食策略、凤飞策略、催化策略及人才支前策略等。该研究还指出,尽管我国在北京奥运会取得了金牌数第一的突破,但我国竞技体育基础大项存在的问题仍然没有明显改观,其中运动训练的短板是导致其整体长期落后的主要原因。

德国著名运动训练学专家 Hohmann 等[③]将运动训练学理论分为已被实践证明了的"规律"和尚未得到证明的"经验"。他们认为,运动训练过程就是一个可以控制的教学过程,而教学过程的一个显著特征就是教学相长。

---

① 曹立智,迟立忠,李权华.运动员—教练员关系、社会支持与训练比赛满意感的关系[C].第十届全国体育科学大会论文摘要汇编(三),2015.

② 田麦久,石岩,黄竹杭,等.论我国2008年奥运潜优势项目的确定与超常规发展策略[J].北京体育大学学报,2007(12):1585-1592.

③ Hohmann A, Lames M, Letzelter M. Einführung in die Trainingswissenschaft [M]. Wiebelsheim：Limpert, 2003.

运动训练学理论的发展是一个由"经验"不断被提升为"规律"的积累过程，青少年运动训练阶段如此，高水平运动训练阶段尤甚。

陈小平[①]在关于运动训练理论的生物学基础、模型的演变及国内外运动训练学经典理论与实践的研究中强调，必须树立训练过程就是教育过程的理念。运动员的成长成才过程就是一个系统的教育培养过程，院校模式培养竞技体育人才（包括后备人才），尤其应当强化训练过程就是教育过程的理念。

奥尔布雷希特（Olbrecht）是一位一直活跃在欧洲泳坛的著名科研教练，其代表作《赢的科学》至今仍然是指导游泳训练最权威的著作之一。该著作的重要观点是：协调能力是专项技术形成的基础，协调能力的训练须早于身体素质的发展。青少年阶段是运动技术形成的关键时期，在该训练阶段不仅需要注意动作技术掌握的程度，更要注意动作技术形成的途径，两者都对竞技能力的提高有重要影响。[②]

张荣锋[③]分析美国运动员独特的培养体制后提出，美国从幼儿园到大学都给儿童、青少年提供了非常丰富的参与体育运动的机会。中学是培养青少年运动选手的摇篮，大学则是培养优秀运动员的高级阶段。从小学到大学，体育运动都是学校教育的重要组成部分，几乎每个学生都要参加1～2项喜爱的运动项目，体育伴随着美国儿童、青少年的成长。中小学是美国竞技体育后备人才的摇篮，大学生运动员则是美国竞技体育的主要力量。

陈希等[④]通过对美国大学体育的考察发现，大学是美国职业体育和奥运体育精英人才的聚集地。美国大学的竞技体育具有很高的水平，美国中学为大学输送着一批又一批优秀的运动员后备人才，小学则为中学提供源源不断的优秀体育苗子，从而构成了美国竞技体育人才培养的"金字塔"。

考察并比较美国和澳大利亚竞技游泳运动员从初学者到高水平运动员

---

①　陈小平.重塑我国训练理论的运动生物学基础[J].体育科学,2010,30(11):17-23;陈小平.运动训练生物学基础模型的演变——从超量恢复学说到运动适应理论[J].体育科学,2017,37(1):3-13.

②　Olbrecht J. The science of winning: planning, periodizing and optimizing swim training[M]. Belgium: Kersenbomenlaan, 2000.

③　张荣锋.剖解美国运动员培养体制,体育设施与大众零距离[EB/OL].(2012-08-28)[2019-05-31]. http://world.people.com.cn/n/2012/0828/c157278-18857159.html.

④　陈希,仇军,陈伟强.普通高校高水平运动队运动员来源与构成模式研究[J].体育科学,2004,24(5):1-4.

的成长过程,可以发现美国和澳大利亚学龄段竞技游泳后备人才在保持常年系统训练和比赛的同时,始终在普通学校接受系统的文化学习,他们的第一身份始终是学生。进一步比较美国和澳大利亚国家队级别的优秀、拔尖游泳运动员的训练与学习,容易发现他们的成长道路有一定的相似性,略有不同的是美国高水平运动员通常都在大学游泳队或职业游泳俱乐部训练,澳大利亚高水平运动员则更多在体育学院训练。然而,相同的是,他们的文化学习通常都在普通大学,他们的身份都是大学生运动员。

体育科学研究对竞技游泳技术进步和水平提升的作用日益突出,并已成为高水平运动员科学训练不可或缺的条件,这些旨在提高竞技能力或运动表现力的应用研究或个案研究多由大学体育研究机构完成。如澳大利亚格里菲斯大学无线监控应用中心(Centre for Wireless Monitoring and Applications,Griffith University)的 James 等[1]发明的智能穿戴设备可以对业余和专业游泳运动员进行无线实时监测及反馈,能监测运动员在训练过程中的运动表现、能耗特征、身体反应等指标,对提高训练计划的针对性和执行率、预防潜在运动损伤有重要帮助。同样来自格里菲斯大学工程学院(School of Engineering,Griffith University)的 Espinosa 等[2]对自由泳运动员的手腕划水动作与泳道波浪阻力进行了实验研究,目的是提高运动员的划水效率,合理地利用或减小波浪阻力。格里菲斯大学坐落在澳大利亚布里斯班著名的黄金海岸,同样坐落在此地的迈阿密游泳俱乐部则曾经是中国国家级游泳选手赴澳训练的主要基地。

张跃等[3]在伦敦奥运会前分别在浙江省科技厅和国家体育总局立项,对孙杨等浙江籍优秀游泳运动员进行多学科科技攻关,通过对孙杨水下转身蹬壁技术动作的运动学和动力学同步测试与跟踪分析,发现孙杨在双足蹬池壁转身的过程中,足蹬压力板的"力—时曲线"具有非常少见的"压力缺口"现象,该现象表明其转身蹬伸发力不连贯,并且有明显的动作"停顿"。

---

① James D A, Burkett B, Thiel D V. An unobtrusive swimming monitoring system for recreational and elite performance monitoring[J]. Procedia Engineering, 2011(13):113-119.

② Espinosa H G, Nordsborg N, Thiel D V. Front crawl swimming analysis using accelerometers: a preliminary comparison between pool and flume[J]. Procedia Engineering, 2015(112):497-501.

③ 张跃,李建设,杨红春,等.孙杨备战伦敦奥运会转身技术改进与优化的生物力学研究[J]. 体育科学,2013,33(9):85-90.

经过一年左右的陆上及水下针对性训练,孙杨足蹬压力板的"力—时曲线"中的"压力缺口"消失了,蹬伸"停顿"也消失了。这表明,在经过专门训练后,孙杨的转身蹬壁技术发力连贯了,动作协调了,1500 米自由泳过程中的29 个转身用时缩短了 3.12 秒,从而显著提高了运动成绩。

第三节　竞技人才培养的管理学研究

胡小明[①]在探索我国竞技运动后备人才培养的新路径后提出,各级体校为我国竞技运动的发展做出了巨大贡献,至今仍然是输送竞技体育优秀后备人才的主要渠道。然而,随着社会的发展,培养运动精英的传统模式已经遭遇严重的生存和发展危机,特别是体育部门数十年精心构建的基层业余训练网络已经面临必要的改革,而学校体育与业余训练"学训结合"的创新模式将是必然选择。

阳艺武等[②]在对我国竞技体育后备人才培养的研究中提出,我国竞技体育后备人才培养的主要问题,表现为应试教育环境下青少年体质状况的整体下降与竞技体育对后备人才身体素质的要求不断提高之间的矛盾越来越突出。竞技体育后备人才的培养方式,必将向着"业余＋专业＋职业"多元并存的方向发展,形成培养主体多元化的格局。

国家体育总局为破解我国儿童、青少年体质下降和竞技体育后备人才队伍萎缩的难题,在 2010 年就成立了"青少年体育司",各省份体育局相应设立了"青少年体育处",提出了构建适应社会发展、充满活力的竞技体育后备人才培养体系。该体系的指导思想是人才培养必须符合竞技体育人才的成长规律和教育规律,把培养具有较高运动技术水平和全面发展的体育人才作为主要任务。

杜更[③]在分析我国竞技游泳的发展演进规律后指出,我国竞技游泳的崛起是在相应的管理制度变革下进行的,我国竞技游泳的发展反映了游泳

① 胡小明.从"体教结合"到"分享运动"——探索竞技运动后备人才培养的新路径[J].体育科学,2011,31(6):5-9.
② 阳艺武,吕万刚,郑伟涛.我国竞技体育后备人才培养现状与发展评价[J].上海体育学院学报,2015,39(3):44-49,74.
③ 杜更.我国竞技游泳运动的历时发展与规律演进[J].湖北体育科技,2014,33(5):386-389.

项目管理制度的变迁,游泳管理制度的变迁又决定了我国竞技游泳的发展。我国竞技游泳发展具有三个特征,即技术自我驱动、非恒涨落突变和路径依赖发展。

王芬等[①]在赴竞技体育发达国家学习考察并进行研究后指出,必须树立文化素质与竞技能力并重的人才培养理念,建立适合我国国情的竞技体育后备人才培养体制,并就如何解决竞技体育后备人才的文化学习短板提出了具体的解决方案,即"缩短训练时间及提高训练效率"。

黄永森等[②]通过对发达国家青少年体育组织管理的研究提出,竞技体育发达国家没有脱离正规文化教育的"少体校",其培养竞技运动后备人才的主渠道是普通学校,遍及城乡的体育俱乐部作为社会自组织力量也发挥着举足轻重的作用。各级各类学校和体育俱乐部充当了竞技运动教育的主要角色,为青少年提供了丰富的参与竞技运动和接受竞技训练的机会,有利于具有运动天赋的青少年脱颖而出,有利于发掘和培养高水平竞技后备人才。

陈希等[③]在比较我国高校高水平运动队与美国大学生运动员培养体系后得出,我国在普通高校开展高水平竞技体育以及培养高素质、高水平的优秀体育人才方面,还需要有一个全新的对教育过程和运动训练过程的再认识,这一过程始终要坚持两个基本的维度:既要遵循大学教育对人才培养的基本要求,又要遵循竞技运动训练的基本规律。

李建设[④]通过对竞技体育人才培养与管理体制转型的"浙江实践"进行探索后提出:无论什么人才,都可以由学校培养;无论培养什么人才,都可以有多种模式。任何模式都有其优势和缺陷,选择什么样的模式,取决于制度设计。竞技体育人才培养与管理体制转型的"浙江实践",其核心是实现了竞技体育后备和优秀运动员培养从九年制义务教育到大学学历教育的"院

---

①　王芬,吴希林.借鉴经验、创新体系,进一步加强我国竞技体育后备人才的培养——中法竞技体育后备人才培养比较及启示[J].北京体育大学学报,2012(4):1-6.

②　黄永森,王锐,李凌.发达国家青少年体育的组织管理[R].国家体育总局青少年司调研报告,2010.

③　陈希,仇军,陈伟强.普通高校高水平运动队运动员来源与构成模式研究[J].体育科学,2004,24(5):1-4.

④　李建设.竞技体育人才培养与管理体制转型的"浙江实践"探索[J].体育科学,2012,32(6):3-13.

校化"。浙江从我国竞技体育中等发达省份一跃成为竞技体育强省,正是起步于浙江竞技体育人才培养的"院校化"。培养模式的变革意味着培养观念的转变,这是竞技体育人才培养的根本。

第四节　研究评述及本研究的切入点

学界就竞技体育人才培养进行了多视角、多维度和多层次的研究,研究的焦点主要集中于我国竞技体育后备人才的培养模式以及这种模式存在的问题。笔者通过对文献的梳理发现,支撑我国竞技体育半个多世纪的"三级训练网"模式已受到极大冲击,培养竞技运动后备人才、优秀人才和运动精英的传统模式已遭遇生存与发展危机,其中受影响最大的是各级"少体校"及其相应的人才培养方式。如何基于我国的教育和体育体制,探索适合学龄段儿童、青少年的"学训模式",始终是我国竞技体育人才培养方式和培养体制改革所面临的重大问题。但这一问题迄今没有得以破题。是难以破题,还是不能破题?这需要学界和业界理性反思。此外,我国学者对影响运动员成长成才的教育学、社会学、心理学和管理学等要素多有关注,但聚焦优秀运动员成长路径和成长规律的研究甚少。无论什么人才,都有其成长的逻辑和规律,对从儿童就得抓起的竞技体育人才培养,尤其如此。

研究规律,首先是寻找规律和总结规律,然后才是认识规律和把握规律。本研究基于社会学、体育学与管理学的视角,以竞技游泳人才培养的核心要素、制度安排与体制机制为切入点,以"中美澳"竞技游泳后备人才和优秀运动员培养模式、成长路径、成长规律及其比较为研究主线,分析美国、澳大利亚和中国优秀游泳运动员(尤其是拔尖运动员)的成长路径,并结合中国游泳"浙江现象"的制度设计、形成机制及已经基本成型的路径,为中国游泳以及其他竞技体育项目的发展提供依据与基本范式。

第二章　研究意义和研究思路

第一节　研究对象、总体框架、研究重点和研究意义

在我国"奥运争光计划"指导下,每一位奥运冠军的诞生,从微观上看,是好苗子碰上了好教练;从中观上看,是经济与科技实力的体现;从宏观上看,是科学的制度与机制的体现。每一枚奥运金牌的诞生,都是"举国体制"下国家培养的成果,都是天时、地利、人和的反映,都是刻苦训练与科技助力的产物。

本研究以我国竞技体育人才培养长期依赖的体制机制为逻辑起点,以浙江游泳成功崛起并长盛不衰的体制机制创新为个案,在总结中国游泳"浙江现象"及形成机制的过程中,首先回答两个问题:一是其他省份不乏类似浙江的举措,为何浙江游泳一枝独秀? 二是浙江发展竞技体育的大环境相同,为何唯独游泳项目脱颖而出? 继而从竞技体育人才培养的三个层次(即庞大的后备人才队伍、既有宽度又有厚度的优秀运动员队伍、不断涌现的世界级运动精英)考察、调研、分析、研究和提炼我国竞技游泳优秀和拔尖运动员的培养模式、培养机制、成长路径和成长规律,并以泳坛霸主美国和游泳强国澳大利亚为对照,探寻人才成长的方法与路径。

一、研究对象

本研究以中国、美国和澳大利亚竞技游泳后备人才和优秀运动员的培养模式、培养机制、成长路径、成长规律及其比较为主线,从社会学、体育学和管理学三个维度,通过社会学要素比较、体育学制度比较和管理学模式比较,分析、归纳、梳理"中美澳"竞技游泳优秀人才培养的体制机制,以游泳学校、俱乐部、业余体校、专(职)业运动员、教练员、科医管理人员、运动员家长为调查对象,通过对"中美澳"优秀游泳运动员培养机制的比较和对拔尖运

动员成长个案的挖掘，深度探究儿童、青少年阶段及优秀运动员阶段的不同训练模式，旨在探寻竞技游泳优秀人才的成长路径、成长特征和成长规律。

二、总体框架

本研究的总体框架是围绕中国、美国和澳大利亚竞技游泳优秀运动员的培养模式、成长路径和成长特征这条主线，重点关注培养模式的三个基本问题：培养什么、谁来培养、怎么培养。通过对美国、澳大利亚，尤其是我国竞技游泳优秀运动员成长规律的特征分析，并通过对典型个案成长路径的探究，重点关注成长规律的三个核心问题：一般规律、特殊规律、怎样把握规律。研究框架和分析路径见图 2-1。

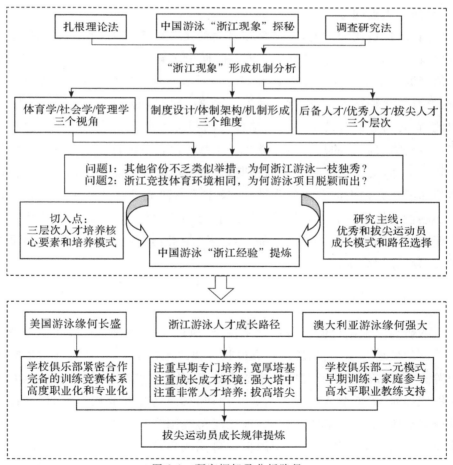

图 2-1　研究框架及分析路径

三、研究重点

比较研究的关键是"比较",而不是简单的"对比"。比较研究首先要明确比较的客体,而比较的客体就是研究的主体。"中美澳"竞技游泳优秀运动员的培养模式及成长规律,既是本研究的比较客体,也是本研究的研究主体。梳理相关文献发现,学界长期聚焦于竞技体育人才的培养模式,研究报告和学术论文的数量相当可观,但结论和建议基本雷同。与此形成对比的是,有关竞技体育人才成长路径及成长规律的研究鲜有涉及,甚至接近空白。显然,无论什么人才,其成长路径与成长规律都存在内在逻辑联系,但学界和业界还缺少必要的研究,这正是本研究选择"成长路径"及"成长规律"为研究重点的缘由。

当然,任何比较研究,必定存在事先的主观价值判断,其基本特征是通过比较发现异同,并通过"异中之同"和"同中之异"得出结论,比较的前提是价值判断。价值判断首先需要考察的是国家的社会制度背景、经济发展阶段、教育文化特征等,否则就只是为了比较而比较,更可能是无意义的比较。因此,首先需要回答的是为什么选择美国和澳大利亚竞技游泳作为比较客体。然后需要回答的是为何选择"浙江游泳"代表中国游泳进行"中美澳"的比较。显然,美国在国际泳坛的长期霸主地位、澳大利亚在国际泳坛的强国地位和浙江在国内的游泳强省地位,决定了本研究选择比较客体的合理性和必然性。故研究的重点是美国游泳长盛不衰之缘由、澳大利亚游泳强国之探究和中国游泳浙江经验之提炼,以及"中美澳"竞技游泳优秀运动员的成长路径和规律研究。

四、研究意义

本研究的理论价值和实践意义在于:通过对"中美澳"高水平竞技游泳优秀运动员培养模式、成长路径和成长规律的比较研究,并通过深度探究中国游泳"浙江现象"的形成机制及借鉴美国、澳大利亚游泳强盛的经验,发现并提炼优秀、拔尖游泳运动员的成长规律,从而透过现象探寻本质,通过局部推演整体,基于个案推广其他,理性反思我国竞技体育后备人才、优秀人才和精英人才培养的体制机制困境和可能的出路,为改革和创新我国竞技体育优秀运动员人才培养的体制机制提供理论依据、成功样本和实践路径。

第二节　研究思路、研究方法、研究计划和主要创新

本研究基于社会学、体育学和管理学的学科视野,通过对"中美澳"优秀游泳人才培养模式的系统梳理、实地调查、比较研究和深度加工,归纳、提炼竞技游泳后备人才和优秀人才的成功经验、成才之道和成长规律,旨在为中国游泳及其他竞技体育项目的人才培养提供可借鉴乃至可复制的经验和规律。

一、研究思路

运用社会学的理论解读高水平运动员的人才源流问题,透过体育学的视角研究高水平运动员的科学训练问题,基于管理学的原理消解与重构高水平运动员培养的体制机制问题。基本原则是:直接获取和间接获取的资料、数据必须满足客观性原则和科学性原则,前者注重真实性和可靠性,后者注重准确性和有效性。三个基本方法是:围绕研究主题进行深入调查研判,力戒主观空泛议论;带着问题进行比较客体分析,力求核心要素提炼;基于经验假设和价值判断,力图发现并提炼规律。

二、研究方法

(一)比较研究法

有比较才有鉴别,比较分析是社会科学常用的分析方法。比较研究法是对两个或两个以上有联系的事物进行考察、分析,寻找其异同,探求普遍规律与特殊规律的方法。通过"求同"比较,可以找出相同或相似的要素,从而找出带有共性的一般规律,有助于概括事物的本质特征;通过"求异"比较,可以区分和鉴别不同特征的要素,从而找出特殊条件下的特殊规律。探究异中之同或同中之异,可以使我们更理性地认识事物发展的统一性与多样性。就竞技体育而言,就是认识人才培养的特殊性和多元性。本研究运用比较分析法,首先进行国际比较,就竞技游泳后备人才、优秀人才和拔尖人才的培养模式进行"中美澳"之间的比较,在比较分析中汲取他国的成功经验;其次进行国内比较,就我国竞技游泳优秀运动员培养路径、培养方式和管理体制进行国内比较,在比较分析中提炼"浙江经验"。

(二)典型调查法

典型调查具有明确的目的性和应用性,其特点是调查个案的代表性和调查研究的深入性。典型调查法通常采用文献研究、蹲点调查、深度访谈和问卷调查等方法收集资料和数据。根据研究目的,本研究首先确定中国、美国、澳大利亚游泳训练单位和俱乐部中较为典型的个案,接着针对典型调查的地域、单位和个人进行蹲点调查,取得第一手客观资料,然后整理、分析、研究这些资料,将调查所获得的经验资料,经过归纳、分析、推论,提升为理性认识。本研究课题组主要成员蹲点调研了我国优秀游泳运动员海外训练的主要基地——澳大利亚迈阿密游泳俱乐部和美国米逊维耶荷(Mission Viejo)俱乐部,参与了孙杨等优秀运动员在这两个俱乐部及国内外其他游泳基地的训练及技术攻关。在问卷调查浙江省基层游泳教练30人、专业游泳队教练及科医管理人员50人、参加业余游泳训练的学生家长292人、专业游泳运动员90人的基础上,进行了典型个案的深度挖掘和资深教练的专题访谈,与澳大利亚著名游泳教练丹尼斯·科特瑞尔(Denis Cotterell)和美国著名游泳教练马克·舒伯特(Mark Schubert)等进行开放问卷访谈,探寻拔尖运动员之"人才特质"及优秀运动员的成长路径。作为典型个案,分析了当今国际泳坛拔尖运动员菲尔普斯、凯蒂·莱德基(Katie Ledecky)、卡汀卡·霍苏(Katinka Hosszú)和孙杨的成长经历。

(三)规范研究法

规范研究具有严密的逻辑性,其特点是强调事物的内在联系和价值判定,其目的是认识客观事实与规律,并为制度设计和政策制定提供"应该怎样做"的判断。根据研究目的,本研究首先收集"中美澳"教育与体育行政部门的相关政策和制度,尤其是国家奥委会及游泳协会促进游泳发展的相关政策,同时收集游泳俱乐部、训练单位的实施办法和具体措施;其次根据儿童、青少年成长规律和运动训练成才规律的一般理论,分析、判断这些政策与制度的合理性、有效性、科学性;最后基于因果分析、典型调查和逻辑推演,揭示"中美澳"三国优秀游泳运动员的成长路径、客观规律和核心要素。本研究按照"事实描述→理论假说→实证分析→规范分析→基本结论(或得到推论)"的逻辑,力图使研究结果更具说服力。

(四)扎根理论法

扎根理论法是一种自下而上建立理论的实证研究方法,即在系统收集经验资料的基础上寻找核心概念,然后通过这些概念之间的联系建构相关理论。研究者在研究开始之前一般不做理仑假设,而是直接从实际观察和考察入手,从原始资料中归纳出初步结论,然后上升到系统的理论梳理。扎根理论法的前提是一定要有足够的经验和证据支持,但其主要特点并不在于经验的"客观性",而在于研究者的"主观性",即更依赖研究者作为研究主体在研究过程中的逻辑推演。在竞技体育优秀运动员人才培养模式尤其是拔尖人才的成长路径方面,尚未见比较系统的文献梳理和经验总结,自然也难有理论假设,一般都是在经验事实概括基础上的抽象提炼。本研究课题组负责人长期跟踪和参与浙江竞技游泳实践,置身于浙江竞技游泳实际"情境"中进行观察和思考,亲身体验研究对象的实际生活,感受他们的行为和对"游泳"的态度,并对所探究的问题进行了长期的系统思考。

三、研究计划

酝酿设计阶段(2014—2015年):基于"中美澳"优秀游泳人才成长规律的比较萌生研究主题,围绕主题查阅国内外相关文献资料,深入相关游泳训练单位和俱乐部进行专题调研论证,系统设计研究计划、总体框架、技术路线及经费预算,组织游泳界训练、教学、科研、管理方面的名师、名教练、名家进行专题论证,组织相关专家学者、知名教练进行课题论证,撰写课题申报书。

调查论证阶段(2016—2017年):深入美国、澳大利亚著名游泳俱乐部和我国著名游泳训练单位蹲点调查,根据研究主题设计并实施多层面的问卷调查和专家访谈,获取"中美澳"教育和体育行政部门、游泳协会、学校体育联盟等有关游泳训练和竞赛的相关政策,分析整理美国和澳大利亚竞技游泳运动员培养及教练员培养的制度设计及形成机制,总结他们成功的经验。

规范研究阶段(2017—2018年):基于"中美澳"优秀游泳人才成长路径及成长规律的内在联系、因果分析、价值判定和逻辑推演,根据儿童、青少年的发育发展规律和运动训练成才规律的一般理论,分析判断上一阶段获取的政策与制度的合理性、有效性与科学性,揭示竞技游泳运动员培养的体制设计、机制形成、制度体系和优秀游泳运动员的成长规律。

撰写报告阶段(2018年至今):撰写研究报告《"中美澳"优秀游泳人才

成长规律比较研究》及成果要报,对研究报告的基本结论和核心观点,组织课题组内部反复讨论、论证,并邀请国内外资深训练学专家和游泳教练咨询、修改、完善"结论性"意见。基于前期研究成果及研究报告撰写的学术论文在学术期刊发表,成果要报分别报送国家体育总局和浙江省人民政府。

四、主要创新

(一)研究方法的创新

研究方法的创新之处在于问题取向的蹲点调查与基于经验和理论的规范研究相结合的研究范式。这种范式遵循课题研究的客观性和科学性原则,其特色体现在研究材料的真实性与可靠性,以及结论提炼的准确性和实用性。

(二)学术思想与观点的创新

基于美国、澳大利亚优秀游泳人才培养体系的内在联系和价值判定,梳理使得两国游泳长盛不衰的制度体系。

基于"透过现象看本质"的深度加工,探索适合我国传统体育教育体制机制和"体教融合"新背景下的业余训练方式及竞技体育人才培养模式。

基于对竞技体育人才培养和成长规律的认识,反思我国的竞技体育人才培养,尤其是儿童、青少年基础训练体制机制改革的困境与出路。

基于对优秀运动员成长路径的前期调查研究,初步得出三个亟待"破题"的领域,即早期专门训练、家庭参与培养、职业游泳俱乐部建设。

第三章　我国竞技体育人才培养模式和演进

第一节　我国竞技体育人才培养模式的形成

中华人民共和国成立伊始,经济十分困难,百废待兴,体育竞技水平也很低。为了发展体育运动、增强人民体质,为了争得国际奥委会的合法席位,也为了赢得国际社会的认可,党和国家领导人将培养竞技体育人才和组建高水平运动队参加 1952 年第 15 届赫尔辛基奥运会提上了议事日程。1952 年 2 月,中共中央组织部和团中央联合发出了《选拔各项运动选手集中培养的通知》,提出"中共中央已批准在首都创办体育学院,集中全国各项活动最优秀的选手加以培养"。然而,实际启动的国家高水平竞技体育人才培养和运动队组建模式,却并没有按照通知所设想的类似于苏联和东欧大多数国家的"学院模式",而是按照原西南军区的"战斗队模式"组建了国家体委,以及各省、市体委两级行政建制下的"体育工作大队"(简称"体工队")。于是,来自全国各行各业的优秀业余体育人才便汇聚到了"体工队",优秀运动员的"体工队"培养模式便应运而生了。国家体委为了组织中国体育代表团参加国际比赛,各运动项目的"国家集训队"便自然形成,并逐渐由非常设建制的"国家集训队"变为常设建制的"国家队"。由此,中央和地方两级专业队性质的"国家队"和"地方队"就顺理成章地形成了,这便是我国竞技体育人才培养和管理体制"体工队模式"的由来,并逐渐发展形成了具有典型中国特色的竞技体育运动发展道路。[1]

尽管对当时为何没有选择"院校化模式"缺乏相应的史料描述,但当时

---

[1]　高雪峰,徐伟宏.改革开放 30 年中国竞技体育发展之路[J]. 武汉体育学院学报,2009,43(2):5-12.

的选择跟体育事业归口国家体委全权管理是有必然联系的。根据 1956 年国务院常务会议批准的《体育运动委员会组织简则》及有关规定,国家体委是"在国务院领导下负责统一领导和监督全国体育事业"的政府行政部门,主要负责领导相关及所属单位开展工作,并领导地方各级体委的工作,检查地方贯彻落实国务院关于发展体育事业有关文件的执行情况。① 这一高度集权于国家体委的行政管理体制,决定了国家体委实际上包揽了国家体育事业发展的全部。国家体委对体育事业进行领导和管理的模式,在国家处于生产资料完全公有制和计划经济体制的时代,有其历史必然性。1958年,国家体委借鉴学习苏联和东欧各国发展竞技体育的基本经验,研究制定了我国发展体育事业的基本方针和十年规划,提出了争取十年左右赶上世界体育先进水平的目标。什么是世界先进水平?怎样赶上世界先进水平?这在当时还基本停留在"口号"和"横幅"的层面。1959 年,国家体委正式确定了体育事业"普及与提高相结合"的方针,明确提出"提高"的含义是"培养少数优秀运动队伍",赶上世界体育先进水平的重任便责无旁贷地落在了这里所指的"少数优秀运动队伍"身上。然而,优秀运动队伍从何而来?十年规划明确提出"优秀运动队伍应该由群众业余体育运动中涌现出来的最优秀人才,按照自愿的原则选择"。业余体校的学生、坚持业余训练的青年职工、热爱体育的大中专学生自然成了优秀运动队伍的人才来源。

从人才培养体系安排上看,这一时期的运动员后备人才培养渠道是多元化的,而且都是业余训练。优秀运动员则集中在各省份体工队和国家队中,实行的是专业训练,管理方式类似于军队,没有条件提供文化教育,运动员通常不接受文化教育,竞技体育与文化教育是完全分离的。

1963 年,国家体委发布了《关于试行运动队伍工作条例(草案)的通知》,明确规定"必须坚持优秀运动员训练和青少年业余训练两条腿走路的方针,才能使优秀运动队得到源源不断的补充",并要求运用各种业余训练形式,主要从青少年业余体育学校发现和选拔运动人才。1964 年,国家体委颁发了《青少年业余体育学校试行工作条例(草案)》,各级体委和条件较好的学校、企业都开始兴办业余体校,省本级则主要抓重点业余体校。1965年,国家体委再次提出:"各地都应集中精力办好重点青少年业余体育学校,

———————————

① 熊晓正,夏思永,唐炎,等.我国竞技体育发展模式的研究[M].北京:人民体育出版社,2008.

一定要源源不断地培养出优秀运动员,向专业队输送。有条件的省份可以建一所半天读书、半天训练的青少年业余体校,作为专业队的预备队。"随后,在全国范围内逐步建立起了"县级基层体校→市级重点体校→省级中心体校→省和国家专业队"层层衔接的业余和专业训练网,建立了"输送一条龙、全国一盘棋"的优秀运动队及后备人才库。此后,我国的运动训练体系逐渐形成了层次比较清晰、衔接比较紧密、中央地方对口管理的竞技体育人才培养体系和训练管理体系,形成并确立了全国竞技体育"思想一盘棋、组织一条龙、训练一贯制"的指导思想,建立了以爱好体育运动的青少年学生为主要培养对象,以发现和培养竞技体育运动人才为主要目的,以国家级和省级优秀运动队及各级青少年业余体育学校为主体,呈"金字塔"结构,层层衔接、逐级提升的"三级训练网"。①

基于"三级训练网"而形成的竞技体育人才培养架构带有明显的行业特色,其垂直管理模式则带有高度的行政特色。然而,对处于金字塔"塔基"的各级青少年业余体校来说,虽然体委倡导"读训并重"的指导思想,但体校学生的文化教育始终是短板。在业余体校训练的绝大多数学生是进不了处于"塔身"的专业队和处于"塔尖"的国家队的,他们在退出业余体校训练后,文化教育缺失导致的"短板"使他们无法与其他同龄人进行衔接,继续升学变得几乎不可能。极少数进入了金字塔"塔身"和"塔尖"的运动员,运动训练的早期专门化使得他们从小就没有接受过正常的文化教育,进入专业队以后则完全放弃了文化教育,他们退役后如何走进社会并被社会接纳就成了一个大问题。据调查,浙江省体工队中20世纪80年代之前退役的大多数优秀运动员,在退役后基本都去企业当了工人,在那个年代,工人还是比较吃香的职业。由于他们的文化教育底子薄,基本进不了学校担任体育教师,空有一身运动技能却无法施展,也是很遗憾的事。

显然,构成竞技体育人才培养"三级训练网"的全过程,都呼唤着重构一个既符合竞技运动训练规律、又满足运动员对文化教育诉求的"完整人格"培养体系。这一重大的、来自需求侧的改革推动力,决定了竞技体育人才的培养方式也将随之发生重大调整。由此,体育系统开始兴起大规模的自办

① 高雪峰.论优秀运动员文化教育体系的改造与重构[J].武汉体育学院学报,2000,34(3):6-10.

中等教育,首先就是创办中专性质的青少年业余体育运动学校。①

从人才培养体制设计上看,这一时期竞技体育后备人才培养的主渠道已经是各级体校,尽管都是业余训练,但已逐渐专门化甚至专项化,省级和市级体校通常已采用"住训制"集中培养。竞技体育优秀运动员仍集中在各省级体工队和国家队。处于"塔基"的后备人才培养仍以"读训并重"为指导思想,处于"塔身"和"塔尖"的优秀运动员仍然没有正规的文化教育安排,训练体系的一、二、三线"一条龙"基本成型,但文化教育只停留在三线各级体校。

我国竞技体育人才培养体制中,省、市、县三级体校学生的文化学习有集中式也有分散式,运动训练则多为集中式。进入省级体工队的优秀运动员,则完全放弃了继续接受文化教育的机会。由于竞技体育人才培养是层层选优的过程,极高的淘汰率使得大多数业余训练者不可能成为优秀运动员,于是他们便进入普通中学或大学继续学习,其中一部分经过努力进入了各级各类体育院校深造。优秀运动员则进入体工队接受近乎封闭的专业训练。因此,在比较长的一段时期内,我国竞技体育人才培养体制下所培养的运动员群体的特点是运动水平越高,受文化教育程度越低。

第二节　我国竞技体育人才培养模式的变革

青少年的成长与成才离不开学校教育。从人才培养模式的角度考量,无论培养什么人才,都不能缺少文化教育,否则就谈不上健全人格的全面发展。奥林匹克创始人皮埃尔·德·顾拜旦(Pierre de Coubertin)体育思想的核心内容就是体育与教育相结合。前国际奥委会主席胡安·安东尼奥·萨马兰奇(Juan Antonio Samaranch)在为我国体育院校教材《奥林匹克运动》作序时提出:"1894 年,在国际奥林匹克委员会成立之际,讨论的主题即为教育的价值。"国际奥委会现任主席托马斯·巴赫(Thomas Bach)在与我国奥委会官员会晤时曾说:"在很多国家,体育在教育体系中应该扮演的角色没有受到重视,体育的作用被很多教师和家长所低估,这其中就包括中

---

① 钟秉枢,梁栋,于立贤,等. 社会转型期我国竞技体育后备人才培养及其可持续发展[M]. 北京:北京体育大学出版社,2003.

国,甚至可以说,这种状况在中国更为严重。"在竞技体育发达的国家,体育是学校教育的重要组成部分,教育始终贯穿于青少年体育爱好者的成长与成才过程。道理很简单,运动员不是终身职业,他们在退役前接受良好的文化教育,有利于他们退役后走向社会。

从竞技体育人才培养制度上考察,我国在20世纪60年代实现了竞技体育后备人才"体校化"培养后,优秀运动员的文化教育问题一直没有提上国家体委以及当时的教育部的议事日程。直到1978年,国家体委才提出了"优秀运动队向学校化过渡"的方针。1983年,国家体委联合教育部颁布了《关于试办职工体育运动技术学院(学校)的意见》,于是各省级体育系统开办了一批相当于大专层次的职工体育运动技术学院,但这些学校基本属于成人教育性质。1986年,国家体委颁布了《关于执行优秀运动队工作条例中有关文化教育工作的暂行规定》,1987年,国家教委颁发了《关于试办高校高水平运动队的意见》,在全国遴选了第一批51所试点高校,开始招收并培养高水平大学生运动员和运动员大学生。

体育系统和教育系统就优秀运动员高等教育层次上的文化教育及人才培养院校化展开探索,在经过30多年的探索实践后,相继出现了以下几种模式:一是成立成人教育性质的(职工)运动技术学院,实行学院与体工队紧密合作的"两位一体"管理模式;二是实行学院负责文化教育,体工队负责运动训练的"分工合作"管理模式;三是体工头部分或整体并入当地体育学院,实行"体融于教"的管理模式;四是依托当地体育高等教育资源,体育院系通过设置"运动训练学"和"民族传统体育学"专业,以单独考试、单独招生的形式招收退役或在役运动员,实行"体依托教"的管理模式;五是依托当地普通高等教育资源,普通高校通过创办高水平运动队招收优秀运动员,实行"体教结合"的管理模式。前两种模式属于体育系统自办大专层次的成人高等教育,在同一系统内比较容易协调与管理。但受办学定位、目的及条件所限,这类院校的文化教育基本处于从属地位,其文化教育的师资力量普遍较弱,文化教育质量也不可能高。第三种模式是体育系统主管、教育系统指导的本科层次的人才培养及管理模式,这是比较典型的行业院校,但体育与教育两个系统的主管部门在人才培养目标、办学定位、办学基本规范、学校管理制度及人才培养评估等重大问题上存在分歧。后两种模式都是体育系统依托教育系统共同培养人才,大致又分为两种形式:一种是地方普通高校和体育院校从体育系统招收达不到优秀运动员层次的体校毕业生以及退役运动员,学校完全承担他们的文化教育和运动训练,在人才培养问题上与体育系统已经没有任何关系,这些学生通常被称为"大学生运动员";另一种是地方普通高校和体育院系从体育系统招收在役优秀运动员,学校负责运动员的文化教育,运动训练仍由体育系统负责,有的学校还招收了奥运冠军班,学历教育已经拓展到了硕士乃至博士阶段,这些学生通常被称为"运动员大学生"。但现代体育竞赛制度改革所带来的比赛繁多,优秀运动员多接受准军事化管理,这使得优秀运动员"重训轻学"的现象仍普遍存在,实际的文化教育状况非常堪忧,相当比例的"运动员大学生"处境尴尬,基本没有时间在校园内接受文化教育,学校通常采用"送教上门"或个性化设置培养方案等形式,帮助他们完成大学文化教育。运动成绩比较突出者,学校尚能以学生取得优秀成绩为校争光为由给予其适当的学分减免;运动成绩不够突出者,则可能面临无法正常完成学业及无法正常毕业的窘境。

从竞技体育人才培养模式变革的时间节点看,1978年,国家体委提出优秀运动队向学校过渡,与改革开放正好同步。在竞技体育人才培养模式转变的制度设计上,基于已经形成的"一二三线一条龙"的训练体系,开始构建"一二三线一条龙"的教育体系,其主要标志就是对处于"塔身"和"塔尖"的优秀运动员应该接受高等教育已经形成共识。在组织形式上则形成了两种类型:一种是体育系统开办成人高等体育院校,如体育运动技术学院;另一种是教育系统组织竞技体育训练,如普通高校办高水平运动队。但从改革成效看,两种组织形式都存在缺陷,运动员大学生和大学生运动员都存在着文化教育与训练竞赛之间的协调问题。体育系统开办的成人高等体育院校已经基本"自生自灭";教育系统主办的高水平运动队的竞技水平不够高,不具备参加国际赛事的能力。

改革开放以来,针对优秀运动员的文化教育问题,有两个现象我们应该特别注意。第一个现象来自于那些老牌体育院校,如国家体育总局原直属六大体育学院(北京、上海、西安、成都、武汉、沈阳体育学院),尽管它们具有得天独厚的行业办学优势,却并未很好地承担起培养竞技体育优秀运动员的任务,培养的拔尖运动员更是屈指可数。尽管近十年来似乎也不乏这些院校"培养"的奥运冠军和世界冠军,但这些运动员大学生基本是已经获得冠军后再进入这些院校深造的。在解决运动员文化教育问题上，这些老牌体育院校与其他体育院校和普通高校体育院系并没有太大差别。第二个现象来自于虽有改革却未能坚持"竞技体育办学特色"的体育院校，如竞技体育院校化改革的先行者——南京体育学院和山东体育学院，分别于 1995 年和 2000 年进行了改革，形成了"南体模式"和"山体模式"。它们与当地其他体育学院的显著区别就是承担了江苏和山东竞技体育优秀运动员的培养任务，与其他地区体育学院的显著区别则是优秀运动员接受全日制的本科教育。南京体育学院一直坚持让优秀运动员接受系统的文化教育，如果以"南体模式"所取得的竞技体育成就考量，它仍然是国内体育学院中培养竞技体育拔尖人才最成功的。值得关注的是，南京体育学院近年来开始了大规模、高规格的学科建设，大有赶超传统体育大学的味道。山东竞技体育人才培养院校化的改革则是昙花一现，山东竞技体育优秀运动队（员）整体进入山东体育学院的"山体模式"早已不复存在，山东体育学院已完全回归原来的传统体育学院办学模式。

　　无论什么培养模式，运动员都不是终身职业，运动员退役后都将走向社会并且面临职业选择。计划经济时代国家包分配、管就业的机制早已不复存在，退役运动员数量逐年累积，由于运动员退役安置政策不到位、运动员职业教育不充分，退役运动员因无法就业而占用的人事编制比例持续居高不下。于是，浙江等省份开始了将运动员人才培养纳入高等职业教育体系的探索，带有浓厚行业特色的体育职业技术学院应运而生。这类院校的共性是由省级或市级体育局举办，属于典型的行业院校。目前全国有 18 所此类院校，但办学定位、学生来源、管理体制及人才培养方式各异。其中，浙江竞技体育人才培养与管理体制"院校化"改革最彻底，浙江的"院校模式"旨在让运动员在成长、成才、成人的全过程中接受正规的系统学习。"浙江模式"不是对传统"体工队模式"的否定，而是在传承传统培养模式基础上的再完善，传承的是符合竞技运动训练规律的"集中训练"，完善的是旨在培养全面发展的运动人才的"教体融合"。时任国务院副总理刘延东在 2013 年考察浙江体育职业技术学院时，就曾数次提到"这个学校办得太好了"，对学院的两个"三位一体"给予了充分肯定，提到"要把体育和教育很好地结合起来，学院不仅要为运动员创造良好运动成绩提供条件，也要为运动员离开竞技体育后的未来发展及一生的幸福创造条件"。

第三节　我国竞技体育人才培养模式反思

讨论竞技体育人才培养,不能离开国家发展体育事业的基本制度。"举国体制"作为我国发展体育事业的基本制度,在过去二十余年中对我国竞技体育的快速发展,尤其是对"奥运争光计划"的实施发挥了巨大作用。从制度层面考量,"举国体制"正是中国特色社会主义的体现。竞技体育中国式"举国体制"的主要特点是:遵循集中力量办大事的原则,调动国家和地方的资金与资源,围绕"奥运争光计划"优先发展奥运会优势竞技体育项目;加强县级和市级业余体校、省级专业体工队、国家集训队三级"一条龙"人才培养训练体系,构建优秀苗子、优秀运动员、拔尖运动员层层衔接的三级梯队;完善"全运会"竞赛体制,按照"思想一盘棋,组织一条龙,训练一贯制"的原则,加强领导、突出重点、调整布局、强化竞争,以实现"国内练兵,一致对外"。

竞技体育"举国体制"是指我国在以奥运会为最高层次的国际竞技体育大赛取得优异成绩的道路上、在发展竞技体育的过程中采取的一种发展方式、一种制度设计。[①] 关于对我国"举国体制"的界定,体育界解读出了多种版本,大意基本相同,主要是指:以在重大国际竞技体育比赛(以奥运会为最高层次)中取得优异成绩为主要目标,以国家和政府为主导,以体育系统为主体,以整合优化竞技体育资源配置为基本手段,广泛动员和组织社会力量积极参与,在国家层面上真正形成目标一致、结构合理、管理有序、效率优先、利益兼顾的竞技体育组织管理体制。[②] 前国家体育总局局长刘鹏在《备战2008年奥运会暨2005年冬训动员大会上的讲话》中指出:"竞技体育'举国体制'就是集中有限的人力、物力和财力,最大限度地调动各方面的积极性,有效配置全国的竞技体育资源,上下形成合力,努力提高竞技体育水平,创造优异运动成绩,为国争光。"

中国竞技体育发展战略的本质特征就是"奥运金牌战略",其发展路径是"先扩张金牌数量,再提升金牌质量"。中国体育正是抓住了奥运会这个

---

① 梁晓龙,鲍明晓,张林.举国体制[M].北京:人民体育出版社,2006.

② 鲍明晓.关于建立和完善新型举国体制的理论思考[J].天津体育学院学报,2001,16(4):48-51.

国际舞台,通过"举国体制"强大的集权政治架构、高效的行政管理体制和充分的人财物资源保障,使中国迅速成为举世公认的"奥运金牌大国"。就"奥运金牌战略"而言,中国的竞技体育"举国体制"体现出了足够的优越性。

但也恰恰是"奥运金牌战略"取得的巨大成就,掩盖了一直存在且日益突显的体制问题。从宏观的角度看,竞技体育体制改革可以促进竞技体育事业的快速发展,体育事业的快速发展可以达成竞技体育体制架构的稳定与社会认同,而稳定本身又有助于促进再改革、再发展和再完善,这是"改革—发展—稳定"的良性循环。现在的问题是,竞技体育体制改革的决心和部署可能屡屡被四年一届的"重大赛事"所牵绊,即便是在体制内,虽然大家对改与不改的问题似乎没有太大分歧,但究竟是大改还是小改,仍远未达成共识。以国家队组建及管理为例,究竟是沿袭传统的项目管理中心负责制还是单项协会负责制,意见始终不一,两种管理体制也一直并存,目前的情况是奥运优势项目多延续中心负责制,其他项目逐渐推行协会负责制。社会大众、媒体等对体制及体制改革的褒贬,更多情况下是以运动成绩而论,这跟竞技体育"赢者为王"的天然属性密切相关,大众似乎人人都是评论员,这些评论往往又左右了决策者的思路乃至决断,久围而不攻或者久攻而不决,很容易形成"死结"。从微观的角度看,即便是就金牌论金牌,我们的奥运金牌"大户"也多是国际化程度不太高且影响力不太大的项目,金牌"大户"项目的社会化和市场化程度还比较低。在具有竞技体育标志性影响力的三大球项目上,除了女子排球,其他大球项目都没有什么话语权。在象征着竞技体育强国的所谓"田径、水上和游泳"基础大项上,我们还基本没有突破,直到近几年,男子短跑和男子游泳才有所成就。这种状况客观上导致了两个错位:一是我们的奥运优势项目在大众中的普及度不高,从而对大众体育项目尤其是对青少年热衷的竞技体育项目的指导性和示范性不强;二是深受大众喜爱、大众参与程度高又具有重大影响力的竞技体育项目,我们在奥运会等大赛中几乎没有地位,更别谈什么优势。这就背离了竞技体育"在普及的基础上提高,在提高的指导下普及"的基本规律,而且在一定程度上影响了基础大项和有重大影响力的竞技体育项目的发展。

很多人对"举国体制"持批评观点,比较尖锐的批评如"'举国体制'导致我国竞技体育暴露出越来越多难以克服的弊端",主要表现为"急功近利战略化、短期目标长期化、揠苗助长经常化、竭泽而渔普遍化"。这些弊端的根源来自"举国体制",因为"举国体制"的垄断性压抑了竞技体育的创新性。[①]

然而,对任何一种制度的简单肯定或简单否定都是幼稚的。评价一种体制是否健康、高效、可持续,通常可以通过绩效评价和风险分析加以判断。按照诺贝尔经济学奖得主埃莉诺·奥斯特罗姆(Elinor Ostrom)对集体行动制度的绩效评价,其核心指标就是效率和公平。[②] 以竞技体育"举国体制"的效率和公平为关键词,目前对竞技体育资源获取、资源配置、发展方式等方面的主要批评可以概括为以下几个方面。

第一,限制了竞技体育资源获取的多样性。"举国体制"主要依靠政府以计划手段配置资源,以行政手段管理体育事业。政府对体育事务既管又办的格局是计划经济体制下的管理模式,尽管其有利于资源的统一配置,但主观和客观上都造成了体育系统的自我封闭,从而将举国之力大大缩小为举体育系统之力,"国"的概念变成了"体育系统",既不利于发挥市场的积极性,又不利于社会体育组织的成长与发育,更不利于由社会来分担发展国家竞技体育的责任,从而限制了竞技体育资源获取的多样性和可持续性。

第二,造成了竞技体育资源分配的不公平。由于竞技体育是政府集中资源对少数具有运动天赋的优秀运动员进行集中训练,国家层面的"奥运金牌战略"和省市层面的"全运金牌战略"是从中央到地方发展竞技体育的指导思想,也是各级政府对体育行政部门考核的权重点。尽管形式上取消了全运会"金牌榜"排行,但除了这个所谓的"形式"外,体制内外的一切评价都习惯性地以金牌论英雄。因此,各级政府和行业主管部门都必然对竞技体育资源实行不公平配置,获取的不少奥运金牌都是不计成本的。而青少年竞技体育后备人才培养的经费保障普遍不足,从而使得不少运动项目缺乏充足的后备人才支持,"金字塔型"的人才结构变成了"塔楼型",甚至"倒金字塔型"。

第三,制约了竞技体育发展方式的多元化。用"举国"之力培养奥运冠军并不是一件值得炫耀的事,而且还制约了人才培养方式的多元化。如果一个国家只能靠"举国"之力才能培养出奥运冠军,那么这个国家的大众体

① 卢元镇.中国竞技体育现行管理体制的制度性代价[J].体育学刊,2010,(17)3:7-12.

② 埃莉诺·奥斯特罗姆.公共事物的治理之道:集体行动制度的演进[M].余逊达,陈旭东,译.上海:上海三联书店,2000:56.

育水平一定不会太高,这个国家发展竞技体育的观念和制度也未必是先进的。"举国体制"与"职业体制"的理念、原动力和利益诉求有天然的矛盾冲突。因此,市场能办的,政府可以退出;社会能办的,完全不用"举国"。中国竞技体育发展方式的多元化应该是专业化、职业化和业余化并举。李娜模式既反证了中国优秀运动员多元培养途径的可能性,也打破了中国体育多年来的"举国"培养模式,其背后是中国体育的与时俱进,更是体育发展的国际潮流。

第四,导致了竞技体育人才的就业安置难。我国的优秀运动员既不是职业运动员,也不是业余运动员,而是享受国家事业单位职工待遇的特殊群体。计划经济体制下的运动员,退役后由国家安置就业。但随着市场经济体制的确立和劳动人事制度的变化,运动员就业安置已经成为不容忽视的社会问题,这远不是体育系统能自行解决的。"举国体制"下的运动员招收及培养是计划体制的,但其退役及安置是市场体制的,运动员退役安置的"瓶颈",直接冲击的是优秀退役运动员,动摇的是竞技体育后备人才培养的根基,进而直接影响"举国体制"的人才资源基础。为此,浙江等地早已启动了退役运动员的货币化安置政策,尽管政府提供的货币安置力度不大,但年复一年、源源不断的退役运动员安置,还是给财政增加了不小的负担。

第五,削弱了竞技体育教化育人的价值。体育是一种教育形式,或者说是达到教育之目的的一种方法。因此,体育的价值并不是靠金牌来实现的,而是通过国民的体魄来实现的,这里的体魄指的是身体状况与精神面貌。当体育融入了国民的生活,当大众具有了健美的身体与健康的精神,金牌就成了国民综合素质的自然反映,这样的金牌才能与国民良好的体魄交相辉映,这样的金牌才是内在与外在的统一。"举国体制"最核心的是"奥运金牌战略","千银不如一金"的价值导向削弱了其教化育人的价值。重金牌还是重身体教育?有些国家经历过这种嬗变,虽然奥运金牌数少了,但体育和教育密切融合了,大众的身体素质提高了,为金牌而金牌的项目弱化了,有群众基础且受大众喜爱的项目普及了。

第六,形成了权力相对集中的利益集团。改革和完善体制的瓶颈主要来自体制自身,越往纵深改革,来自体制自身的障碍就越大。现在的突出问题是体育系统内、外对"举国体制"的认识和评价反差极大。因此,在坚持"举国体制"的背景下,尤其需要建立和完善一种体制内部的自我调节机制,既要有相应的制度制约,又要有相应的素质提升,目前则需要大力推进体育系统的"放管服"改革。

针对种种批评,竞技体育人才培养体制或培养模式的改革已在路上。改革,首先是方向,其次是道路,但前提是反思。首先需要反思的是,现在的培养模式是否出现了问题?出现了什么问题?这些问题是否可能通过改革得以解决?改革的风险是什么?这些风险是否可以预判并控制?通常而言,改革的基础是要形成有利于改革的政治环境,建立自上而下的政治认可和自下而上的改革诉求。就目前的形势而言,改革恰逢其时。

反思一。基于三级训练网的"体工队模式"受职能和资源所限,在竞技体育人才的培养方式上,必然是"重训练轻学习",即便是青少年阶段也难以"读训并重";在竞技体育人才的培养目标上,必然是"重成才轻育人",尽管竞技体育具有育人的功能,但竞技体育"金牌至上"的价值观本质上背离了全面发展的教育理念。这两个"必然"本身无可厚非,乃体制决定机制使然。"院校化模式"培养竞技体育人才,便是"体工队模式"选择性转型的产物。一批省级体工队或转型,或合并,变成了体育职业技术学院。这些院校作为体育系统兴办的行业院校,理应突出在竞技体育人才培养上的不可替代性。然而,现在国内的 18 所省级体育高职院校,大多并非以培养运动员学生为主,这就完全背离了体育系统开办行业院校的办学宗旨。即便是浙江省内专注于培养运动员学生的体育高职院校,也面临着专科层次的办学定位无法满足优秀运动员学生学历诉求的问题,存在着优秀运动员学生招生数每况愈下的尴尬。大批高水平的优秀运动员纷纷进入其他普通高等院校,这又带来了在役运动员学生如何处理学习、训练、竞赛的关系等一系列问题。

反思二。体育系统有一批办学数十年的行业院校,20 世纪 50 年代就有国家体委直属的北京、上海、西安、成都、武汉、沈阳六大体育学院,起步均为本科院校,现已普遍具有体育学硕士和专业硕士乃至博士学位授予权。这些院校多为典型的体育系统行业院校,理应以培养行业精英人才为办学宗旨。不可否认,这些院校为我国的体育事业发展贡献了力量,为国家培养了一批又一批优秀的体育教育、体育管理、体育科研和运动训练等方面的专业人才。然而,这些院校唯独缺少了培养竞技体育运动员(或教练员)的专业设置,即便是现在的"冠军班",也只是先得了冠军再进校学习。行业院校具有独有的行业资源优势,培养行业精英人才应是立身之本。显然,体育系统的行业院校远没有承担起培养大学生运动员这一职责,没有体现出行业院校的"不可替代性"。至于现在行业院校培养的泛体育类专业人才,综合性大学体育院系培养的人才完全具有可替代性,且人才质量也毫不逊色。如在 2019 软科中国"体育学科最好的大学"排行榜的前 12 所大学中,有 8 所是综合性大学或师范大学。

反思三。一种体制的制度化要经历相当长的时间,竞技体育人才培养体制的制度化亦然。体制所依赖的还是人治,只有制度化才能实现法治,这有赖于治理体系的完善和治理能力的提升。于是,以前"体工队模式"下的制度依然存在,并且惯性很大;新的院校化模式已经出来了,但院校化模式的制度尚未建立。所以,简单地以为体工队大门口挂上一块学院的牌子就是院校化,就显得比较幼稚了。院校化只是竞技体育人才培养方式的选择性转型,因为是选择性,就带有主动性,但与院校化相适应的制度设计还一直没有跟上。制度化相对滞后的主要原因首先是体育系统办教育从来都不是强项,缺乏对教育基本规律的认识;其次是体育系统办教育的理论欠缺,缺乏对教育理念、宗旨、思想及人才培养规律的认识;再次是对过去取得成就的惯性依赖,掩盖了文化缺失对竞技体育可持续发展的影响。

在新的历史条件下,如何重构"举国体制"或如何构建"新举国体制",在体育体制改革中具有"纲举目张"的意义,其基本前提是加强党对竞技体育体制改革的全面领导,强调政府的基础性和主导性地位。基本原则是充分发挥中国特色社会主义的制度优势,强调中国体育需要一个强大的"国有"部门,为国家体育事业发展提供坚实的基础。然而,如何使这个部门实现"放管服",则是严峻的考验和面临的挑战。就竞技体育改革而言,首先需要明确:新时代竞技体育存在的主要问题是什么? 主要矛盾是什么? 改革关键是什么? 研究借鉴发达国家竞技体育长盛不衰的原因,处理好政府、协会与市场间的相互关系及利益分配,建立政府、市场、个人参与的激励机制,完善"项目协会实体化"的管理体制机制设计,保障国家与省级相关部门共建"国家队"的运行机制,大力发展校园竞技体育及职业体育俱乐部,建立政府购买体育公共服务的长效机制等,都是亟待解决的重大问题。

第四章 "中美澳"竞技游泳 人才培养机制和比较

　　谈人才,必谈培养;谈人才培养,必谈培养模式。即便自学成才,也是一种模式。关于竞技体育人才培养,通常的界定是:在一定的训练学理论指导下,按照特定的培养目标、培养规格和培养模式,以相对稳定的训练大纲、训练计划、训练模式和竞赛计划,实施人才培养的全过程。竞技体育人才培养首先是发现人才,然后才是培养人才。而发现人才的关键就是早期选材。姚明在谈及竞技体育发现人才、培养人才时,提出了自己的独特观点:"最优秀的选手不是培养出来的,而是被发现的。这不只是技能的训练,更多是心智的成熟。"虽然姚明在这里主要强调的是篮球及泛球类项目在优秀运动员中发现天才球员的重要性,但早期发现"天才少年"在竞技体育领域具有普适性。

　　无论什么人才,即便是"天才少年",也离不开培养,只是培养方式存在差异。关于"人才培养模式",我国教育界和体育界的专家学者均进行过大量阐述,提出了很多"模式"。然而,当全社会都在求解"钱学森之问""徐匡迪之问",质疑我们为什么培养不出世界级杰出人才时,我们关注的焦点却很少落在体制和制度这个根本问题上,"根"的问题不改变,杰出人才培养就难以落实。从根本上看,制度设计是最关键的。就教育和体育而言,杰出人才培养的问题看似出在教育系统和体育系统本身,其实与整体的顶层制度设计密切相关。任何行业的杰出人才培养,均需回归原点和初心,不能简单地着眼于"术",首先需要改变的是人才培养的制度设计、文化认同和社会环境。中国改革开放已超过 40 年,已经过了"摸石头过河"的探索阶段,寻找规律、提炼规律,方能理性地选择发展方式和发展道路。

　　竞技体育从本质上说是崇尚英雄的,古今中外都是如此。竞技场上的英雄就是杰出人才,杰出人才当是"非常"人才。"非常"人才是不是可以"非常"培养？怎样"非常"培养？考察我国竞技体育人才培养的制度体系,十分类似于基础教育,其人才培养模式对提高培养对象平均水平的作用非常显著,但对培养拔尖人才似乎并没有显现出优势。这与我们长期依赖的"三级训练网"培养体制机制密切相关。作为比较,美国的竞技体育人才培养也类似于他们的基础教育,其体制机制设计特别有利于让拔尖人才脱颖而出,这可能是美国成为教育和体育第一强国的根本原因。无论教育还是体育,拔尖人才培养最核心的要素有二:一是先天的遗传禀赋,这是基础;二是后天的环境条件,这是保证。理论和实践均已表明,具有优势禀赋的儿童是客观存在的,并且是可以被早期发现及早期培养的。

竞技游泳,尤其是女子游泳,15 岁左右就成为奥运冠军的"天才少女"在泳池频频诞生。就近几年而言,美国诞生了凯蒂·莱德基、米西·富兰克林(Missy Franklin)等,日本出现了池江璃花子,我国则有叶诗文、李冰洁、王简嘉禾等,均是 15～16 岁就一战成名。该现象提示我们对潜在的"天才少女"必须给予特别关注,尤其是对正处于身体生理发育期的少年女子游泳运动员。如何对稀缺资源"因材施教"是关键。作为典型案例,我国的叶诗文(1996 年出生)在 2012 年伦敦奥运会横空出世,但此后身体发育导致身形改变,竞技游泳成绩迅速沦为平庸,在伦敦奥运会后再也没有新的建树,随着身形稳定及心智成熟才有复苏。与之相反,美国的莱德基(1997 年出生)同样在伦敦奥运会勇夺 800 米自由泳金牌,在四年后的里约热内卢奥运会更是豪取 200 米、400 米和 800 米自由泳金牌,至今已获得 5 枚奥运金牌和 14 枚世锦赛金牌,是历史上获得奥运金牌数和世锦赛金牌数最多的女子游泳运动员。令国际泳坛惊讶的是,伦敦奥运会后,莱德基始终保持高水平竞技状态,屡创女子 400 米、800 米和 1500 米自由泳世界纪录,其 1500 米自由泳的成绩甚至可以获得里约热内卢奥运会男子 1500 米自由泳的铜牌,在女子中长距离自由泳领域鲜有对手。无论是叶诗文还是莱德基,如果没有早期发现和早期培养,是不可能成为"天才少女"的。

早期培养就意味着早期的有意栽培,而有意栽培就意味着早期专项化,这是门大学问,类似于教育学中的"早教"。因为早期训练不当、揠苗助长而导致运动员"昙花一现"的现象,在我国较多运动项目中有一定的普遍性,这也是我们长期诟病"早期专项化"的主要原因。放眼国际泳坛,"中美澳"历史上各自最突出的男子游泳运动员孙杨、菲尔普斯和索普,无一不是学龄前就开始接触游泳,并开启了系统的早期专门训练。美国游泳始终强盛的重要原因就在于注重早期发现人才,并实施早期专门训练①,从而不断造就扬名国际泳坛的超级巨星。在 2008 年北京奥运会上,美国游泳队获得 12 枚金牌,其中菲尔普斯一人就独揽 8 金(含接力 3 金)。尽管菲尔普斯在 2016 年里约热内卢奥运会只获得了 5 枚金牌(含接力 3 金),但美国游泳队却夺得了 16 枚金牌,其重要原因就是出现了另外两位超级巨星——莱德基和瑞恩·墨菲(Ryan Murphy),前者获得 4 金(含接力 1 金),后者夺得 3 金(含接力 1 金)。在美国,可以与菲尔普斯比肩的泳坛巨星有两位。在菲尔普斯之前有马克·安德鲁·斯皮茨(Mark Andrew Spitz),他 2 岁开始学习游泳,6 岁开始系统训练,16 岁首次参加奥运会就获得 2 枚金牌,20 岁参加慕尼黑奥运会游泳比赛的 7 个项目,全部夺得金牌,并全部打破世界纪录,他的"慕尼黑表演"至今都堪称国际泳坛传奇。在菲尔普斯之后有当今女子泳坛超级霸主莱德基,她 6 岁开始系统训练,15 岁就获得奥运冠军,迄今已夺得 5 枚奥运金牌,并长期保持高水平竞技状态。相比之下,我国对儿童、青少年竞技体育后备人才的早期科学训练,无论是理论研究还是实践探索,都不深、不细、不透。显然,要研究竞技游泳优秀运动员尤其是拔尖运动员的培养模式及成长路径,就不能忽视对"早期现象"所引申出的人才培养机制的探究。

第一节 美国游泳长盛不衰的缘由

提起游泳,不能不研究长盛不衰的美国游泳。为便于对"中美澳"进行比较,我们考察 1984 年洛杉矶奥运会至 2016 年里约热内卢奥运会,在这 9 届奥运会中,美国游泳队共获得了 119 枚金牌,同样是游泳强国的澳大利亚获得 27 枚金牌,我国则获得 13 枚,除了 1992 年巴塞罗那奥运会和 2012 年伦敦奥运会分别获得 4 枚和 5 枚金牌外,其他几届均鲜有问金。考察美国竞技游泳,不难发现,美国游泳长期称霸天下的重要特征就在于其不断涌现超级巨星。泳坛巨星的出现,到底是偶然还是必然?如果说是偶然,为什么

① Kirk,D. Physical education, youth sport and lifelong participation: the importance of early learning experience [J]. European Physical Education Review, 2005, 11(3):239-255.

美国会不断涌现出超级巨星？如果说是必然，为什么又说菲尔普斯这样的选手十代人里才出一个？当我们用简单思维去看待这些疑问时，似乎很容易找到答案，即优秀苗子刚好遇见了金牌教练，或好教练刚好选到了好苗子。比如，斯皮茨9岁时就选择了著名的阿登希尔（Arden Hill）游泳俱乐部，跟随著名教练舍尔姆·查沃尔（Sherm Chavoor）训练。查沃尔在美国游泳界声名显赫，他培养的运动员共获得31枚奥运会游泳奖牌，其中有20枚金牌。在1968年的墨西哥城奥运会上，年仅16岁的斯皮茨获得了2枚游泳接力金牌，这是他首次参加奥运会。当时的斯皮茨被国际泳坛公认为"天才少年"。为了备战1972年慕尼黑奥运会，实现更大的人生梦想，斯皮茨在1969年决定投奔印第安纳大学的传奇游泳教练詹姆斯·爱德华·康希尔曼（James Edward Counsilman）。康希尔曼是美国"高水平科学研究引领高质量运动训练"的典范，其在国际泳坛的影响力非常高，经他训练的60多位奥运会选手创造了52个世界纪录，获得了47枚奥运会奖牌，其中有27枚金牌。斯皮茨曾经说道，选择印第安纳大学和康希尔曼教练是他一生中最大和最正确的决定。[①] 斯皮茨牵手康希尔曼，创造了慕尼黑奥运会7个项目全部夺金并全部打破世界纪录这一前无古人的壮举。

但当我们进一步深究巨星成长的奥秘时，就会对一连串的交互影响产生好奇："千里马"是通过什么途径被"伯乐"发现的？"千里马"是怎么找到"伯乐"的？"伯乐"又是通过什么路径培养"千里马"的？是传奇教练培养了巨星，还是巨星造就了传奇教练？

我们必须清醒地看到，美国文化的主导是商业市场，我国文化的主导则是意识形态。美国竞技游泳之所以长期称霸天下，一是美国竞技体育（包括游泳项目）管理体制优越、管理体系高效；二是完备的游泳训练及竞赛机制有利于发现人才和培养人才；三是有先进的科学训练、体能训练、伤病康复训练及科技助力保障。美国竞技游泳约有近50万名注册运动员，其中有约29万名青少年运动员和约2万名大学生运动员，他们长年坚持系统的、专业的游泳训练，参加美国泳协、地方泳协、学校体育联盟组织的各种级别的游泳竞赛。全美共有3000余家在美国游泳协会注册的会员俱乐部，常年为各年龄段的游泳运动员和游泳爱好者提供专业的指导。在学龄儿童的家长

---

① 陈小平，尚磊，付乐.康希尔曼训练思想研究[J].体育学研究，2018(4)：74-81.

们看来,早年就让孩子参加游泳训练并非只是希望孩子习得游泳运动技能,更看重的应该是游泳运动的文化价值、教育价值及人格影响。

一、体育文化:运动基因根植人心

文化最内隐的要素是思维方式,最外显的形态是传统习俗。美国体育文化中的肌肉崇拜、力量崇拜,说到底就是英雄崇拜,这可能就是美国人热爱体育的逻辑起点,成为"强者"是美国人的一种集体无意识追求。美国体育文化最核心的要素,如公平诉求、个人至上、追求卓越,贯穿于美国人的工作方式与生活状态中,这种从小养成的"奋斗"习惯,无形地影响着美国人的认知与行为。美国大众体育的繁荣、学校体育的强盛、职业体育的发达和体育产业的兴旺,都基于美国体育文化及其特质对国民精神和灵魂的浸润。美国的百年体育文化传承成就了美国人特有的文化信仰、文化自信和文化力量,无论是美国大学生体育联合会(National Collegiate Athletic Association,简称 NCAA)校园体育文化的青春狂热,还是 NBA 职业体育独特的社会影响,均昭示着美国人渴望奋斗、凝聚力量的体育精神和竞技体育"暴力"美学的独特魅力。

文化具有习惯依赖的特征,也是人们认识事物、分析事物及价值判断的逻辑起点,它会认同或建构某种"习以为常"的科学与健康的生活方式。当一种生活方式被时代所接受并广泛传播时,就已经成为一种风尚或习俗。美国遍布城乡的游泳场馆,固然跟社会经济发展水平有关,但更与其国民的强体文化观念密切联系。美国一代又一代的儿童、青少年纷纷跳入泳池,或戏水玩耍,或学习技能,或刻苦训练,表面上看只是一种社会文化现象,但究其背后的原因,则是以力量崇拜、强身健体、竞技育人为特质的体育文化长期浸润的结果,并由此催生和带动了泳池边上的家长看台文化。家长们的陪伴和期许与孩子们的进步和期望之间相互激发,自然使家族文化传承并发扬光大。文化的力量是无形的、浸润的,其影响力是深刻的、久远的。

美国的体育文化始于"肌肉崇拜",热在"英雄崇拜",强在公平竞争、个人至上、创新进取的价值认同。美国是一个由各国移民组成的国家,90%的美国公民是移民。体育的发展首先表现为各国移民可以任意地将母邦体育加以引进、传承和改造,并逐渐发展成为美国的主流体育和娱乐体育。美国移民的主体来自欧洲大陆,其母邦体育的主体是体操,体操与宗教(主要是基督教)文化相结合输入美洲大陆后,创生了独特的美国体育文化——"肌肉崇拜",并肇始了美国特殊的体育发展道路。①

第一次世界大战结束后的一段时期,美国人对欧洲文化的期望开始破灭。与此同时,他们的民族主义热情却明显地增强,而体育竞技场上的胜利者,看似产生于没有枪林弹雨的竞技运动场,实际上却为美国社会提供了一味极好的安慰剂,对那些信仰已经动摇、医经济快速发展和技术快速进步带来的巨大改变而感到不安的人们来说,体育成了最好的减压方式。运动场上的英雄在特殊的环境中诞生成长,更在之后相当长的时间里,支撑着美国民众的信仰和精神,并掀起了极高的英雄崇拜浪潮。②

在竞争无处不在的体育世界里,能够真正赢得对手的尊重、钦佩乃至顶礼膜拜的,很多时候并不是获得金牌和站上最高领奖台,而是人的奋斗及其精神。美国人在殖民和拓荒年代造就的吃苦耐劳、敢于冒险和勇敢坚毅的精神得以传承发扬,这至今仍然是美国社会的主流文化。人们崇尚社会平等及追求个人奋斗的品格,在体育竞技文化中处处渗透。③

"美国梦"最能体现美国国民精神和美国人对美好生活方式的向往与憧憬,它是对自由、平等、宽容、进取和成功进行不懈追求的理想主义信念,是对机会均等、人人都有成功的希望和创造奇迹的可能性的乐观自信。美国体育电影中所表现出的人生理想也具有鲜明的美国特点,这些特点集中反映了美国人已经形成并已经固化了的价值观,即追求个性自由、个人奋斗、个人第一、公平竞争、实用主义、金钱至二和敬业进取。④

美国的竞技游泳之所以长期称霸天下,有学者认为,首先是运动员的先天物理优势,其次是国家竞技体育的体制机制优势,然后是高水平科技助力的优势。显然,我国政府在发展竞技体育事业中的责任、义务和作用与美国有着根本差别,我国的社会历史文化及体育体制机制与美国也完全不同。因此,美国竞技游泳的这些成功经验,有的可以简单复制,有的可以选择性借鉴,有的则需要进行本土化改造。美国人对体育的爱好,不只是爱好"看"

---

① 龚正伟,肖焕禹,盖洋.美国体育政策的演进[J].上海体育学院学报,2014,38(1):18-24.

② 梁爽.美国体育中的英雄主义[J].科技视界,2014(6):124.

③ 陈杰,宋玉梅.《灵魂冲浪人》中的美国体育文化解析[J].名作欣赏,2014(9):176.

④ 肖沛雄,万文双.中美体育电影中体育精神的和而不同[J].广州体育学院学报,2010,30(2):28-33.

体育,更爱好"玩"体育。美国校园最受小、中、大学生喜爱的橄榄球项目,其激情火爆的直接身体冲撞,与中国传统体育"和为贵"的追求形成了强烈反差,本质上反映的是双方传统文化的巨大差异。通过体育竞赛让学生获得归属感、荣誉感、成就感、自豪感以及社会责任感,在美国学校教育中体现得淋漓尽致。在美国人的日常生活中,对体育运动的嗜好及偏爱、观赏竞技比赛的激情狂热、对体育明星的欣赏,往往都是聊天的话题。无论是男性还是女性,都十分推崇美国体育文化基因里的阳光、健康、富有活力的体态,强壮的身体肌肉与优美的体型线条都是重要的外貌加分点。在美国人眼里,偏黑的小麦色肌肤意味着更丰富的户外运动,更休闲的生活方式,更健康的生活理念。美国人对体育喜爱甚至狂热,以至于可以不顾或不屑运动可能会给身体造成的伤害。在有激烈身体对抗的运动项目中,出现运动损伤在所难免,但美国人更看重的是通过体育培养学生敢于对抗的勇气和勇于担当的责任。这就是体育教育特有的"完全人格"精神的塑造,与我国相当多的学校因为担心运动可能出现伤害而取消游泳、体操、长跑和身体对抗项目,甚至有些学校几十年不举办运动会的现象,形成了巨大的反差。

在美国人的心目中,是否擅长某项体育运动,是否拥有强健的体魄,与追求和攀登学业高峰乃至人生巅峰具有直接的关系。哈佛大学招生办主任本德(Bend)曾经说过,学校教育旨在培养能够面对、分析、驾驭、处理复杂资讯和艰难局面的"完整的人",一个整天沉湎于书本的柔弱娇嫩的书呆子是不可能有能力应付瞬息万变的真实世界中的种种挑战的,对于从事政治、军事和商业来说,野性、精明、坚毅的品格以及对人性的洞察能力远比对学术研究的兴趣重要得多。这种被美国人普遍认同的体育价值观,致使美国的许多家长都积极鼓励甚至亲自带领孩子参加各种体育项目。家长之间的交流,通常不是比较孩子的文化学业成绩,而是以自己的孩子在体育方面的成就而自豪。在家长们看来,参加体育运动的重要目的,并不是习得运动技能,他们看重的是体育运动在孩子成长过程中的人格影响,是体育运动所具有的育人价值。这就是体育文化所特有的力量,根植于心,外化为行。

体育特长生是美国顶尖大学偏爱的招生群体,无论私立大学还是公立大学,体育特长生是唯一被冠以"特长生"称谓的特殊招生类型。全美约有300所大学保持着2万名左右在训的大学生游泳运动员,他们在校园接受大学文化教育的同时,还享受系统的专业游泳训练,使运动训练真正进入了一种"理想状态",这种状态的标志就是热爱训练并享受训练。只有真正爱好游泳并达成对游泳文化的认同,游泳被认为是完整人格塑造的需要时,竞技游泳才可能真正拥有庞大的人才队伍,竞技游泳人才培养就自然有了源头活水。

二、管理体系:美国式"举国体制"

众所周知,美国竞技体育的管理体系中通常不设置专门的政府职能部门。在政府的事权划分中,没有负责发展体育运动的责任和义务,财政预算支出中也没有相应的科目,自然在各级政府中就没有专门的体育行政管理部门。然而,实行联邦制的美国各州、各城市的制度设计也未必完全一致,有的城市也有涉及体育的政府部门,比如纽约市政府就有"纽约州体育委员会"(New York Sports Association Council),但其目的主要是发展城市经济、给市民提供参与体育的途径及刺激旅游业的发展,因此,其主要职责只是"吸引各种体育比赛和体育活动在纽约举行"。

虽然美国联邦政府中设有"健康与公共事业部"(Department of Health and Human Services),但他们主管的是国民健康政策及促进,希望通过倡导国民参加锻炼来促进国民健康。这个部门并没有为运动员提供服务的职能,也不可能为业余和职业运动员提供任何经费支持。在美国,还有一个听起来名声很响的"总统体育健身委员会"(The President's Council on Physical Fitness and Sports),但这只是一个顾问委员会性质的组织,由20名普通公民志愿者组成,任期2年内不领取任何报酬,每年至少召开1次对公众公开的会议。该委员会的主要工作是给总统提出关于健康方面的建议,并提出一些促进美国公民身体健康的项目计划,这些项目主要是以精神鼓励的方式对人们参加体育锻炼给予激励。

美国在1978年通过了《业余体育法》(*The Amateur Sports Act*),1998年重新修改成了《特德史蒂文斯奥林匹克与业余体育法》(*Ted Stevens Olympic and Amateur Sports Act*),该法案规定美国奥林匹克委员会(United States Olympic Committee)是具有垄断性的机构,专门协调全美与奥林匹克相关的一切体育活动,对美国参加奥运会的所有事项行使专属管辖权,这就意味着政府及其他任何组织和个人都不得插手奥运会的相关事务。但是,美国奥委会依然是民间机构,法律保护的只是其唯一性。之所以要保护奥委会的唯一性,是因为任何美国人都可以成立社会组织,并可以以该组织的名义举办体育比赛。美国奥委会不获取美国联邦政府的资金支持,但美国国会通过的 1978 年版的《体育法》和 1998 年修订的《体育法》赋予美国奥委会在美国开发相关知识产权用于商业的广泛权利,美国奥委会依据授权搭建了符合自身发展需要的市场开发体系,允许商业支持者使用相关知识产权换取关键资金。因此,美国奥委会的运作资金全部来自社会捐赠、赞助、特许使用费和商业经营等。[①]

美国式竞技体育管理体制的主要脉络是政府授权给社会组织或机构,社会组织或机构发展会员或单位,会员或单位委托各类项目俱乐部,项目俱乐部对客户提供服务产品,如运动技能培训、健身健康指导、业余训练及专业训练等。其鲜明的特征就是走实体化体育社团的发展道路,"官民"协同,共享教育、文化、商业、媒体等资源,从而形成了美国庞大的体育消费市场。在儿童和青少年运动员培养方面,有学者对美国 8 个奥运优势项目的青少年训练、竞赛和管理体制进行了分析,结论是:在美国,学校组织的运动训练及竞赛不仅成为美国学校教育的重要组成部分,而且训练及竞赛制度十分合理完善,全美和各州单项体育协会与中学体育两大管理体系协调发展。[②]在成人运动员培养方面,主要由全美各单项体育协会与 NCAA 两家管理机构分工与合作,共同管理大学生运动员的运动训练及竞赛。

单项体育协会的主要职能是制订竞赛规划、对运动员和教练员进行注册与培训、对成员俱乐部进行考核与评定等。NCAA 是美国大学竞技体育的最高管理机构,下设的执行委员会从总体上协调管理 NCAA 内部的各项事务。NCAA 根据运动项目设置、大学场地设施、运动水平及规模等因素,把约 1200 所大学的约 49 万名大学生运动员,合理地分配在 I 级、II 级和 III 级三个等级中,几乎所有学校的学生运动员都能够有机会在这个平台充分展示自己的运动能力与价值。NCAA 不仅为全美大学生运动员提供了良好的发展机会与展示平台,同时也为美国竞技体育拔尖人才培养奠定了坚实的基础。NCAA 的成员学校根据其在联合会内部的地位,又可以分为正

---

① 杨叶红,方新普. 中国、美国、德国财政制度模式与体育体制的比较[J]. 成都体育学院学报,2011,37(3):6-10.

② 潘前.美国奥运优势项目青少年竞赛体制主要特点研究[J]. 福建体育科技,2009,28 (5):40-42.

式成员、临时成员、附属成员等,不同级别的成员享有不同的权利和义务。大学体育联盟是组织美国大学校际比赛的核心机构,大学校际的体育竞赛绝大多数是在联盟内部进行的。[①]

有观点认为,美国大学的校际体育竞赛活动之所以发展得如此壮大,最重要的原因之一是大学校际体育竞赛已被纳入学校的教育体系和人才培养体系,成为学校教育的天然组成部分,学校则把开展校际体育竞赛看作是向学生及教职工提供参与和观赏高水平体育竞赛的一种文化娱乐途径,更重要的是把校际体育竞赛作为提高学校声誉、吸引学生报考与获得社会捐赠的重要资质。[②]

美国游泳的最高管理机构是美国游泳协会(United States Swimming Association,简称 USSA),是全美管理游泳运动的专业机构,总部设在科罗拉多州斯普林斯市的美国奥林匹克训练中心(United States Olympic Training Center),这里也是美国奥委会总部。美国游泳协会设有事业发展部、事业运营及会员服务部、俱乐部发展部、全国竞赛部、国家队、传媒部、财务部及基金会等部门,聘用专职人员近 100 人,会员约 30 万人,包括各年龄组儿童、青少年,国家队各层级运动员、教练员,以及志愿者。在美国游泳协会旗下,全美共设有 59 个相当于州级的地方游泳协会(Local Swimming Committee,简称 LSC),分别对辖区内的游泳俱乐部和游泳赛事进行管理。在美国游泳协会和地方游泳协会之间,还设有东、南、西、中 4 个大区泳协,东区和中区各涵盖 16 个地方游泳协会,西区和南区分别涵盖 12 个和 15 个地方游泳协会。美国游泳协会的三大核心目标是:夯实游泳基础、推广游泳文化、提高游泳竞技水平,体现了其致力于游泳普及与提高相结合的发展方针。

综上,美国竞技游泳管理体系的最高机构是美国游泳协会,其与地方游泳协会和俱乐部是纵向管理关系,与覆盖美国各年龄段学生的中学生和大学生体育联合会是横向合作关系。组建和管理美国国家游泳队是美国游泳协会的至高职责,体现了美国式"举国体制"的完备体系和顶层设计。覆盖全域及全人群、纵横交错的管理结构,既相对独立又形成体系,实现了真正

---

① 池建.美国大学竞技体育管理体系的研究[D]. 北京:北京体育大学,2013.

② 金玉.美国大学校际体育竞赛管理的启示[J]. 体育科学,1997(1):23.

意义上的国家、学校、个人及社会团体的职权、义务与利益共享。

三、竞赛体系:纵横交错形成网络

在美国,为什么有这么多人爱好游泳?为什么会有近50万名注册游泳运动员?这跟美国人天性就热衷参加体育比赛密切相关,"竞争"在美国人心里是牢牢扎根的。美国竞技游泳的竞赛网络主要由美国游泳协会及各州游泳协会、中学生和大学生体育联合会三大体系构成。

首先是美国游泳协会体系,每年先由各州游泳协会组织辖区内的分年龄组比赛及高水平组比赛,分年龄组比赛通常按年龄段分8岁以下、9～10岁、11～12岁、13～14岁、15～16岁、17～18岁等6个组别进行,高水平组比赛没有年龄限制,但参赛者通常都在15岁及以上。参赛单位为在泳协注册的辖区内各游泳俱乐部。在地方游泳协会举办比赛之后,大区游泳协会再举办更高水平的比赛。因为美国游泳协会不举办全国的分年龄组游泳锦标赛,因此,大区分年龄组游泳锦标赛也是最高层次的分年龄组比赛。在大区高水平游泳锦标赛之后,美国游泳协会再举办最高水平的全美春季游泳锦标赛(National Spring Swimming Championships)。

美国中学生游泳竞赛体系通常是由各州中学生体育协会主办的本州辖区内高中生游泳联赛,参赛单位为学校游泳队,参赛者通常为9～12年级的高中生,部分州也举办初中生游泳比赛,一些较大的州则按学校规模把高中生游泳锦标赛分成2～3个级别进行。美国不举办全国性的中学生游泳比赛,因此,州高中生游泳联赛或锦标赛就是中学生展示竞技游泳水平的最高舞台。

美国大学生游泳竞赛体系由美国大学生体育联合会操办,全美1000多所大学根据各自的地域位置、办学规模、开展的竞技运动项目及水平等因素,分属于100多个不同项目的竞赛联盟,第Ⅰ和第Ⅱ级别的联盟赛水平较高,并提供丰厚的奖学金,吸引着大批优秀大学生运动员参加。大学生游泳比赛季从每年的9月份开始,各校代表队先按级别参加联盟赛,全国游泳锦标赛在每年的3月份举行,达到报名标准的在校大学生运动员方可参赛。美国大学是高水平游泳运动员的摇篮,有一批盛产奥运会及世锦赛冠军的游泳名校,如久负盛名的斯坦福大学,是美国仅有的几所自1912年参加奥运会以来届届获得奖牌的大学,在奥运会历史上共获得了270枚奖牌,其中有 139 枚金牌,这一成绩在全美所有大学中排名第一。

北美高校从 NCAA 联赛走出的知名运动员不计其数,其中不乏众多优秀乃至拔尖运动员。如在美国游泳协会举办的 2017 年金泳镜奖(Golden Goggle Award)颁奖大会上,来自佛罗里达大学的凯勒布·德雷塞尔(Caeleb Dressel)和来自斯坦福大学的莱德基分别获得全美年度最佳男子、女子游泳运动员殊荣。其实,美国绝大部分拔尖游泳运动员都是在校大学生或已经毕业的大学生,像莱德基和德雷塞尔这样的大学生运动员一直都是美国国家游泳队的主体。莱德基所在的斯坦福大学游泳队,在全美高校游泳队综合排名中常年保持着团体前三的位置,女队在 2017 年蝉联了 NCAA 全美游泳锦标赛的团体冠军。德雷塞尔所在的佛罗里达大学一直都以向美国国家游泳队输送拔尖男子游泳运动员而著称,在德雷塞尔之前,来自该校的著名全能游泳运动员瑞恩·罗切特(Ryan Lochte)就是几乎与菲尔普斯齐名的男子游泳运动员。罗切特至今仍然保持着男子 200 米混合泳长、短池的世界纪录,他也是禁止穿高科技快速泳衣后,第一个打破长、短池世界纪录的游泳运动员。

像斯坦福大学这样对于学生的学业要求极为严格,又同时对体育运动追求卓越的大学,在美国不在少数。大学生运动员在校期间专业训练和文化学习两头兼顾,不仅能在运动竞技领域收获成功,还能在专业学术领域有所建树,从而为大学生运动员退役后从事其他职业奠定了良好基础,有利于他们谋划更为精彩的职业生涯。莱德基就曾说到,她非常清楚自己的游泳生涯还可以再持续一到两届奥运会。退役之后的人生如何前行,这位女强人已经在斯坦福开始准备了。

不同年龄、不同等级的纵横交错的竞赛网络为儿童、青少年游泳选手提供了大量的实战锻炼机会和展示训练成效的平台。小学生和初中生运动员(6~13 岁)可参加当地的小学和初中游泳比赛,也可参加美国游泳协会组织的州级分年龄组比赛;高中生运动员(14~18 岁)可参加高中游泳比赛,也可参加美国游泳协会组织的州级分年龄组比赛和高水平组比赛;大学生运动员(18~23 岁)既可参加 NCAA 组织的全国比赛,也可参加美国游泳协会体系的各种成人比赛。在美国,每年由国家游泳协会批准或认可的游泳比赛多达 7000 余场(次),其中绝大部分是儿童、青少年系列的比赛,潜在的或优秀的儿童、青少年游泳选手每年大约选择参加其中的 20~30 场(次)

的比赛,这对丰富他们的比赛经验和提高他们的比赛能力起到了重要的促进作用。

美国游泳协会通过竞赛的杠杆,一方面大力推广从小学到大学的"校园游泳",另一方面选拔优秀运动员组建国家队,参与各类重大国际赛事。美国国家游泳队基本由在校大学生甚至中学生(如参加 2012 年伦敦奥运会的莱德基当时还是初中生)以及大学毕业后仍然继续坚持高水平游泳训练的运动员组成,美国游泳协会承担国家队运动员全部的训练和参赛费用,甚至还可以向队员发放一定的训练补贴和奖励。这些资金的主要来源是美国游泳协会的合作伙伴、长期赞助商以及美国奥委会。

综上,美国竞技游泳的竞赛体系不是线性的,而是呈网状的,横向分区、纵向分级的赛事宛如网罗所有年龄段"飞鱼"的网。每年多达几千场次的赛事为不同年龄、不同级别的运动员提供了丰富的实战锻炼机会,覆盖全美的儿童、青少年分龄游泳竞赛体系为发现和选拔具有游泳天赋的运动苗子提供了平台,全美大学生游泳锦标赛则是盛产优秀和拔尖运动员的摇篮。通过校际竞赛培养拔尖运动员的模式,在美国已经形成良性循环与路径依赖。

四、训练体系:各年龄衔接全覆盖

众所周知,美国没有"少体校""体工队"这样的专门从事运动员培养的学校和机构,也没有类似"体育局"这样的专门管理体育事务的行政机关,美国竞技体育后备人才及优秀运动员的培养,完全依赖于小学、中学、大学以及各类业余和职业俱乐部。美国竞技游泳之所以长盛不衰,是因为小学、中学和大学分别担负起了竞技游泳后备人才、优秀人才和拔尖人才培养的重任,并倾注了人力、物力和财力支持,众多的游泳俱乐部则提供校外训练,既保证了学生运动员的业余性,又保证了竞技训练的系统性。考察美国的教育和体育,不难发现美国的教育与体育从来都是浑然一体的,没有什么"教体结合"或"体教结合"之说。在学校,体育不只是课程,更是育人之必需。教育从来离不开体育、体育就是教育、没有体育就是不完整的教育等理念,在美国早已成为共识。因此,美国之所以是当今公认的教育和体育第一强国,是因为美国教育赢在体育,美国体育强在教育。[①]

美国学生同样注重升学,如果高中时就已经是运动成绩出众的体育明星,那么,即便他(她)的文化成绩比较普通,读个大学也是基本不用担心的;如果文化成绩还不错,则申请名校和奖学会将会变得相对容易。在美国,如果高中毕业后被大学选中参加大学集训队或校队,则对学生本人和学校来说都是很值得炫耀的事,人们有可能在学校网站首页看到学生和教练握手的照片,高中校长和大学校长都可能会亲自接见学生。在美国大学里,教练员的薪酬一般都高于教授乃至校长,年薪数百万美元的大学教练在美国并不鲜见。

有研究指出,美国约有 6700 余所中学组队参加各州的游泳及跳水比赛,男、女运动员总数约为 29 万人。在大学层次,2008—2009 年,参加 NCAA 男、女游泳及跳水比赛的大学分别达 398 所和 515 所,男子运动员达 8500 余人,女子运动员达 11300 余人,其中竞技水平最高的 I 级学校的学生运动员达 8000 余人,他们的游泳训练已经达到相当高的水平。[②]

我们通过筛选 2016—2017 年 NCAA 组织的游泳及跳水比赛秩序册和成绩册,剔除跳水项目及不同游泳比赛场次中姓名和学校相同的运动员(排除重复),得出 2016—2017 年全美大学生游泳比赛共有 2746 名高水平运动员参加,其中女子运动员 1043 人,来自 295 所大学,男子运动员 1703 人,来自 259 所大学。我们统计的这些数据与其他学者统计的 2008—2009 年的数据有较大出入,原因有二:一是可能先前的统计没有剔除跳水项目及同一运动员参加多次比赛的情况;二是我们统计的是参加全美大学生游泳比赛的运动员数量,而先前的统计中可能是大学在训运动员数量。美国从幼儿园、小学、中学到大学一直接受系统游泳训练的儿童、青少年约有 45 万~50 万人,由此可见美国学校对竞技游泳人才培养的推动力度。

对于学校集训队的游泳选手,在美国大、中、小学的教育管理中,有一条 "No pass,no play"的基本准则,即如果必修课不过关(合格或中等),就不能参加比赛或训练。但是,学校运动队或集训队队员因比赛而延误的课时,

① 王章明,李建设,顾耀东,等.美国竞技游泳长盛不衰的原因和启示[J].体育学刊,2019,26(3):33-37.

② 潘前.当代美国游泳十大特征分析[J].浙江体育科学,2011,33(1):35-38.

学校将安排专任教师负责补课或辅导。在校方看来,尽管你能够以"体育特长生"的身份免试甚至免费入学,学校也乐意为你提供一定的比赛与训练经费,并在训练场馆、教练聘请、科技攻关等方面投入大量的资金和科技助力,但是,无论你是多大牌的运动明星,你的第一身份就是学生。正是因为学校的投入、家长的支持和学生的热爱,美国才拥有如此庞大的竞技游泳人口。

美国关于学生运动员的"业余性"是有明确的法律界定的,中学和大学对学校运动队什么时候开始集训及每周集训的时长都有明确的规定,但学生参加校外俱乐部训练的时间没有任何限制,中学生是否参加校外游泳俱乐部的训练则通常需要经过家长确认。美国中学生游泳赛季从每年的11月至次年的3月。在赛季,学校代表队通常每周组织训练3～5次,每次训练2小时。在非赛季,学校一般不组织学校运动队训练,但学生通常都参加校外游泳俱乐部的训练,以保证训练的系统性。美国大学生游泳赛季从每年的9月至次年的5月或6月。NCAA规定大学生游泳运动员在一个赛季中只能有120～124个训练日,每个训练日最多可以训练4小时。对大学生运动员是否自愿参加校外游泳俱乐部的训练及其训练时间不作任何限制。因此,高水平大学生游泳运动员通常都在完成学校游泳队训练后,还在校外游泳俱乐部追加训练。美国对学生运动员在学校训练时间的限制,充分体现了学生运动员的业余训练原则,以确保其文化学习。而不限制学生参加校外游泳俱乐部训练,又保证了高水平训练的系统性、连贯性和专业性。因此,美国竞技游泳和其他竞技体育项目的发展和强盛,正是家庭、学校和社会合作的结果。这种合作推动着全美各年龄段竞技游泳训练人数不断增加,也使得长期坚持游泳训练的人数不断稳固。值得注意的是,美国学校游泳队一般是从职业游泳俱乐部聘请主教练,甚至将运动队训练委托给游泳俱乐部,从而保证了游泳训练及竞赛的专业性。从运动训练学的角度可以认为,美国的学生运动员除了身份是业余的,其训练和保障都是职业的。

研究美国竞技游泳,不能不提到训练营。美国的游泳训练营根据受训对象主要分为三种类型,即奥运会选手训练营、后备人才选拔训练营和普及推广提高训练营。[1]

奥运会选手训练营类似于我国国家体育总局遍布全国(包括高原地区)

---

[1] 严蓓.美国青少年游泳训练营的特点[J].游泳,2015(4):7.

的训练基地,参加奥运会选手训练营的都是全美最拔尖的运动员。这类训练营通常在奥运会等重大赛事前组织短期集训,集训时间视赛事重要程度而定,通常为几天至几十天。如 2017 年在中国台北举行的世界大学生运动会,美国国家队赛前集中训练时间只有 5 天(8 月 15 日开始集训,20 日开始比赛)。在奥运会年,美国游泳协会通过奥运选拔赛组建国家队,赛前集训时间基本在一个月左右,通常是先在美国国内某训练营集中训练,然后再转场至距离比赛地点比较近的某国际训练营。如 2016 年里约热内卢奥运会的赛前集中训练时间甚至不足一个月,7 月 17 日开始在美国国内的训练营集中训练,7 月 24 日移师位于阿根廷的国际训练营进行赛前冲刺,8 月 1 日赴巴西里约热内卢进入赛前状态,8 月 6 日开始正式比赛。

后备人才选拔训练营中的运动员是各年龄组的佼佼者,美国青少年游泳竞技水平提升的重要平台就是这类训练营。美国游泳协会每年都会集中优秀青少年运动员在这类训练营进行大集训,对他们进行各项生理生化指标及生物力学参数的跟踪测试和评价,对有望成材的运动员加强专门培养。

普及推广提高训练营一般采用商业化市场运作,培训对象是没有年龄限制的游泳爱好者,未来的游泳运动员多由这类训练营启蒙。

总之,美国游泳训练营的等级和训练形式多种多样,可以满足不同年龄段游泳爱好者和具有相当水平的游泳运动员的需求,其中奥运会选手训练营和后备人才选拔训练营的专业化训练水平非常高,且不乏优秀教练员。普及推广提高训练营带有商业运作性质,孩童的启蒙训练时期大多在此度过。

美国的游泳训练体系中并没有绝对的职业选手和业余选手之分,正是由于美国业余游泳庞大的参与人群及雄厚的基础,高水平的职业选手才能够不断涌现。不少美国家庭通常在孩子大约 3 岁时就开始对其进行启蒙锻炼,游泳是家长相对选择较多的运动项目。在美国,室外游泳池随处可见,规模较大的健身中心通常都配有室内游泳池。正因为政府、社会和民间资本提供了众多的游泳硬件设施,游泳才成为美国儿童、青少年最喜爱的运动项目之一。美国儿童、青少年参与游泳训练一般有两种方式:一种是作为学校运动队队员进行日常训练,主要由学校的游泳协会组织训练和日常管理;另一种是在暑假参加游泳基础班、提高班或训练营的培训,一般由游泳俱乐部主办,这些俱乐部通常是美国各级游泳协会的成员。据测算,美国参加学校游泳队日常训练的儿童、青少年约有 50 万人,而参加非日常基础游泳培训或游泳技能提升培训的儿童、青少年大约是校队队员的 10 倍。美国高中生的竞技游泳水平已经相当高,不少项目的竞技成绩已经逼近乃至超过全国纪录。比如:斯皮茨在 16 岁(高中生)时就获得了 1968 年墨西哥城奥运会的 2 枚金牌;莱德基在 15 岁(初中生)时就获得了 2012 年伦敦奥运会女子 800 米自由泳冠军,19 岁(高中生)时又获得了 2016 年里约热内卢奥运会的 4 枚金牌,奥运会后才进入斯坦福大学开始本科阶段的学习。

综上,美国竞技游泳人才培养已经形成比较稳定和相对固定的训练体系,从幼儿园、小学、中学到大学层层衔接的业余训练体系及学校与职业游泳俱乐部的合作,造就了覆盖全美的竞技游泳后备人才梯队。值得注意的是,美国的中小学或者大学,游泳队的训练一般都交给游泳俱乐部负责,或从职业游泳俱乐部聘请主教练。学生运动员除了身份是业余的,其他的一切都是职业的。

五、教练员培养体系:终身学习养成

美国传奇游泳教练康希尔曼是"高水平科学研究引领高质量运动训练"的典范,他在游泳水下摄影、游泳升力与负荷监控、低氧训练、间歇训练和力量训练等方面进行了大量的开创性研究。他训练出的 60 多位奥运会选手创造了 52 个世界纪录,获得了 47 枚奥运奖牌,其中有 27 枚金牌。尽管康希尔曼的训练思想产生在 20 世纪 50～80 年代,但他提出的竞技游泳"印第安纳系统(Indiana System)"对美国游泳做出了卓越贡献,也是美国竞技游泳长盛不衰的理论基础,被美国游泳教练员们奉为"经典",至今美国游泳界仍对康希尔曼 1968 年出版的著作《游泳的科学》(*The Science of Swimming*)评价很高。在康希尔曼 40 多年的执教生涯中,他始终将"培养运动员的全面人格发展"和"追求运动训练的生物学基础"作为最重要的两个执教理念。他明确提出了教练员必须遵循的"先集体后个人"的团队精神和"与运动员建立终身友谊"的师生关系等基本原则,认为这是教练员执教的基本前提和基础。在谈到美国游泳较欧洲游泳强国更胜一筹的原因时,他认为美国教练员更加看重心理学、教育学和管理学的素养(笔者认为这是更看重"体育是人的科学"),而欧洲国家则更加偏重游泳的生物力学和生理学等自然科学方面的知识探究(笔者认为这是更看重"体育是人体的科学")。尽管只有一字之差,但认识上相去甚远。康希尔曼非常注重运动员的训练动机、兴趣和智慧,他认为游泳运动员执着的追求、强烈的热爱和主动的思考,是成为世界级选手的必备条件。他从亲自培养的几十位世界级游泳选手身上得出的经验是:精英选手的优良品质,一部分来自于天赋,一部分来自于长期训练的历练,还有一部分则得益于教练员的培养。康希尔曼几十年执教生涯的一个重要观点是:高水平运动员热爱训练的"主动程度"是其成为优秀选手不可或缺的重要因素。他强调:"游泳运动员越优秀,他所需的教导就越少。如果你身边有斯皮茨这样的人才,就请坐下来欣赏他,并尝试向他学习。"不知是不是巧合,美国当代最优秀的男子游泳巨星菲尔普斯的教练鲍曼,其大学时期所学的专业恰恰就是"发展心理学",这或许是他执教成功的重要因素之一。

康希尔曼的训练学思想对美国游泳教练员影响很大,其"训练过程就是教育教学过程""与运动员建立终身友谊""注重研究成果实践应用""教练员终身学习"等观念影响了一代又一代美国游泳教练。美国的游泳教练员在生物力学、生理生化、运动医学、心理学、教育学、管理学乃至哲学等领域的素养普遍较高,从而极大地提高了他们的科学执教能力和科学训练水平。美国的大学游泳队和职业游泳俱乐部在训练科学化、管理专业化和运行职业化上已经形成了比较固化的良性循环和路径依赖,自然造就了美国游泳的长期强盛。①

美国的游泳教练员分级培养具有完整的体系,五个等级的教练员申报都有基本要求,都必须接受美国游泳协会的课程培训与考核,不同级别的教练对应不同的培训与考核内容,但都具有较强的针对性。② 一级教练员主要学习游泳教学方法;二级教练员主要学习"蝶仰蛙自"四种泳姿的动作技术规范;三级教练员主要学习运动生理学、心理学、营养学、生物力学等人体科学知识;四级教练员主要学习运动科学管理知识,并要求所带运动员达到一级或健将级水平,美国大约有 10% 的游泳教练能达到四级水平;五级教练员主要学习领导力,并要求所带运动员达到全国比赛的报名标准,五级教

---

① Alan L. Swimming: technique, training, competition strategy [M]. Ramsbury: Crowood Press, 2006.

② John L. The genius behind the masterpiece[J]. Swimming World, 2009(1): 18-21.

练员约占全美游泳教练员总数的 3％～5％,标准极为严格。

美国的游泳教练资格证面向全社会开放,任何人都可以申请,但入职后就必须亲遵守严格的职业规范。一级教练员只能在俱乐部教授游泳初学者,二级教练员可以教授游泳提高班。只有达到三级教练员资质,才有资格担任游泳训练队的教练。四级教练员则可以成为游泳队的主教练,五级教练员可以进入国家队担任教练。教练的级别决定着薪水的高低。[①] 从低级别教练到高级别教练,从一般俱乐部任职到知名俱乐部任职,从带组训练到带队训练,都可以作为获得更高级别教练员资格证书的资本,从而在更著名的俱乐部或上百所大学(如斯坦福大学、印第安纳大学、佛罗里达大学、得克萨斯大学奥斯丁分校等游泳名校)游泳队谋得更理想的职位。美国游泳协会及美国游泳教练员协会(American Swimming Coaches Association,简称ASCA)规定所有教练员都需要接受继续教育,即便是高级别的教练员,每年仍需获得一定的培训学时,才能保持证书的级别,否则证书将可能被注销。[②] 美国的游泳俱乐部十分注重内部培训,通常俱乐部的主教练对助理教练和低等级教练至少每月培训一次,比较有声望的俱乐部甚至能做到一周培训一次,以此营造良好的学习交流氛围,普及最新知识,提升训练水平。培训内容通常是游泳生物力学、运动生理学、生物化学、运动医学、心理学和营养学等,以提高教练员科学执教的能力和水平。在美国,许多教练员本身就是生物力学行家,普遍接受过良好的高等教育,其中很多具有博士研究生学历背景。浙江游泳名将吴鹏赴密歇根大学游泳俱乐部外训后的最突出感受就是"训练计划是可以跟教练商议的"。把训练过程作为教学过程,变单向的"你教我练"为双向的"教学相长",可以更好地解决科学训练的三个基本问题,即"练什么、为何练、怎么练"。在高水平运动员训练阶段,训练解决的早已不是技术问题,而是理念问题,是运动学习(Moter Learning)能力问题。只有当教练员与运动员之间由"师徒"关系提升为"师生"关系时,训练过程才可能成为"教学相长"的过程,从而进入康希尔曼那样的理想训练境界。

美国游泳协会非常注重教练员的培养和培训,该工作主要由美国游泳

① Craig L. The price of glory[J]. Swimming World, 2001(9): 24-27.
② Dave D. A dual responsibility[J]. Swimming World, 2006(4):10-11.

教练员协会承担。该协会的主要任务是教练员的培训、教育和认证。教练员协会的具体工作是教练员认证考级、评选教练员名人堂成员、评选奖项、提供工作机会、出版游泳刊物、举办游泳学术交流与培训等活动。一般在每年赛季结束后或新赛季来临前,教练员协会都会举办一个国际性的游泳培训交流会议,教练员协会的会员都可以参加。会员除参加这类培训外,平时还可以参加网上课程培训,并能定期收到游泳协会或教练员协会提供的多达 18 份的游泳出版物。

此外,美国游泳教练员协会每年均主办世界游泳教练员年会,并将该年会与本国游泳教练员培训结合举办。从 1969 年开始,该年会每年举办一届,至今已经成功举办了 50 届。美国游泳教练员协会在全世界发展会员,其 2004 年的全球会员数就已经达到了 4789 人,参加 2004 年年会的有 1941 人,近几届年会参会人数均保持在 1700 人左右。2018 年世界游泳教练员大会暨金牌教练员年会于 2018 年 9 月 4 日至 9 日在美国加利福尼亚州阿纳海姆市举行,在本次年会进行主题讲座的讲师大部分是来自美国本土的高水平游泳教练员,而且不乏大牌名教练,如:马克·舒伯特(Mark Schubert)是前美国奥运会代表团游泳队主教练,2008 年率领菲尔普斯等名将参加北京奥运会,曾带领其俱乐部 44 次获得全美游泳锦标赛冠军头衔;大卫·萨洛(David Salo)在南加利福尼亚大学担任游泳主教练近 10 年,也是美国奥运会代表团游泳队和世锦赛游泳队的教练,已培养了众多 NCAA 冠军、全国冠军、世界纪录保持者和奥运冠军,匈牙利著名运动员霍苏就曾经跟随他训练;大卫·马什(David Marsh)曾经是优秀的仰泳运动员,2007 年开始在卡罗来纳游泳俱乐部执教,曾担任美国奥运会代表队和卡罗来纳游泳俱乐部主教练,他的俱乐部在全美俱乐部游泳锦标赛中始终名列前茅,培养出了来自 19 个国家的 49 名奥运会选手;戴夫·德登(Dave Durden)任加利福尼亚大学伯克利分校男子游泳队主教练,带领其队伍获得 9 次 NCAA 冠军或亚军,他本人获得 4 次 NCAA 年度教练奖,带训的 6 名运动员入选美国奥运会游泳代表团参加了 2016 年里约热内卢奥运会,获得 11 枚奖牌,其中有 8 枚金牌。这些大牌教练与大家分享了带训奥运冠军或世界冠军的经验。

综上,美国游泳教练员协会对教练员执教资格和业务能力的培训考核已经形成制度规范,无论什么级别的教练员都必须获得年度的培训积分。

美国游泳协会每年召开各种年会和论坛,全美教练员都有资格分享著名教练的训练计划,让年轻教练分享知名学者的学术见解。美国游泳界极其重视名师、名教练训练经验的传播,愿意以各种渠道传播分享新技术、新方法。美国的很多纸质版和电子版游泳杂志,都有作家专栏,实用性高,推广性强。基于经验并突破经验,充分发挥对学科的认知,自觉利用高科技手段,方能实现从"经验型"教练向"学者型"教练的转型,这是教练员成长的不二选择。

链接一

俱乐部、大学和国家队

美国的竞技游泳之所以走上一条良性循环的发展大道,除了体育文化的影响与校园体育的助推,还有一股重要的力量就是游泳俱乐部的驱动。美国的游泳俱乐部都是由社会资本投资兴建与经营的,俱乐部为其会员单位及会员的游泳训练和其他游泳爱好者的业余训练提供有偿服务,自负盈亏。

20世纪90年代,美国游泳协会颁布了《俱乐部资质审定办法》,该办法规定:所有俱乐部不论规模和类型,均按运营规范性、家长与志愿者参与度、教练员接受培训情况和俱乐部比赛成绩四个方面进行等级评定,等级从一级到四级(从低到高)。对一、二级俱乐部在运营规范性方面的要求明显高于对三、四级俱乐部的要求,这意味着资质较低的俱乐部更应该加强基础性事务的投入与管理;对三、四级俱乐部在教练员培训方面的要求比较高,这意味着资质较高的俱乐部更应该注重教练员的执教能力培训,努力提高俱乐部的游泳教学训练水平。

美国的游泳俱乐部实质上就是培训公司,主要依托游泳爱好者的消费及为学生运动员业余训练提供服务获取相应的经济效益与社会效益。游泳俱乐部是否能够生存与发展,取决于其核心竞争力,即硬件条件、教练员影响力、教学服务质量及游泳训练水平。俱乐部为了生存与发展,不仅需要提高本俱乐部在游泳领域的专业性与权威性,还需要设计适合各年龄段比赛和娱乐需求的活动及营销手段,以留住老顾客、吸引新顾客。美国的大学生游泳运动员在大学毕业之后,如果还想继续从事游泳训练和参加高水平游泳比赛,往往会选择进入某高水平的游泳俱乐部,一边从事游泳教练员的工作,一边继续系统的专业游泳训练,以保持状态和能力参加国内外重大游泳比赛。如此,他们就有了一份相对稳定的工作,以获得稳定的收入维持生计;如果运动水平比较高,还可能获得赞助和奖励。

美国游泳协会对会员俱乐部有一定的激励措施,如果俱乐部的专业训练水平比较高、培养的运动员成绩比较好,就可能获得经费补助。美国游泳协会组织的三类训练营基本都放在资质比较高的会员俱乐部,奥运会选手训练营、后备人才选拔训练营和普及推广提高训练营分别肩负着入选奥运会国家队运动员的训练、游泳后备人才的训练和培养、游泳运动的普及推广三大任务。参加普及推广提高训练营的费用完全由游泳爱好者个人承担,参加后备人才选拔训练营的费用由个人与游泳协会共同承担,入选奥运会选手训练营的费用则由游泳协会和美国奥委会承担。

每年暑假,遍布全美各地的知名大学游泳队和俱乐部开办的游泳训练营多达数百个,吸引着来自不同年龄、不同学校、不同俱乐部乃至不同国家的青少年游泳运动员,其主要目的是强化训练,提高竞技游泳水平。为了吸引更多的参与者,每个训练营都十分注重实用有效的游泳科技成果和手段的运用,注重运动训练过程监控的科技助力。游泳与科技的相互促进,形成了竞技游泳水平不断提升的良性循环。游泳训练营的兴旺,既为美国培养了一批又一批的竞技游泳后备人才,也为游泳训练营的组织经营者带来了经济效益。

美国国家游泳队不是常设建制,通常在一届奥运会结束后,美国游泳协会即着手准备以下一届奥运会和世锦赛为最高目标、为期4年的国家队训练及参赛计划,主要赛事是游泳世锦赛、国际泳联系列大奖赛、泛美运动会、美国公开赛、全美锦标赛、青年奥运会、世界杯(10千米公开水域)、世界大学生运动会、奥运会选拔赛等高水平、高等级的游泳赛事。美国国家游泳队通常配置主教练兼总经理、常务董事、运动员服务经理、比赛准备协调员、生物力学专家、运动医学专家、康复理疗专家、体能训练教练、国际比赛行政助理及技术服务人员等。

由于美国国家游泳队运动员大部分是在校大学生,奥运备战周期中的重大赛事又比较频繁,为此,美国游泳协会要求有资格入选国家队的在校大学生在国家队集中训练期间暂时休学,以保证国家队备战期间的系统训练。为了兼顾运动员文化学习和训练竞赛,美国奥委会和美国游泳协会通常规定的赛前集训时间都比较短,以尽可能减少因参加集训及比赛可能耽搁的文化学习。如2017年世界大学生运动会,国家队赛前集训时间只有短短的5天。即便是2016年里约热内卢奥运会,国家队集中训练的时间也只有不到1个月。美国大学普遍认为参与竞技运动在大学生成长成才过程中起着十分重要的作用。美国大学如此看重体育,是因为那些富有远见的大学校长们认为,顶尖大学如果要培养未来能够走在美国乃至全球前列的精英,就不能把目光仅仅局限在文化考试成绩好、学术研究潜力大的学生身上,而是要更专注于培养能够面对、分析、驾驭、处理复杂资讯和艰难局面的"完整的人"。大学校长们认为,沉湎于书本的"书呆子"很难应付瞬息万变的真实世界中的种种挑战,出于面对未来国际政治、军事、经济和商业市场挑战的诉求,培养学生的野性、精明、坚毅以及对人性的洞察等品质,比培养学生对学术的兴趣重要得多。

1960年,哈佛大学招生办公室主任本德在他离任前的一份长篇报告中宣称,在大学,一个完全由学业成绩顶尖的学生组成的群体是不健康的,不利于大学生充分、健全的人格发展。这种理念深刻地影响着哈佛和其他顶尖大学的招生政策及人才培养策略。实际上,美国顶尖大学对体育的偏爱可以追溯到盎格鲁·撒克逊精英文化的母体——英国。19世纪末,当钻石大亨罗德在牛津大学确立著名的"罗德奖学金"选拔标准时,就曾明确表示他不想要"书虫",而是需要热爱户外运动并且表现不凡,同时还要有点"残暴"的学者。为了确保达到这一标准,他甚至为体育运动设置了具体的权重(20%),将其提高到了与学业同等重要的地位。

为什么美国大学普遍重视体育,公立大学甚至不惜花重金搞体育呢?这其实关系到"什么是好大学"的评价问题。在美国,私立大学的教育质量一般比公立大学好,主要是因为公立大学的办学经费主要来源于政府,而私立大学的出资方是私人或者财团。美国人十分看重和在意私人或者财团对教育的投资和回报。如常春藤名校联盟的学校,在总体上而言,确实比其他学校的教育层次要高,举世闻名的私立大学,如哈佛、耶鲁、斯坦福等,每年获得的捐赠基金高达数百亿美元,这是公立大学不敢奢望的。私立大学以其卓越的教育和学术研究水平享誉全球,吸引着全球顶尖科技人才集聚。在私立大学,运动队教练的薪水与教授基本持平,高水平运动员可以获得与优秀学生一样丰厚的奖学金。私立大学运动队的教练员和运动员更看重的是学校的地位和声誉,如斯坦福大学游泳队在美国声名显赫,吸引着来自全世界的优秀游泳运动员前来训练和学习。

在美国的州立大学中,运动队教练的收入远高于教授。州立大学为了获得广大纳税人的认同、让纳税人愿意为大学出钱,比较直接的方式就是把大学运动队办好,发挥体育所产生的社会影响力,让本州的纳税人觉得值得:学校哪怕花数百万美元请好的教练,也值!其中美式橄榄球在美国州立大学中最受欢迎,如阿拉巴马州立大学的橄榄球首席教练,2010年的年薪高达516万美元,外加70万美元的奖金。其他州立大学的橄榄球教练的年薪也基本在几十万美元到几百万美元之间。大学橄榄球队甚至是代表一个城市的名片,既是学校的荣誉,也是城市的骄傲。

第二节 澳大利亚游泳强国探究

澳大利亚仅有2000余万人口。从1948年伦敦奥运会,截至2016年里约热内卢奥运会,澳大利亚运动员在奥运会上共获得奖牌505枚,其中金牌184枚。如果论人口与金牌的比例,澳大利亚是名副其实的竞技体育强国。游泳作为竞技体育的基础大项,与田径及水上项目一起号称"119"基础大项,从来都是各国奥运军团必争之地,也倍受体育强国重视。澳大利亚四面环海的地理位置及漫长的海岸线,使得游泳成为澳大利亚人必须具备的生存技能,而炎热干燥的气候则使游泳成为澳大利亚最为普及的运动项目。

澳大利亚在2000年悉尼奥运会、2004年雅典奥运会和2008年北京奥运会上分别获得5枚、7枚和6枚游泳金牌,是仅次于美国的游泳金牌大户。作为传统游泳强国,澳大利亚在国际泳坛一直享有很高的声誉。有研究显示,自1957年5月1日现代游泳规则被正式确认之日起至2009年10月20日,国际泳坛共出现了1250次打破世界纪录的情况,其中有78次发生在澳大利亚的悉尼,悉尼也成为产生游泳世界纪录次数最多的城市。[①]
在奥运会游泳比赛中,澳大利亚一直处于强势地位,从1984年洛杉矶奥运
会至2008年北京奥运会,澳大利亚共获得22枚游泳金牌,占金牌总数的
11.9%;获得89枚游泳奖牌,占奖牌总数的17.6%。其中,澳大利亚在
2008年北京奥运会上以6金、6银、8铜的优异成绩,与美国一起成为游泳
项目金牌榜和奖牌榜的最大赢家。但在此后,澳大利亚游泳出现了严重滑
坡,2012年伦敦奥运会的游泳金牌数为历届最少,仅在女子4×100米自由
泳接力项目拿到1枚金牌,但1金、6银、3铜和18人进入单项前八名的战
绩,仍显示了其老牌游泳强国的实力。在2012年伦敦奥运会上,与澳大利
亚遭遇金牌滑铁卢相对应的是,由澳大利亚金牌游泳教练丹尼斯带训的中
国游泳队取得了历史性的突破,不仅收获了5枚金牌,而且实现了男子游泳
奥运会金牌零的突破。中国和澳大利亚游泳的一进一退,在澳大利亚立即
引起了轩然大波。为此,澳大利亚游泳协会(Australian Swimming
Association,简称ASA)在伦敦奥运会结束后迅速做出了反应,于次年就颁
布了主要针对中国游泳的所谓"领奖台中心计划",2014年,该计划及其预
备计划"领奖台潜力计划"与全澳15家顶尖游泳俱乐部和训练中心签约结
成了伙伴关系。该计划的核心内容就是澳大利亚游泳协会选择高水平游泳
俱乐部签署合作协议,由澳大利亚游泳协会向这些签约俱乐部提供训练资
金,而俱乐部则必须承担培养本土优秀游泳运动员的责任和义务,其中就包
括丹尼斯开设的迈阿密游泳俱乐部。该计划的实施,意味着丹尼斯如果选
择继续执教孙杨等中国游泳运动员,那么他的迈阿密游泳俱乐部无法得到
澳大利亚游泳协会提供的训练经费和其他保障。此举的直接结果就是孙杨
与丹尼斯无法继续合作,并且中国游泳运动员即便赴澳训练,也不能在包括
迈阿密游泳俱乐部在内的15家签约俱乐部训练。为此,孙杨不得不改由不
受"领奖台中心计划"限制的、丹尼斯的助教布莱恩·金(Brian King)执教。
孙杨与丹尼斯的合作不得不暂告一段落,直到丹尼斯退休后他们才重新"牵
手"。遗憾的是,在师徒"分手"后的2016年里约热内卢奥运会400米自由
泳决赛中,孙杨以微弱劣势输给了澳大利亚选手马克·霍顿(Mack
Horton)。有意思的是,在师徒再"牵手"后的2017年布达佩斯游泳世锦赛

---

① 王跃新. 游泳世界纪录的进展历程[J]. 游泳,2010(1):62-63.

400 米自由泳决赛中,孙杨又以明显的优势完胜霍顿,在 2019 年大邱游泳世锦赛 200 米和 400 米自由泳决赛中,孙杨又两次战胜霍顿夺得金牌。这说明了顶级运动员同样需要顶级教练员。

中国游泳队在 2012 年伦敦奥运会和 2016 年里约热内卢奥运会上共获得 6 枚金牌,在 2015 年喀山游泳世锦赛和 2017 年布达佩斯游泳世锦赛上共获得 7 枚金牌,获得金牌的选手无一例外都有在澳大利亚的训练经历,都曾经或长期由澳大利亚著名游泳教练执教。他们的训练基地中,最著名的就是丹尼斯和肯·伍德领衔执教的、位于昆士兰州的两家游泳俱乐部,澳大利亚媒体甚至称这两家俱乐部是中国游泳冠军的"海外生产基地"。显然,基于我国优秀游泳运动员在澳大利亚训练后迅速成长为世界级拔尖运动员的经历,探究澳大利亚竞技游泳的社会文化背景及体制机制设计,探寻澳大利亚优秀游泳运动员的培养模式及优秀运动员的成长成才规律,就具有特别重要的意义。

澳大利亚有关竞技游泳的文献资料十分丰富,澳大利亚游泳协会和各游泳俱乐部网站的信息量很大,而且基本都是公开的。但国内学界和业界对澳大利亚竞技游泳的研究相对较少。为此,关于澳大利亚游泳强国探究的文献研究,我们首先全面收集了澳大利亚教育与体育行政部门推广、促进和发展竞技游泳的相关政策,游泳协会、游泳俱乐部和体育学院实施业余游泳培训和职业游泳训练的办法和措施;然后分析、整理和提炼澳大利亚游泳从幼儿抓起的相关制度,并根据儿童、青少年身心发育发展规律、运动训练规律和文化教育规律,分析这些政策与制度的合理性和有效性;最后对优秀游泳运动员人才培养核心要素间的内在关系进行因果分析和逻辑推断,总结提炼澳大利亚在优秀游泳人才培养方面的有效措施,力图探究澳大利亚成为游泳强国的内在机制。在文献研究的同时,采用蹲点调查和深度访谈的方法,选择澳大利亚最负盛名的迈阿密游泳俱乐部,扎根调研该俱乐部的管理运作模式、运动员的培养方式及其与中国游泳的合作机制,并对丹尼斯进行深度专访,咨询其对澳大利亚游泳和中国游泳的见解。此外,对澳大利亚历史上最伟大的游泳运动员索普和哈克特的成长路径进行了个案探究。

一、游泳文化:中小学生人人会游泳

澳大利亚人酷爱游泳,仅有 300 多万人口的悉尼就有 70 多个标准游泳池,其中半数为室内游泳池。在澳大利亚,许多儿童在三四岁时就被家长送去游泳俱乐部,委托专业的游泳教练从基本动作开始教授游泳,有些则是从小跟着父母或哥哥姐姐走进游泳池,如索普在学龄前就跟着姐姐走进泳池开始学习游泳。从运动技能形成及运动素质发展敏感期的角度看,8～12岁(小学阶段)是形成运动技能和产生积极态度的关键时期,也是早期运动经验形成和习惯与爱好养成的关键年龄段。有学者借用医学名词"窗口期"(Window Phase)来形容这一阶段,主要是指错过这个黄金年龄段,运动技能形成就失去了最佳时间段。为此,澳大利亚公办学校的教学计划明确规定,所有学龄段的儿童、青少年都要学习游泳,游泳也成为澳大利亚中小学的必修体育课,"中小学生人人会游泳"奠定了澳大利亚庞大的基础游泳人口。如果中小学生期望向更高水平运动员的方向发展,那么家长通常都愿意花钱送子女去私立游泳学校或俱乐部接受系统的游泳训练。

澳大利亚政府和教育部门十分关注并鼓励儿童、青少年积极参加游泳等体育活动,并积极组织各年龄段的单项运动竞赛。Kirk[①]的研究提出:8岁是培养儿童运动兴趣和对抗竞争意识的起点,建议在13岁以前以非专业训练为主,参与形式主要是游泳教学课、培训课及学校的游泳狂欢节。如果儿童、青少年自己十分喜爱游泳,又能得到家长的支持,则通常都在校外游泳俱乐部参加系统的早期专门训练,澳大利亚优秀及拔尖游泳运动员绝大部分都是通过这一路径被发现和培养的。在澳大利亚,学校非常重视儿童早期参与体育运动的身心体验和习惯养成,认为儿童早期的运动体验和经验对于终身体育习惯养成起着至关重要的作用。因此,在澳大利亚,体育运动是学校教育的重要组成部分,乐于参加并积极参与体育运动,伴随着绝大多数澳大利亚人的一生。Lee等[②]研究发现,经常参与体育运动可以使儿童、青少年的人际关系变得更加愉快,运动和竞赛是儿童、青少年满足个人动机、展现荣誉、获得成就和享受自尊的重要途径。

————————

　　① Kirk D. Physical education, youth sport and lifelong participation: the importance of early learning experiences [J]. European Physical Education Review. 2005, 11(3):239-255.

　　② Lee A M, Carter J A, Xiang P. Children's conceptions of ability in physical education[J]. Journal of Teaching in Physical Education. 1995,32(2):45-47.

Light[①]通过对澳大利亚游泳俱乐部的儿童、青少年游泳爱好者进行长期跟踪研究发现,游泳运动可以有效提高儿童、青少年的社会适应能力,参与游泳训练的经历和体验可以帮助他们形成独立的人生观,可以极大地增强他们对生活意义和生命价值的理解。热爱并坚持游泳训练的人从小就坚持文化学习和游泳训练两不误,在普通中小学完成文化学习,在附近的游泳俱乐部进行业余训练,进入大学阶段以后,则通常在完成大学学业的同时,在体育学院游泳俱乐部和职业游泳俱乐部进行专业的系统训练。正如澳大利亚体育史学家 Richard[②]所言,澳大利亚历史悠久的体育俱乐部已经成为澳大利亚人文化生活的重要组成部分,为儿童、青少年早期参与运动提供了卓越的软、硬件支持,并推动了全社会的体育文化氛围形成及人们对运动价值的认同。

综上,澳大利亚人酷爱阳光、蓝天、白云下的户外运动,著名的迈阿密游泳俱乐部甚至只有户外游泳池,声名这么显赫的俱乐部竟然没有室内游泳馆,在我们看来是匪夷所思的。游泳作为澳大利亚人最喜爱、最普及的运动项目之一,学龄段儿童被要求人人学游泳和人人会游泳,由此造就了澳大利亚庞大的游泳人口。不少喜爱游泳又有一定天赋的儿童从小就被年长的亲友带领或被委托给职业游泳俱乐部进行早期游泳训练,家庭参与培养伴随着运动员从游泳爱好者成长为优秀运动员的全过程。家庭参与培养及早期有意栽培为澳大利亚竞技游泳人才培养奠定了扎实的基础。

二、培养模式:学校—俱乐部二元架构

澳大利亚竞技游泳人才培养基于"学校—俱乐部"二元模式,政府管理部门通过政策制定与政府购买对游泳项目的推广与发展进行引导和支持,委托各级游泳协会实施竞技游泳人才培养。各级游泳协会主要负责推动儿童、青少年游泳项目的普及,组织分年龄组游泳比赛,协调政府与学校、俱乐部之间的关系;国家游泳协会出资并监督顶级游泳俱乐部和体育学院提供高水平游泳运动员的训练保障。澳大利亚竞技游泳运动员的培养体系基本

---

① Light R L. Children's social and personal development through sport: a case study of an Australian swimming club [J]. Journal of Sport and Social Issues. 2010,34(4): 266-282.

② Richard C. Paradise of sport: the rise of organised sport in Australia[M]. Melbourne: Oxford University Press,1995.

分为两个层次:第一层次是各中小学及青少年游泳俱乐部,主要培养儿童、青少年的游泳爱好及兴趣,开展基础游泳训练,发现后备人才;第二层次是体育学院及与澳大利亚游泳协会签约的高水平游泳俱乐部,主要负责国家高水平运动员的学习与训练,为这些运动员备战重大赛事提供训练、医疗、科研和资金等全方位的保障。

从 20 世纪 80 年代开始,澳大利亚实施了以奥运会为最高目标的"精英计划",旨在培养奥运级别的拔尖运动员。为保证"精英计划"的实施,在全国遴选了 9 所体育学院承担全澳竞技运动精英人才的培养任务,其中,设在首都堪培拉的澳大利亚体育学院(Australian Institute of Sport,简称 AIS)是最重要的国家训练中心,由澳大利亚体育运动委员会(Australian Sports Commission,简称 ASC)直接管理,经费完全由政府提供。澳大利亚体育运动委员会在全澳 8 个州都设立了分院,这些专业的体育学院虽然都是由政府投资创办的,但其管理模式却运用了市场机制。澳大利亚体育运动委员会根据奥运会所设比赛项目及澳大利亚优势项目进行布局,有些项目的国家队放在州级训练基地或体育学院实行有偿训练,以充分利用地方资源,发挥地方积极性。[①]

澳大利亚竞技游泳的后备人才全部来自学校,但高水平教练多集中在游泳俱乐部和体育学院,这跟美国的竞技游泳人才培训体系有所不同。索普从小就跟着姐姐在俱乐部学习游泳,其游泳天赋在他 8 岁那年被著名教练道格·弗罗斯特(Doug Frost)发现,从此便开始了长达 11 年的"师徒"合作,索普快速成长为一个时代的世界泳坛巨星。格兰特·哈克特(Grant Hackett)从小就师从著名教练丹尼斯,称霸国际泳坛男子长距离自由泳项目长达 10 年,职业生涯中三夺奥运金牌,也是澳大利亚泳坛的传奇人物。出生于 1998 年的凯尔·查尔默斯(Kyle Chalmers)则是当今年少成名的澳洲游泳新星,15 岁时就打破了索普同年龄时的纪录,在澳大利亚分年龄组比赛中夺得 50 米、100 米、200 米自由泳和 100 米蝶泳 4 个项目的第一名,展现出其过人的游泳天赋和扎实的基本功,其蝶泳成绩远好于当今中国蝶

① 扈诗兴. 伦敦奥运会世界泳坛竞争格局变化特征分析[J]. 吉林体育学院学报,2015,31(4):51-54.

泳第一人李朱濠。① 出生于 1992 年的凯特·坎贝尔(Cate Campbell)和布伦特·坎贝尔(Bronte Campbell)是泳坛姐妹花,是继索普之后入选澳大利亚国家队最年轻的运动员,拿下了 2016 年里约热内卢奥运会女子 4×100 米自由泳接力冠军。此外,霍顿、米基·拉尔金(Mickey Larkin)等世界级游泳名将层出不穷,前者曾在里约热内卢奥运会战胜孙杨夺得 400 米自由泳金牌,至今仍在 200 米、400 米、800 米和 1500 米自由泳项目上保持着高水平竞技状态。

澳大利亚竞技游泳拔尖人才主要基于俱乐部培养,全澳高水平游泳学校或俱乐部有 100～150 个,许多著名的教练都自己经营俱乐部或被知名俱乐部聘为主教练。本研究蹲点调查的位于澳大利亚昆士兰州的迈阿密游泳俱乐部,是澳大利亚最负盛名的游泳俱乐部之一。该俱乐部创办于 1983 年,是澳大利亚游泳协会和澳大利亚体育运动委员会认定的高水平游泳俱乐部。该俱乐部由丹尼斯开设并经营。丹尼斯不仅是哈克特的教练,也是中国游泳队多名奥运会及世锦赛冠军的教练。丹尼斯自 2007 年开始与中国游泳队合作。首先是张琳,丹尼斯帮助其在 2008 年北京奥运会获得 400 米自由泳银牌,实现了中国男子游泳奥运会奖牌零的突破;2009 年,张琳又在罗马游泳世锦赛 800 米自由泳项目夺冠,成为中国男子游泳第一个世锦赛冠军。随后是孙杨,丹尼斯帮助其获得 2012 年伦敦奥运会 400 米和 1500 米自由泳金牌,随后又获得 2016 年里约热内卢奥运会 200 米自由泳金牌。浙江省游泳队首次组队成规模地赴澳大利亚训练的基地就选择了迈阿密游泳俱乐部,托管的教练就是丹尼斯。值得注意的是,该俱乐部只有室外游泳池,这种情况在我国是不可想象的。伦敦奥运会前执教过叶诗文的另一位著名教练肯·伍德的俱乐部位于昆士兰州红崖市,该俱乐部号称"中国游泳冠军的摇篮",徐嘉余、傅园慧等一大批运动员都曾经在该俱乐部接受过伍德的亲自指导。2008 年北京奥运会后,中国游泳队启动了多批次、大规模的赴澳训练,其中,2008 年北京奥运会女子 200 米蝶泳冠军刘子歌、亚军焦刘洋,2012 年伦敦奥运会女子 200 米和 400 米混合泳冠军叶诗文,2015 年喀山游泳世锦赛男子 100 米自由泳冠军宁泽涛、女子 50 米仰泳冠军傅园慧,2017 年布达佩斯游泳世锦赛男子 100 米仰泳冠军徐嘉余等一大批拔尖

---

① 黄薇薇,彭义.中国、澳大利亚青少年游泳成绩的对七分析[J].运动,2015(9):37-38.

运动员都曾经得到过丹尼斯、伍德等顶级教练的悉心指导。

综上,澳大利亚竞技游泳人才培养的主体是学校和俱乐部,后备人才来自学校,高水平教练多集中在俱乐部和体育学院,许多著名的教练都自己经营俱乐部或被知名俱乐部聘用。在澳大利亚,运动员必须属于某个俱乐部,并以俱乐部会员的身份参加比赛。[①] 20世纪80年代,澳大利亚实施了以奥运会为最高目标的"精英计划",旨在培养奥运级别的拔尖运动员,并在全国遴选了9所体育学院承担全澳竞技运动精英人才的培养任务,设在首都堪培拉的澳大利亚体育学院是最重要的国家训练中心。

三、培养体系:分年龄三级培养体系

澳大利亚竞技游泳运动员培养体系按年龄段大致分为三级,即选材阶段、专业阶段和投资阶段。选材阶段(Sampling Phase),一般在9岁前后,训练重点是让儿童享受游泳的乐趣,旨在扩大竞技游泳后备人才队伍,同时发现和发掘有游泳天赋的优秀苗子。专业阶段(Specialising Phase),一般在13岁左右,也称专门化阶段,重点是进行专业的游泳系统训练,旨在提高游泳运动员的专项素质、技术和能力,壮大竞技游泳优秀运动员队伍。投资阶段(Investment Phase)也称为"提升阶段",意思是值得国家投资培养的阶段,一般在16岁左右,致力于运动员训练强度的提升,旨在通过科学的专项训练、体能训练和康复训练,减少运动伤病,加快伤病后的恢复,最大限度地挖掘和提升运动员的竞技能力,造就拔尖运动员。

澳大利亚竞技游泳十分注重基于不同年龄段的选材及竞赛,不但设定了比较严格的选材标准,而且依据儿童、青少年的身心发展规律设置了不同年龄段的比赛分组。在澳大利亚,推广儿童、青少年业余游泳培训和专业从事青少年游泳训练的俱乐部主要集中在新南威尔士州、维多利亚州和昆士兰州。在这些州,儿童从8岁起就被允许参加学校组织的游泳嘉年华,10岁开始参加校际比赛直至州级锦标赛和全国锦标赛,政府提供从学校比赛

---

① 王宏江,刘青.美国、澳大利亚和日本竞技体育管理模式研究[J].成都体育学院学报,2007(3):7-11.

直至州级锦标赛的所有参赛经费。① 关于澳大利亚儿童、青少年为何这么热衷于参加游泳训练及比赛，Richard 等②对 43 名 9～12 岁的儿童进行过一项跟踪研究，该研究每周安排 4～5 次游泳训练课，持续 12 周，发现儿童、青少年热爱并坚持参加俱乐部游泳训练的主要原因有三个方面。首先是成为游泳俱乐部会员的强烈荣誉感、归属感和成就感。俱乐部给予了儿童、青少年会员身份，增强了孩子们的社会关系，丰富了孩子们的社会活动，孩子们在训练中享受到了竞争的快乐，以成为俱乐部会员而骄傲。其次是通过游泳训练提高比赛成绩带来的成就感。俱乐部非常注重采用符合学龄段儿童、青少年身心发育发展规律的早期科学训练，在俱乐部高水平教练带训下快速提高游泳成绩的成就感，使得孩子们更愿意专心投入训练。最后是父母及家庭的积极影响和鼓励。父母大多选择位于家附近的游泳俱乐部，可以保证每天有时间接送孩子，从而为孩子们坚持游泳训练提供支持，更重要的是家长的陪伴对孩子们的成长来说是巨大的鼓励和动力。在澳大利亚的游泳俱乐部，经常可以看见孩子和泳坛巨星在一个泳池里训练，运动明星刻苦训练的情景对孩子幼小的心灵将产生极大的影响。

在澳大利亚，优秀游泳运动员平时都分散在各自的游泳俱乐部或大学校队训练，但在重大比赛前的三四个月，所有顶尖高手都被征召进临时组建的国家队集中训练，训练地点通常在澳大利亚体育学院。负责国家队训练的体育学院及职业游泳俱乐部，都配置了专业的体能训练师和理疗师，高度职业化的标准配置有利于游泳运动员的伤病预防和康复治疗，尤其是重大赛事前，可以最大限度地减少运动伤病，最大可能地加快运动伤病恢复。③承担奥运级别竞技运动精英人才训练的体育学院，支持和保障高水平科学训练的人财物配置标准更高，通常标配以下四类保障机构：一是高水平教练团队，主要职能是训练奥运级别的拔尖运动员和培养潜在的精英运动员，为他们提供最高水平的科学化运动训练；二是运动科学研究中心，设置运动医

① Richard L. A cross-cultural study on meaning and the nature of children's experiences in Australian and French swimming clubs [J]. Asia-Pacific Journal of Health，Sport and Physical Education，2010，1(3-4)：37-43.

② Richard L，Stephen H，Daniel M. Why children join and stay in sports clubs：case studies in Australian，French and German swimming clubs [J]. Sport，Education and Society，2011(4)：550-566.

③ 高伟. 浅析澳大利亚奥运会游泳运动员的力量训练[J]. 游泳，2002(6)：18-25.

学、运动营养学、运动心理学、运动生物力学、运动生理生化及理疗按摩等研究中心;三是国家队后勤保障机构,负责训练基地后勤服务、运动员文化教育保障、体能训练及数据评估,同时协调各州体育学院;四是奥运会协调管理机构,负责与奥委会和游泳协会联系,落实奥运会项目拨款、奥运项目资助等。

综上,澳大利亚竞技游泳运动员的培养体系,按年龄段分为选材、专业和投资三个阶段,选材阶段旨在发现和发掘有游泳天赋的优秀苗子,专业阶段旨在提高游泳运动员的专项素质、技术和能力,投资阶段旨在提升拔尖运动员的竞技能力。澳大利亚没有常设的国家队,运动员平时分散在大学或游泳俱乐部,但在大赛前三四个月,所有顶尖高手都被征召进临时组建的国家队集中训练,训练地点通常在澳大利亚体育学院。承担奥运级别精英人才训练的体育学院,通常标配高水平教练团队、运动科学研究中心、国家队后勤保障机构和奥运会协调管理机构。

四、教练员培养体系:专家型教练培养

澳大利亚的游泳教练员分为四个等级,不同级别的教练员承担不同层次游泳运动员(队)的训练任务。凡在澳大利亚游泳俱乐部、体育学院或学校等机构执教的教练员,都需经过相应级别的培训并积累足够的学分。不同级别的教练员所需培训时间不同,并承担不同水平运动队的训练任务。通常,精英初级教练员培训时间为 2 年,精英中级教练员培训时间为 1 年。该制度促使澳大利亚的教练员不断参加培训,以提高自身的业务水平并达到相应等级的执教标准。澳大利亚体育学院和各游泳俱乐部均有严格的教练员培养、聘用和考核体系,承担国家游泳队集训任务的澳大利亚体育学院的教练团队实行总教练负责制,总教练具有推荐教练团队成员的权利,学院则对教练团队有严格的监督制度,实行契约化管理,教练员如未能在聘期内取得目标业绩,就可能被解聘。①

澳大利亚既注重本土游泳教练员培养,也注重从游泳强国引进优秀教练。早在 1992 年,俄罗斯著名游泳运动员亚历山大·波波夫(Alexander

---

① 张建新,孙麒麟,毛丽娟. 美德澳高校竞技体育人才培养及其启示[J]. 体育文化导刊,2009(8):95-98,108.

Popov)的教练根纳迪·图列斯基(Gennadi Turetski)就带着波波夫"投奔"澳大利亚体育学院,并担任游泳队总教练,从而使澳大利亚的短距离自由泳水平得到了快速提升。图列斯基关于竞技游泳的核心思想是:速度和比赛经验对游泳运动员达到和保持高水平至关重要,这两个因素特别有助于游泳运动员的身体、技巧和心理的发展。同样,著名游泳运动员史蒂芬·施维(Stephen Schwei)曾多次打破瑞士国家游泳纪录,退役后加盟澳大利亚,为澳大利亚培养了利比·特里克特(Libby Trickett)、莱赛尔·琼斯(Leisel Jones)等多名奥运冠军,其丰富的生物力学、生理学、心理学和运动营养学知识,为运动员科学训练提供了极大帮助。

澳大利亚拥有一批专家型游泳教练员,他们大多精通运动生理生化和运动生物力学,科研人员将生理生化指标和生物力学数据反馈给教练员后,教练员就能够准确地解读其物理和化学意义,科学而及时地调控训练强度与训练量,从而减少或避免运动伤病。澳大利亚高水平游泳运动员的训练计划充分体现了个性化特征,通常采用"三练一调"的 4 周短周期训练模式,即连续训练 3 周,第 4 周调整,第 4 个周末进行机能评定,根据测试成绩及机能评定结果,再结合科研团队的建议,制订下一个 4 周短周期的个性化训练计划。澳大利亚还十分注重游泳运动员的陆上力量训练,借助数字化、智能化、无轨力量训练装备,以比较直观的数字和图表形式将训练结果反馈给教练员和运动员。当数据显示肌肉力量出现不平衡或不协调时,立即对训练计划进行相应的修正和调整。陆上力量训练的负荷量和强度根据运动员的年龄、训练水平及赛期而调整,赛前和赛期的力量训练注重体能和耐力训练,其余时间更注重强度训练。

澳大利亚的竞技游泳项目长期保持高水平,离不开科技助力。Sian 等[1]建构了在高水平运动员中挖掘精英运动员的识别方法,从而更有效地集中资源挖掘和培养巨星。Shilo 等[2]和 Jürgen 等[3]基于神经网络技术对青

---

① Sian V A, Tom J V, David B P, et al. Predicting a nation's Olympic-qualifying swimmers[J]. International Journal of Sports Physiology and Performance, 2015, 10(4):431-435.

② Shilo J D, Samuel J R, Craig A W. Modelling the progression of male swimmers' performances through adolescence[J]. Sports, 2016, 4(2):2-9.

③ Jürgen E N, Andreas H, Bernd H. Modelling and prediction of competitive performance in swimming upon neural networks [J]. European Journal of Sport Science, 2002(2):1-10.

少年游泳运动员在青春期的表现和能力进行建模,用以预测精英运动员可能达到高峰成绩的年龄。在生物力学支持方面,凸显高科技、多学科联合攻关,澳大利亚各级体育学院均建有运动科学中心,给予人力资源和科研经费的投入,并十分注重研究结果的实践运用。水下摄像及水下测力技术已广泛应用,在游泳池出发台、池壁转身处的测力装置及安装于池边的有轨摄像系统可以随时采集并反馈运动员蹬伸的力量、速度、时间、角度及游进过程中的各项数据,教练员及科研人员一起根据反馈的数据和图表,有针对性地优化训练方案。我国引进该测试系统是在 2016 年里约热内卢奥运会后,但在 2011 年,张跃等[①]自行设计、安装了水下测速和测力的同步装置,并对孙杨的转身技术进行了卓有成效的科技攻关。据悉,澳大利亚已经开始利用基因技术选拔"尖子"运动员,通过对拔尖运动员的遗传特征进行分析,找出其特殊基因,并以此为参考,选拔、培养和训练运动员。初步结果显示,有两个"顶级基因"可能与游泳运动员的力量和耐力相关,通过对"顶级基因"的鉴定,可以为运动员制订更个性化的训练计划。

在澳大利亚,建立教练员与运动员之间的良好合作关系被认为是培养优秀运动员的重要经验。大量研究和实践证明,教练员与运动员之间的关系处理不当会导致人际关系紧张,从而影响运动员的竞技水平,甚至导致运动员无法继续与教练员合作。Jowett 等[②]通过长期的、系列的"教练员—运动员关系"的个案研究,探究了教练员与运动员之间的情感、认知和行为关系,提出两者在目标、价值观和信念等方面的观点交换及良好沟通是促进竞技能力提升的重要途径,两者的关系处理不当将严重影响运动员的心理状态、运动能力乃至运动生涯。Howells 等[③]结合优秀游泳运动员个人成长规律,从心理学角度对澳大利亚的索普和美国的菲尔普斯等奥运冠军的职业生涯进行了分析,提出教练员的作用在于帮助运动员面对在训练及竞赛过程中遇到的困境和困难,指导他们如何应对这些困境和困难,帮助他们尽快

---

① 张跃,李建设,杨红春,等.孙杨备战伦敦奥运会转身技术改进与优化的生物力学研究[J].体育科学,2013,33(9):85-90.

② Jowett S, Cockerill I M. Olympic medallists' perspective of the athlete-coach relationship[J]. Psychology of Sport Exercise, 2003(4):313-331.

③ Howells K, Fletcher D. Sink or swim: adversity- and growth-related experiences in Olympic swimming champions[J]. Psychology of Sport and Exercise, 2015(16):37-48.

恢复和保持最佳竞技状态。在澳大利亚,教练员给运动员布置个性化训练任务时,通常会事先跟运动员沟通训练计划及目标要求,运动员通常也会根据自身的身体机能状况与教练进行协商,从而合理地调整训练计划。教练员与运动员之间相互尊重、健康平等的关系,有利于运动员健康、快乐地成长,并可能对运动员的一生都产生重要影响。

澳大利亚各级体育机构除了为青少年提供正常的运动训练保障、运动医学服务、奖学金和竞赛奖励外,还十分注重对运动员职业生涯的指导。潘志琛等[1]在考察澳大利亚竞技体育后指出,澳大利亚非常重视运动员的文化学习:优秀运动员都有在普通大学或体育学院的学习经历或正在学习;对重大赛事获得奖牌的运动员在学业上有优惠政策,因比赛耽误的课程,学校会派教师负责补习,但不可能因为运动员成绩突出就授予其硕士或博士学位;重视运动员的全面发展,帮助运动员学习就业知识,为运动员提供其他技能的职业指导,关注运动员退役后的发展,并与运动员形成伙伴关系。各级各类学校和体育俱乐部担当了竞技教育的主要角色,为青少年提供更多业余训练机会的同时,还借助新闻媒体做好宣传工作,利用各种机会鼓励、引导青少年参加各种体育活动,吸引具有运动天赋的青少年从事竞技运动,发掘和培养高水平竞技人才。

综上,澳大利亚成为竞技游泳强国得益于高水平的教练群体。澳大利亚的教练员培养、聘用和考核体系严格、规范,四个等级的教练员都需要经过相应级别的培训获得足够的学分,促使澳大利亚的教练员不断接受培训以掌握最新的训练理念和科技手段,这使得澳大利亚的高水平教练几乎都是生理生化和生物力学行家。澳大利亚十分注重教练员和运动员之间亦师亦友的关系,建立教练员与运动员之间的良好合作关系是澳大利亚游泳的重要经验。运动员与教练员在训练计划与目标乃至人生信念和价值观等方面的观点交换及良好沟通,对运动员的运动能力、心理状态、运动生涯乃至一生的发展都将产生重要的积极影响。

---

① 潘志琛,郭荣,杜雅军.友好考察,开拓思路,促进提高——中国竞技体育处长代表团赴澳大利亚考察报告[J].少年体育训练,2004(2):3-9.

链接二

领奖台中心计划

澳大利亚游泳在 2012 年伦敦奥运会遭遇金牌滑铁卢后,澳大利亚于 2013 年颁布了"领奖台中心计划",根据该计划,澳大利亚游泳协会与 15 家澳大利亚高水平游泳训练中心或游泳俱乐部签约,剑指里约热内卢和东京奥运会。

澳大利亚游泳协会于 2013 年 12 月 13 日宣布:从 2014 年起,澳大利亚的 15 个领奖台中心签约俱乐部将为澳大利亚最优秀的游泳运动员和教练员提供世界上最好的训练环境和条件支持,以帮助澳大利亚在 2015 年格拉斯哥世锦赛、2016 年里约热内卢奥运会及其他国际舞台上达成最好表现。

该计划的核心是澳大利亚国家体育协会、各级游泳俱乐部、学校、仪器设备公司合作在全澳建立 12 个领奖台中心和 3 个领奖台潜力中心,为澳大利亚游泳人才培养提供全力支持。

12 个领奖台中心:

(1)挑战赛体育馆表演训练中心(珀斯,西澳大利亚州);

(2)钱德勒游泳俱乐部(布里斯班,昆士兰州);

(3)商业游泳俱乐部(布里斯班,昆士兰州);

(4)维琴特游泳俱乐部(墨尔本,维多利亚州);

(5)迈阿密游泳俱乐部(黄金海岸,昆士兰州);

(6)澳大利亚国家游泳训练中心(堪培拉,首都);

(7)努吉兄弟游泳俱乐部(布里斯班,昆士兰州);

(8)努纳瓦丁游泳俱乐部(墨尔本,维多利亚州);

(9)索帕克游泳俱乐部(悉尼,新南威尔士州);

(10)南港游泳俱乐部(黄金海岸,昆士兰州);

(11)圣彼得斯西方人游泳俱乐部(布里斯班,昆士兰州);

(12)悉尼大学游泳俱乐部(悉尼,新南威尔士州)。

3 个领奖台潜力中心:

(1)虎鲨游泳俱乐部(墨尔本,维多利亚州);

（2）玛丽翁游泳俱乐部（阿德莱德，南澳大利亚州）；

（3）卡利莱游泳俱乐部（纳拉宾，新南威尔士州）。

昆士兰州设立了 6 个领奖台中心，其中 4 个在布里斯班，2 个在黄金海岸。新南威尔士州和维多利亚州各设有 2 个领奖台中心，西澳大利亚州和首都堪培拉各设有 1 个领奖台中心。

位于堪培拉的国家游泳训练中心将成为澳大利亚全国顶尖的游泳训练中心，这里将成为澳大利亚国家游泳训练营，为参加奥运会及残奥会的国家游泳队提供游泳训练及测试、体育科学及医学研究、体能康复医务及住宿等全面的保障，将是澳大利亚最先进的游泳训练基地。

领奖台中心计划作为澳大利亚国家游泳战略的支柱，其工作目标是将国家资源集中投放在高水平游泳训练环境中，重点支持那些有可靠的带训成绩或有能力在未来出成绩的优秀教练员。

澳大利亚游泳协会的首席执行官称这个领奖台中心计划的目标是帮助澳大利亚在 2020 年成为世界上最好的游泳国家，该计划只是迈出的第一步，他宣称："我们的期许是到 2020 年成为世界上最好的游泳国家，建立高质量的日常训练环境是实现这一目标的关键。"

为了避免伦敦惨败在里约热内卢重现，领奖台中心计划明确规定：澳大利亚游泳协会与高水平游泳俱乐部及其教练员签订协议，由协会提供资助、奖金、薪水，前提是这些签约俱乐部和教练拿了这笔钱后就不能培训外国人。

澳大利亚游泳协会针对孙杨 2014 年 11 月 22 日误服心脏病药物的事件，短短数天内就制定了"新政"：任何有过药检阳性的运动员，都不得进入与澳大利亚游泳协会签订领奖台中心计划协议的俱乐部的泳池，不得接受澳大利亚游泳协会签约教练的指导。所有进入澳大利亚境内训练的外国运动员必须接受国际反兴奋剂组织的飞行药检并为此自行支付费用。这一"补刀"，直接割断了孙杨与其王牌外教丹尼斯的师徒关系，丹尼斯只能无奈割舍爱徒。

链接三

迈阿密游泳俱乐部

迈阿密游泳俱乐部为我国创办和完善游泳俱乐部或游泳学校提供

了很好的借鉴模板,从该俱乐部的会员手册中可以看出,俱乐部对会员提供的帮助是全方位的、无微不至的。国内的游泳俱乐部或游泳学校或许可以从中得到启示。以下是我们对该俱乐部手册的翻译。

迈阿密游泳俱乐部会员手册

宗旨:传递游泳运动的快乐,享受运动挑战和回报,为不同层次的游泳爱好者创造追求卓越的环境。本俱乐部致力于关注每一位会员的全面发展。

1　赠言

尊敬的迈阿密会员:

迈阿密游泳俱乐部欢迎所有的会员参加由我们——澳大利亚最受欢迎的游泳俱乐部举办的活动。迈阿密游泳俱乐部是区级(黄金海岸地区)、州级(昆士兰州)和国家级(澳大利亚)机构的成员之一,是经澳大利亚游泳协会和澳大利亚体育运动委员会认定的高绩效中心。本俱乐部拥有一批高水平游泳教练,培养出了无数杰出的游泳运动员。本俱乐部提供全澳大利亚最全面的游泳培训项目,这些项目可以使每位会员都得到各种水平的运动体验。此外,本俱乐部也承担国际运动员和教练员的培训业务。

本手册旨在为会员提供一些基本信息,如俱乐部的背景资料、教练员团队介绍、俱乐部取得的成绩、游泳比赛或活动的信息(比赛或活动什么时候举办、在哪儿举办以及如何参加等信息)。最后,迈阿密游泳俱乐部期待家长们的热情参与,确保俱乐部的顺利运作。

在整个赛季中,俱乐部将举办许多筹款活动。募集到的资金完全用于资助俱乐部活动,如夏令营、旅游、俱乐部锦标赛和年终展示会。我们鼓励所有的父母都积极支持孩子参与俱乐部的各种活动,所有会员都有大量的、均等的机会参与活动。俱乐部之夜既为孩子也为父母提供了平台,让你们自愿奉献时间,并借此学习更多有关游泳的知识。不要忘了俱乐部之夜的烧烤活动,我们总是需要有人在厨房或是烧烤摊帮忙。我们的俱乐部已经运营了40年,需要感谢每一位会员的不懈支持。所以,为什么不加入我们一起享受呢?!

我们非常期待迈阿密2017—2018年游泳赛季成功举办,我们将坚定不移地努力维护俱乐部的尊严、目标和价值观。在这里,我们的游泳者可以提升他们的技能,尽管训练要花费大量的时间和精力,但最重要的是在这个过程中可以建立起深厚的友谊。

2017—2018 年迈阿密游泳俱乐部委员会

2 俱乐部管理

本俱乐部位于澳大利亚昆士兰州,是澳大利亚最受尊敬的俱乐部之一。大量的国内和国际游客慕名前来参加俱乐部活动。本俱乐部由丹尼斯·科特瑞尔(澳大利亚籍游泳教练,曾担任澳大利亚自由泳之王哈克特的教练,也是中国国家游泳队多名奥运冠军、世界冠军的教练)开设,已有 40 年历史,是澳大利亚游泳领奖台中心计划签约俱乐部,也是澳大利亚游泳协会和澳大利亚体育委员会公认的高绩效游泳中心。

2017—2018 年俱乐部管理层如下:

董事长:Yvette Kelly;

副董事长:Rene Etherington;

秘书:Kerry Homer;

注册主管:Richard Treggiden;

会计:Javier Ramirez;

赛事秘书:Roger Belmar;

赞助商:Denise Freitas & Kylie Newton。

3 俱乐部教练团队

Raelene Ryan 主教练:1997 年加入迈阿密教练团队,是黄金级元老教练,她带训的许多游泳运动员获得了国家级奖牌。她曾是许多国际游泳团队的经理。

Alex Beaver 高级助教:2008 年加入迈阿密教练团队,澳大利亚游泳教师总会认证教练。他出生在美国加州,家中三代都是游泳教练,兼任西澳大利亚州 8 所游泳学校的游泳教练。2007 年,他任教的伦纳威湾体育超级中心游泳学校获得了昆士兰州年度最佳游泳学校。他从 5 岁就开始学习游泳,通晓西班牙语和法语。

Steve Clark 助教:有着杰出的职业游泳生涯,曾经是优秀的混合泳运动员,在多个游泳俱乐部担任过主教练,还担任过昆士兰州澳大利亚青年发展队的教练,执教过多个澳大利亚不同年龄组的高水平游泳队。此外,他还曾获得过澳大利亚网球公开赛冠军。

Scott Reinke 助教:2017 年加入迈阿密教练团队,在各级各类游泳队执教了 17 年,在自己开办的游泳学校工作了 15 年。他还是运动员时,曾代表迈阿密游泳俱乐部参加过游泳比赛,还参加过国家级冲浪比赛。

Nina Hurd 助教:游泳运动员出身,丹尼斯·科特瑞尔曾是她的教练。她曾在日本小学教授游泳,在意大利居住了 15 年,并在罗马成为一级游泳教练,还获得了澳大利亚游泳协会铜牌教练执照。

4 2017—2018 年会费以及俱乐部商品

见表 4-1。

表 4-1 2017—2018 年会费

会员性质	会费
家庭第一人入会	125 美元
家庭第二人入会	105 美元
家庭第三人及以上入会	85 美元/人
8 人及以下团体(截至 2017 年 7 月 1 日,享 50%折扣)	62.5 美元/人
幼儿(7 人及以下,截至 2017 年 7 月 1 日)	免费
家长(至少一名子女参会)	10 美元/人
娱乐会员(仅限受邀)	100 美元/人
季末会员	10 美元/人

俱乐部会员包括在以下机构注册过的会员:黄金海岸游泳协会、昆士兰游泳协会、澳大利亚游泳协会。

综合保险:迈阿密游泳俱乐部会员均享有。

俱乐部商品:俱乐部的所有商品在整个赛季持续供应,当有新产品的时候,将会告知会员。

常用物品说明:俱乐部泳衣;俱乐部套装;俱乐部连帽衫;俱乐部马球衫;泳帽(常备商品);毡帽、毛绒帽(常备商品)。

如有疑问,请联系我们的设备管理员 Loraine Gearsteward。

5 俱乐部内部比赛

5.1 俱乐部之夜

俱乐部之夜非常有趣,每个人都想参与!俱乐部为儿童、青少年会员提供比赛实践,每个月都会举办一场常规比赛,最后举办俱乐部锦标赛(详见本手册日历)。每周都会统计参赛选手的参赛时间和参赛次数。参加俱乐部之夜的会员都会得到积分嘉奖,俱乐部将统计整个赛季的成绩,并将在俱乐部展示会当天向积分最高者颁奖。俱乐部为会员的家长们提供了参与的机会,可以参与和学习时间管理、编组以及裁判规则。俱乐部拥有许多澳大利亚权威认证的技术官员,他们都非常乐意帮助家长们在良好的学习氛围中学习这些规则。俱乐部之夜的烧烤很受欢迎,并得到了许多家长的协助。

所有的参赛选手都要在网上报名,除了那些在夜间训练的游泳选手。

非会员游泳爱好者最多可以参加两次游泳比赛,直到成为俱乐部会员。

报名参加俱乐部之夜的截止日期和时间:俱乐部之夜前一天下午6点前。

积分:一次俱乐部活动积3分或每次游泳比赛积1分。

5.2 俱乐部之夜时间

常规比赛:2017年9月15日,周五;2017年10月13日,周五;2017年11月10日,周五;2017年12月1日,周五;2018年1月12日,周五;2018年2月9日,周五。

俱乐部锦标赛:2018年1月27日,周六。

俱乐部锦标赛是俱乐部的重大赛事,俱乐部所有会员都可以参加这一场充满趣味的游泳比赛,俱乐部将给每个比赛项目的前三名颁发奖牌。

5.3 获奖资格与情况

俱乐部设置了以下奖项:8人及以下年度鼓励奖;10人及以下年度鼓励奖;10人及以下年度最佳自由泳提升奖;12人及以下年度最佳自由泳提升奖;10人及以下年度最佳泳姿提升奖;12人及以下年度最佳泳姿提升奖;1~13名最佳自由泳提升奖;1~13名最佳泳姿提升奖;最佳全能提升奖;俱乐部最高积分奖;年度冠军奖。

　　年度冠军奖要求如下:整个赛季至少参加3次俱乐部之夜的比赛;至少参加俱乐部锦标赛3个比赛项目;2017年12月1日之前成为俱乐部会员。

　　每年俱乐部都会举办俱乐部锦标赛,这是整个赛季训练和俱乐部之夜的高潮。以下各表是俱乐部锦标赛各年龄组及各泳姿的最高纪录,值得欣喜的是这些最高纪录一直在被打破。

表 4-2　6 岁及以下组最高纪录

男孩

项目	姓名	成绩	年份
25 米自由泳	E. 温宁顿(E. Winnington)	19.22″	2007
25 米仰泳	E. 温宁顿(E. Winnington)	23.92″	2007
25 米蛙泳	E. 温宁顿(E. Winnington)	26.06″	2007
25 米蝶泳	E. 温宁顿(E. Winnington)	20.8″	2007
100 米混合泳	E. 温宁顿(E. Winnington)	1′45.66″	2007

女孩

项目	姓名	成绩	年份
25 米自由泳	T. 阿斯柯(T. Askew)	19.4″	2008
25 米仰泳	T. 阿斯柯(T. Askew)	23.75″	2008
25 米蛙泳	T. 阿斯柯(T. Askew)	26.94″	2008
25 米蝶泳	L. 比格内尔(L. Bignell)	23.86″	2007
100 米混合泳	I. 阿姆斯特朗(I. Armstrong)	2′9.74″	2011

表 4-3　7 岁组最高纪录

男孩

项目	姓名	成绩	年份
25 米自由泳	C. 麦克沃伊(C. McEvoy)	16.35″	2002
25 米仰泳	C. 麦克沃伊(C. McEvoy)	21.34″	2002
25 米蛙泳	S. 波恩(S. Bone)	23.99″	1990
25 米蝶泳	R. 约翰逊(R. Johnson)	18.40″	1991
100 米混合泳	D. 托马斯(D. Thomas)	1′52.92″	2007

续表

女孩			
项目	姓名	成绩	年份
25 米自由泳	S. 赖安(S. Ryan)	17.09″	2005
25 米仰泳	S. 赖安(S. Ryan)	21.06″	2005
25 米蛙泳	S. 赖安(S. Ryan)	23.77″	2005
25 米蝶泳	S. 赖安(S. Ryan)	19.25″	2005
100 米混合泳	S. 赖安(S. Ryan)	1′41.18″	2005

表 4-4 8 岁组最高纪录

男孩			
项目	姓名	成绩	年份
50 米自由泳	C. 麦克沃伊(C. McEvoy)	34.07″	2003
200 米自由泳	C. 麦克沃伊(C. McEvoy)	2′47.02″	2003
50 米仰泳	C. 麦克沃伊(C. McEvoy)	42.85″	2003
50 米蛙泳	N. 克劳福德(N. Crawford)	51.57″	2003
50 米蝶泳	J. 波什(J. Booth)	43.74″	2013
100 米混合泳	J. 威廉姆斯(J. Williams)	1′33.79″	2017

女孩			
项目	姓名	成绩	年份
50 米自由泳	S. 赖安(S. Ryan)	35.16″	2006
200 米自由泳	A. 艾韦斯(A. Ives)	2′53.28″	2000
50 米仰泳	A. 艾韦斯(A. Ives)	40.17″	2000
50 米蛙泳	E. 维凯尔(E. Wikaire)	48.80″	2008
50 米蝶泳	S. 赖安(S. Ryan)	41.88″	2006
100 米混合泳	S. 赖安(S. Ryan)	1′33.92″	2006

表 4-5　9 岁组最高纪录

男孩

项目	姓名	成绩	年份
50 米自由泳	C. 麦克沃伊(C. McEvoy)	32.20″	2004
200 米自由泳	J. 波什(J. Booth)	2′33.85″	2014
50 米仰泳	C. 麦克沃伊(C. McEvoy)	38.05″	2004
50 米蛙泳	J. 德弗朗切斯科(J. DeFrancesco)	42.20″	2004
50 米蝶泳	J. 波什(J. Booth)	35.66″	2014
200 米混合泳	C. 贝希(C. Beech)	2′53.63″	2014

女孩

项目	姓名	成绩	年份
50 米自由泳	S. 赖安(S. Ryan)	33.35″	2007
200 米自由泳	S. 赖安(S. Ryan)	2′38.50″	2007
50 米仰泳	A. 艾韦斯(A. Ives)	40.26″	2001
50 米蛙泳	M. 比奇利(M. Beachley)	46.00″	2006
50 米蝶泳	S. 赖安(S. Ryan)	36.64″	2007
200 米混合泳	G. 格林(G. Green)	3′5.42″	2005

表 4-6　10 岁组最高纪录

男孩

项目	姓名	成绩	年份
100 米自由泳	D. 史密斯(D. Smith)	1′7.19″	2002
200 米自由泳	G. 哈克特(G. Hackett)	2′23.42″	1991
100 米仰泳	D. 史密斯(D. Smith)	1′20.25″	2002
100 米蛙泳	J. 德弗朗切斯科(J. DeFrancesco)	1′29.06″	2005
100 米蝶泳	T. 阿弗莱克(T. Affleck)	1′13.72″	1998
200 米混合泳	K. 基耶内(K. Kiehne)	2′49.96″	2010

续表

项目	姓名	成绩	年份
	女孩		
100 米自由泳	S. 赖安(S. Ryan)	1'10.44"	2008
200 米自由泳	K. 赖安(K. Ryan)	2'29.45"	1984
100 米仰泳	T-M. 兰斯比(T-M. Ransby)	1'22.35"	2012
100 米蛙泳	M. 比奇利(M. Beachley)	1'3.25"	2007
100 米蝶泳	C. 辛普森(C. Simpson)	1'9.59"	2000
200 米混合泳	C. 奥斯丁(C. Austin)	2'0.99"	2012

表 4-7 11 岁组最高纪录

项目	姓名	成绩	年份
	男孩		
100 米自由泳	D. 史密斯(D. Smith)	1'3.61"	2003
200 米自由泳	D. 史密斯(D. Smith)	2'18.17"	2003
100 米仰泳	L. 特雷吉登(L. Treggiden)	1'13.03"	2016
100 米蛙泳	J. 德弗朗切斯科(J. DeFrancesco)	1'23.12"	2006
100 米蝶泳	D. 史密斯(D. Smith)	1'14.08"	2003
200 米混合泳	D. 史密斯(D. Smith)	2'0.55"	2003
	女孩		
项目	姓名	成绩	年份
100 米自由泳	T. 尼尔森（T. Neilsen)	1'5.37"	2005
200 米自由泳	H. 雅各布森(H. Jacobsen)	2'0.26"	2002
100 米仰泳	T. 尼尔森（T. Neilsen)	1'7.11"	2005
100 米蛙泳	C. 威尔斯(C. Wills)	1'5.81"	2006
100 米蝶泳	K. 伯德(K. Bird)	1'4.19"	1992
200 米混合泳	M. 波加蒂(M. Bogatie)	2'1.08"	2012

表 4-8　12 岁组最高纪录

男孩

项目	姓名	成绩	年份
100 米自由泳	A. 瑞恩（A. Ryan）	58.09″	2012
200 米自由泳	A. 瑞恩（A. Ryan）	2′6.61″	2012
100 米仰泳	D. 史密斯（D. Smith）	1′8.68″	2004
100 米蛙泳	C. 科宾（C. Corbin）	1′22.97″	1995
100 米蝶泳	L. 麦克贝恩（L. McBean）	1′7.56″	1996
200 米混合泳	Z. 沃里克（Z. Warwick）	2′30.04″	2005

女孩

项目	姓名	成绩	年份
100 米自由泳	H. 雅各布森（H. Jacobsen）	1′3.06″	2003
200 米自由泳	H. 雅各布森（H. Jacobsen）	2′16.30″	2003
100 米仰泳	G. 鲁尼（G. Rooney）	1′11.79″	1995
100 米蛙泳	E. 吴（E. Wu）	1′18.12″	2004
100 米蝶泳	A. 沃恩（A. Warne）	1′10.52″	2005
200 米混合泳	E. 吴（E. Wu）	2′36.88″	2014

表 4-9　13 岁组最高纪录

男孩

项目	姓名	成绩	年份
100 米自由泳	L. 麦克贝恩（L. McBean）	57.49″	1997
400 米自由泳	A. 瑞恩（A. Ryan）	4′22.97″	2013
100 米仰泳	L. 麦克贝恩（L. McBean）	1′4.81″	1997
100 米蛙泳	A. 耶次（A. Yates）	1′18.38″	1995
100 米蝶泳	L. 麦克贝恩（L. McBean）	1′4.66″	1997
200 米混合泳	A. 瑞恩（A. Ryan）	2′24.27″	2013

续表

女孩			
项目	姓名	成绩	年份
100 米自由泳	A. 埃瓦特·戴维（A. Ewatt Davey）	1′1.22″	2004
400 米自由泳	S. 赖安（S. Ryan）	4′33.80″	2011
100 米仰泳	K. 马林斯（K. Mullins）	1′8.60″	1979
100 米蛙泳	R. 鲍曼（R. Bowman）	1′20.59″	1998
100 米蝶泳	O. 伯格（O. Borg）	1′8.53″	2014
200 米混合泳	L. 贝克（L. Baker）	2′31.02″	2007

表 4-10 14 岁组最高纪录

男孩			
项目	姓名	成绩	年份
100 米自由泳	L. 麦克贝恩（L. McBean）	55.99″	1997
400 米自由泳	G. 哈克特（G. Hackett）	4′12.25″	1995
100 米仰泳	L. 麦克贝恩（L. McBean）	1′2.71″	1998
100 米蛙泳	B. 耶次（B. Yates）	1′12.69″	1997
100 米蝶泳	B. 耶次（B. Yates）	1′4.09″	1997
200 米混合泳	A. 耶次（A. Yates）	2′22.72″	1996

女孩			
项目	姓名	成绩	年份
100 米自由泳	G. 鲁尼（G. Rooney）	1′1.02″	1997
400 米自由泳	R. 英塔蓬乌东（R. Intaporn-udom）	4′30.84″	1995
100 米仰泳	G. 鲁尼（G. Rooney）	1′7.29″	1997
100 米蛙泳	S. 巴格特（S. Bagot）	1′19.73″	1995
100 米蝶泳	G. 哈兰特（G. Harland）	1′8.10″	1978
200 米混合泳	Z. 史密斯（Z. Smith）	2′31.16″	2003

表 4-11　15 岁组最高纪录

男孩

项目	姓名	成绩	年份
100 米自由泳	M. 卡恩(M. Kahn)	56.27″	2004
100 米仰泳	A. 耶次(A. Yates)	1′4.24″	1997
100 米蛙泳	A. 耶次(A. Yates)	1′15.72″	1997
100 米蝶泳	A. 盖瑞(A. Gary)	1′1.38″	1998

女孩

项目	姓名	成绩	年份
100 米自由泳	G. 鲁尼(G. Rooney)	1′0.67″	1998
100 米仰泳	G. 鲁尼(G. Rooney)	1′8.24″	1998
100 米蛙泳	S. 巴格特(S. Bagot)	1′20.47″	1996
100 米蝶泳	K. 伯德(K. Bird)	1′7.77″	1996

表 4-12　公开组(1～15＋,2～16＋)最高纪录

男孩

项目	姓名	成绩	年份
100 米自由泳	B. 圣乔治(B. StGeorge)	56.43″	2003
400 米自由泳	E. 汉纳特(E. Hannant)	4′15.11″	2003
100 米仰泳	D. 理查德(D. Richard)	1′4.15″	1991
100 米蛙泳	S. 麦克劳德(S. McLeod)	1′15.58″	1997
100 米蝶泳	D. 理查德(D. Richard)	1′0.92″	1991
200 米混合泳	S. 彭福尔德(S. Penfold)	2′17.82″	1998

女孩

项目	姓名	成绩	年份
100 米自由泳	K. 伯德(K. Bird)	1′1.18″	1998
400 米自由泳	R. 英塔蓬乌东(R. Intaporn-udom)	4′27.93″	1996
100 米仰泳	J. 雷纳(J. Rayner)	1′12.50″	1978
100 米蛙泳	K. 朗斯(K. Lowns)	1′19.53″	1988
100 米蝶泳	J. 雷纳(J. Rayner)	1′7.30″	1980
200 米混合泳	R. 英塔蓬乌东(R. Intaporn-udom)	2′27.75″	1996

6　对外赛事

游泳比赛福利：迈阿密游泳俱乐部的参赛者都将接受游泳竞赛基础知识培训，包括划水技巧、游泳技术、体育道德、团队工作等知识与技能的提高和完善。虽然并非所有会员都处在同一水平，但是比赛带来的快乐是相同的。

俱乐部注重培养会员的训练自律、目标设定、自我激励能力，诚实、自信、团结友爱、面对挫折的品质，以及一些实用的生活和生存技能。俱乐部强调：竞技游泳是人人都可以参与的、很有趣味的团体活动，人人都能通过个人和团队的合作获得成就感。

请注意：务必正确登记会员信息。如果你这一年的信息有变更，请联系俱乐部登记员 registrar@miamisw mmingclub.com，以保证你在整个赛季的最佳成绩真实有效，我们将及时更新你的赛事记录。

如果你是从其他俱乐部转过来的，请咨询你以前俱乐部的赛事秘书，将你的信息发送到 racesecretary@miamiswimmingclub.com。今后有活动的时候，会给你发送正确的通知信息。

俱乐部针对性活动：俱乐部的教练为会员们设计并选择了许多针对性的活动。本手册的赛事日历列出了活动时间，请会员们与主管教练保持沟通，选择最适合自己的活动及比赛，并请时常关注活动信息及俱乐部网站的日历更新。

所有的活动信息，如截止日期、活动宣传页等都将以邮件的形式发给所有的会员。俱乐部也会在官网、通知栏等处公开活动信息。

在参加活动及比赛前，必须征得主管教练的同意！

（1）大多数的活动都在网上报名。你需要打开俱乐部发给你的链接邮件，输入验证码查看。如有疑问，请联系赛事秘书寻求帮助。如有活动需要手动报名，请将你想参加的赛事详情、比赛编号发送邮件至 racesecretary@miamiswimmingclub.com。

（2）所有的参赛邮件等都必须在截止日期之前发送，并根据信息要求付款。

活动年龄规定：年龄指的是你参加活动当天的年龄，如果活动不止一天，则按你参加该活动的第一天计算。例如，你的出生日期是1995

年 12 月 16 日,活动日期是 2010 年 12 月 14 日,那么你参加此活动的年龄是 14 岁。如果是"学校游泳比赛",你的年龄通常按日历年龄计算。

参赛次数:请会员的家长注意,应该关注你的孩子取得个人最佳成绩的那次比赛。请记录你的孩子的参赛次数,也可以用手机下载你的孩子的参赛结果,得到一些参考信息。有些比赛是有资格限制的,必须严格遵守国家或州的认证,这些参赛资格是必须在公认的排位赛中取得的。详情可咨询你的孩子的主管教练。

7 俱乐部大型活动

俱乐部每年都会举办大型活动。迈阿密春季运动会在 2017 年 9 月 23 日举行,迈阿密超级挑战赛在 2018 年 1 月 20 日举行。这些大型活动都是得到昆士兰州游泳协会授权的,并被公认为是全澳最好的俱乐部比赛。这些活动会吸引许多来自海内外的游泳爱好者。为了维护我们俱乐部高水准大型活动的声誉,我们需要会员的家长在活动当天给予一些帮助。如果孩子参加活动,俱乐部将要求其家长当天至少做一小时的义工。这些内容通常都会在通知栏上公布。如果报名时没有选择岗位,俱乐部会代为安排我们认为合适的岗位。因此,建议家长们最好提前选好岗位,并且不要让其他人代为工作,俱乐部需要家长们的亲自参与。

请记住,这些活动主要都是筹款活动,所以请慷慨地奉献您的时间!

8 游泳接力赛

俱乐部每年都会选拔代表队,代表俱乐部参加黄金海岸地区以及昆士兰州的游泳接力赛。一旦会员做好了参赛的准备,教练就将开始挑选选手组队参赛了。

州级和市级的接力赛是客观公正的,不允许家长投资。

代表队由俱乐部最优秀的运动员组成,2017 年 5 月 1 日起生效。

黄金海岸地区游泳接力赛时间:2017 年 11 月 25 日。

昆士兰州游泳接力赛时间:2017 年 12 月 9 日。

9 行为准则

(1)所有的会员及其家长都必须熟悉俱乐部会员准则;

（2）会员及其家长在俱乐部的态度和行为应该是值得效仿的；

（3）做一个有风度的会员，尽情享受游泳的快乐；

（4）按照游泳竞赛规则，规范参赛；

（5）接受裁判和工作人员的指挥和决定；

（6）当发生与你意见不符的情况时，请向教练或团队管理者提出；

（7）注意你的情绪，行为和语言不要偏激；

（8）认真完成团队工作，你的团队的成绩也有你的功劳；

（9）发扬风格，鼓励和支持你的团队成员；

（10）尊重和赞赏你的竞争对手；

（11）友好地对待所有的参与者；

（12）确保充足的休息时间，获得最佳运动表现，展示最佳运动成绩；

（13）禁止吸烟、酗酒、服用违规药物；

（14）对任何违法活动，俱乐部都会报警；

（15）对你的行为负责，始终听从管理者和教练的指挥；

（16）当你和团队一起出行时，请随时记住你代表的是迈阿密游泳俱乐部，必须服从教练和管理者给出的所有指令；

（17）尊重他人的隐私权和财产权；

（18）保持个人和公共环境卫生；

（19）爱护宿舍的公共设施，尊重其他会员的权益；

（20）注重团队项目，随时保持团队意识；

（21）有责任心，你代表的不仅是你自己，还有你的家庭和俱乐部；

（22）除了教练和管理者允许的活动外，不准参加其他的社会活动；

（23）保持礼貌，经常说谢谢；

（24）除了俱乐部负责支付的费用外，个人要承担的费用必须在离开俱乐部之前解决。

对会员家长和观众的期望：

（1）鼓励家长参与，但必须出于自愿；

（2）为孩子树立好的榜样，为所有的精彩表现鼓掌；

（3）当你与官方决定持不同意见时，请通过恰当的渠道提出或申诉；

(4)避免所有的语言暴力和体罚；

(5)不论比赛成绩如何,任何时候都要鼓励你的孩子；

(6)尊重并理解工作人员、教练员和团队管理者；

(7)奉献你们的时间和资源,为孩子的运动福利提供支持；

(8)帮助新来的家长,让他们感受到真诚的欢迎；

(9)确保俱乐部的健康环境,为游泳者创造一个无烟、无酒的运动场所。

10　受伤处理方案以及营养

10.1　受伤处理方案

如果在训练期间感到任何疼痛或者不适,请立即停止游泳,并通知教练。当出现以下症状时,请立即停止游泳:肩部疼痛、背部疼痛、头疼、发烧、腹部不适。

健康是最重要的。如果不是感觉到百分之百的舒适,强烈建议在身体健康之前停止一切训练。我们督促会员的家长关注孩子的健康。

10.2　参加大型游泳比赛时的营养方案

能量补充:在高强度运动中,碳水化合物是首选的能量补给。一次游泳比赛不会耗尽肌肉的糖原储存,但如果一至三天内需要参加若干项比赛,则可能会产生很大消耗。因此,在比赛期间,需要注意富含碳水化合物的食物的补充,以保证整天都有碳水化合物储存。

比赛前一天的晚餐可以选择:

纯瘦肉、鸡肉、鱼、鸡蛋,或者用素食蛋白质替代;

土豆、米饭、面条;

蔬菜、沙拉;

水果、酸奶;

500～1000毫升水(从下午开始饮水)。

比赛当天的早餐可以选择:

牛奶、酸奶;

谷物,烤面包,加果酱、蜂蜜、香蕉的松饼;

鸡蛋、焗豆;

水果、饮料;

代餐液体食物(当你因为紧张而吃不下食物或没有时间吃早餐时

是很好的替代）；

500～1000毫升水。

1.5～2小时吃一次零食，可以选择：

切块的水果；

不同口味的蔬菜条；

水果干、坚果、脆饼干；

燕麦棒、松饼、爆米花、水果面包、葡萄干面包；

酸奶刨冰；

带有蜂蜜或果酱的小饼干或烤饼；

富含蛋白质的三明治；

米蛋糕、寿司；

代餐液体食物；

冰冻水果爆珠；

电解质饮料（必要时饮用）。

游泳比赛时运动员的主要营养障碍就是水分补充障碍，脱水会导致疲劳、精神差、注意力不集中，进而影响运动表现及比赛成绩。儿童和青少年不像成年人那样可以保持相对恒定的体温，很容易发烧导致脱水，需要随时携带水杯，尤其是在等待比赛期间。

注意饮料的风味变换，可以选择：

水、果汁、功能饮料、电解质饮料。

每小时饮水300～500毫升。

自制电解质饮料：有不含人工调味料和色素的电解质饮料配方，可以参考。

恢复：恢复的目的是为了第二天的比赛有足够的肌糖原储备。请补充水分，并给身体补充大量的蛋白质来帮助肌肉恢复。

比赛结束后的食物可以选择：

液体食物代餐；

水果干、坚果混合物；

酸奶；

富含蛋白质的三明治；

500～1000毫升水。

晚餐可以选择：

纯瘦肉、鸡肉、鱼、鸡蛋，或者用素食蛋白质替代；

土豆、米饭、面条；

蔬菜、沙拉；

水果、酸奶；

500～1000 毫升水或功能饮料。

先看好你比赛的项目以及比赛当天你参赛项目的间隔时间，然后再根据计划，选择合适的主食和零食。

如果比赛间歇小于 30 分钟，可以补充水、功能饮料、浓浆水果、少量甜食（可以快速消化的食物）。

如果比赛间歇在 30～60 分钟，可以补充果酱甜面包、快餐、高能奶粉、牛奶什锦棒。

如果比赛间歇在 1～2 小时，可以补充富含蛋白质的三明治、面食、寿司。

如果比赛间歇超过 2 个小时，请正常享用午餐！

11　迈阿密"快鱼"

俱乐部以其杰出的历史而自豪，大批游泳运动员在国际比赛中取得了优异的成绩，这些"快鱼"的姓名和成绩见表 4-13。

表 4-13　俱乐部"快鱼"及其成绩

姓名	成绩
安德鲁·贝尔登 （Andrew Baildon）	1987 年泛太平洋锦标赛（50 米自由泳铜牌） 1988 年奥运会决赛（50 米、100 米自由泳） 1990 年英联邦运动会（4 金 1 银，破 50 米和 100 米自由泳纪录） 1991 年世界锦标赛决赛 1992 年奥运会决赛 1993 年泛太平洋锦标赛决赛 1994 年英联邦运动会（1 金 1 银 1 铜）
迈克尔·麦肯齐 （Michael McKenzie）	1987 年泛太平洋锦标赛决赛
安吉·格林伍德 （Angie Greenwood）	1987 年泛太平洋锦标赛决赛

续表

姓名	成绩
凯瑟琳·休格特 (Catherine Huggett)	1988 年残奥会（100 米仰泳银牌） 1989 年脑瘫世界锦标赛（5 金） 1990 年世界残疾人联赛（3 铜）
布雷特·斯托克斯 (Brett Stocks)	1989 年泛太平洋锦标赛（铜牌） 1990 年英联邦运动会（铜牌）
乔·西本 (Jon Sieben)	1991 年泛太平洋锦标赛决赛 1992 年奥运会决赛
乔安妮·米汉 (Joanne Meehan)	1991 年泛太平洋锦标赛决赛 1992 年奥运会决赛 1993 年泛太平洋锦标赛决赛
丹尼尔·科瓦斯基 (Daniel Kowalski)	1993 年泛太平洋锦标赛（3 银） 1993 年世界短池锦标赛（2 金） 1994 年英联邦运动会（1 银 1 铜） 1995 年世界锦标赛（1500 米自由泳银牌） 2000 年奥运会（4×200 米自由泳接力金牌）
布莱德·兰伯特 (Brad Lambert)	1994 年英联邦运动会决赛
德比·韦德 (Debbie Wade)	1994 年英联邦运动会决赛 1995 年世界大学生运动会决赛 1997 年世界大学生运动会决赛
德比·克劳彻 (Debbie Croucher)	1995 年世界大学生运动会决赛
托比·汉森 (Toby Hansen)	1996 年奥运会（4×100 米混合泳接力铜牌）
平野正人	1994 年世界锦标赛决赛（日本代表队） 1996 年奥运会决赛 1997 年泛太平洋锦标赛决赛 2000 年奥运会决赛 2002 年亚运会（1500 米自由泳金牌）
K. Y. 赫斯特 (K. Y. Hurst)	1997 年世界开放水域锦标赛（10 千米银牌） 1998 年泛太平洋锦标赛决赛 2000 年、2005 年世界开放水域锦标赛决赛 1999 年、2000 年 Uncle Toby 开放水域铁人比赛（冠军） 2006 年泛太平洋开放水域锦标赛决赛
格兰特·哈克特 (Grant Hackett)	2000 年奥运会（1500 米自由泳金牌） 2004 年奥运会（1500 米自由泳金牌） 多次获得 4×100 米自由泳接力、4×200 米自由泳接力金牌

续表

姓名	成绩
吉安·鲁尼 (Giaan Rooney)	2000 年奥运会(4×100 米混合泳接力银牌) 2000 年奥运会(4×200 米自由泳接力银牌) 2004 年奥运会(4×100 米混合泳接力金牌) 2001 年世界锦标赛(200 米自由泳金牌) 2003 年世界锦标赛(4×200 米自由泳接力银牌) 2003 年世界锦标赛(4×100 米混合泳接力铜牌) 2002 年世界短池锦标赛(4×100 米自由泳接力银牌) 2002 年世界短池锦标赛(4×200 米自由泳接力铜牌) 1999 年世界短池锦标赛(4×100 米混合泳接力银牌) 1999 年世界短池锦标赛(4×200 米自由泳接力铜牌) 2000 年短池世界杯澳大利亚站(200 米自由泳金牌) 2000 年短池世界杯澳大利亚站(50 米仰泳金牌) 2000 年短池世界杯澳大利亚站(100 米仰泳金牌) 2000 年短池世界杯澳大利亚站(50 米自由泳银牌) 2000 年短池世界杯澳大利亚站(100 米自由泳银牌) 2002 年短池世界杯澳大利亚站(50 米仰泳金牌) 2002 年短池世界杯澳大利亚站(100 米仰泳银牌) 2003 年短池世界杯澳大利亚站(100 米仰泳银牌) 2003 年短池世界杯澳大利亚站(50 米仰泳铜牌)
斯蒂芬·彭福尔德 (Stephen Penfold)	2000 年泛太平洋千年青少年运动会(1500 米自由泳金牌) 2000 年泛太平洋千年青少年运动会(4×200 米自由泳接力金牌) 2001 年青奥会(400 米、800 米、1500 米自由泳 3 枚金牌) 2001 年青奥会(4×200 米自由泳接力银牌) 2001 年东亚运动会(4×200 米自由泳接力金牌)
利·麦克贝恩 (Leigh McBean)	2000 年泛太平洋千年青少年运动会(200 米仰泳、4×100 米自由泳接力、4×100 米混合泳接力 3 枚金牌) 2001 年青奥会(4×100 米自由泳接力、4×100 米混合泳接力 2 枚金牌,200 米自由泳银牌,200 米仰泳铜牌)
凯蒂·坎宁 (Katie Canning)	2000 年泛太平洋千年青少年运动会(200 米仰泳、4×100 米自由泳接力、4×100 米混合泳接力 3 枚金牌) 2001 年青奥会(4×100 米自由泳接力、4×100 米混合泳接力 2 枚金牌,100 米、200 米自由泳 2 枚银牌)
库尔蒂斯· 麦吉利瓦里 (Kurtis McGillivary)	2003 年世界锦标赛决赛(加拿大国家队) 2005 年世界锦标赛决赛 2006 年泛太平洋锦标赛决赛

续表

姓名	成绩
劳伦·阿诺特 （Lauren Arnot）	2004 年世界公开水域锦标赛（10 千米铜牌） 2005 年世界公开水域锦标赛决赛 2006 年泛太平洋公开水域锦标赛决赛
安德鲁·梅温斯 （Andrew Mewings）	2005 年世界锦标赛（4×100 米、4×200 米自由泳接力 2 枚铜牌） 2006 年英联邦运动会（4×200 米自由泳接力铜牌） 2006 年世界短池锦标赛（4×200 米自由泳接力铜牌） 2006 年泛太平洋锦标赛（4×100 米、4×200 米自由泳接力 2 枚铜牌）
乔安尼·法古施 （Joanne Fargus）	2006 年英联邦运动会（200 米仰泳金牌） 2006 年泛太平洋锦标赛决赛
伊佛雷姆·汉南特 （Ephraim Hannant）	2006 年泛太平洋锦标赛决赛 2006 年世界锦标赛半决赛
安娜贝尔· 威廉姆斯 （Annabelle Williams）	2006 年英联邦运动会（50 米自由泳铜牌） 2008 年奥运会（100 米蝶泳铜牌） 2009 年世界短池锦标赛（100 米蝶泳银牌） 2010 年英联邦运动会（50 米自由泳银牌） 2012 年残奥会（4×100 米昆合泳接力金牌） 2014 年获得澳大利亚勋章
艾米莉亚· 埃瓦特·戴维 （Amelia Evatt Davey）	2007 年泛太平洋锦标赛（200 米、400 米自由泳、4×100 米、4×200 米自由泳接力 4 枚金牌） 2010 年海洋队比赛（200 米、100 米自由泳、4×100 米自由泳接力 3 枚金牌，50 米自由泳铜牌）
卡拉·贝克 （Cara Baker）	2009—2013 年世界公开水域锦标赛（5 千米、10 千米冠军）
杰德·尼尔森 （Jade Nielsen）	2010 年海洋队比赛（4×100 米自由泳接力金牌） 2011 年世界锦标赛（4×200 米自由泳接力银牌） 2012 年奥运会（4×200 米自由泳接力银牌）
艾伦·富勒顿 （Ellen Fullerton）	2010 年海洋队比赛（4×100 米自由泳接力金牌） 2015 年世界锦标赛（4×200 米自由泳接力铜牌）
丹尼尔·史密斯 （Daniel Smith）	2009 年泛太平洋青年锦标赛（4×100 米、4×200 米自由泳接力 2 枚金牌） 2009 年泛太平洋青年锦标赛（200 米自由泳银牌） 2015 年世界锦标赛（4×200 米自由泳接力铜牌）

续表

姓名	成绩
艾米·莱文斯（Amy Levings）	2010年泛太平洋青年锦标赛（400米混合泳银牌） 2010年泛太平洋青年锦标赛（200米、400米自由泳，4×100米、4×200米自由泳接力4枚铜牌）
达尼埃尔·德弗朗切斯科（Danielle DeFrancesco）	2009年泛太平洋青年锦标赛（10千米铜牌）
德克兰·波茨（Declan Botts）	2010年泛太平洋锦标赛（4×200米自由泳接力金牌）
蒂芙尼·帕帕门欧（Tiffany Papaemanouil）	2010年大洋洲锦标赛（400米混合泳金牌、400米自由泳银牌）
邦妮·麦克唐纳（Bonnie McDonald）	2010年泛太平洋青少年锦标赛（1500米自由泳金牌、800米自由泳银牌） 2011年世界青年锦标赛（400米自由泳银牌）
凯蒂·戈德曼（Katie Goldman）	2010年泛太平洋锦标赛（400米自由泳、4×200米自由泳接力2枚银牌、800米自由泳铜牌）
马特·莱文斯（Matt Levings）	2012年泛太平洋锦标赛（400米、800米自由泳2枚金牌）
托马斯·佛雷泽·霍姆斯（Thomas Fraser Holmes）	2015年世界锦标赛（4×200米自由泳接力铜牌） 2016年奥运会决赛（400米混合泳）
苏珊娜·赖安（Suzanne Ryan）	2012年特拉斯曼湖公开水域锦标赛（5千米金牌、10千米银牌）
乔丹·哈里森（Jordan Harrison）	2012年泛太平洋青少年锦标赛（1500米自由泳银牌） 2013年世界锦标赛决赛（400米、800米、1500米自由泳）

12 俱乐部2017—2018年活动安排

俱乐部2017—2018年活动安排见表4-14。

表4-14 2017—2018年活动安排

日期		活动
2017年7月	22日	所有会员准备赛
2017年8月	5~6日	黄金海岸冬季锦标赛
	12日	俱乐部内部活动
	18~20日	昆士兰星际争霸锦标赛

续表

日　期		活　动
2017 年 9 月	9 日	游泳热身赛
	15 日	第一次俱乐部之夜
	17 日	主赞助商会议
	23 日	迈阿密交接会议
2017 年 10 月	13 日	第二次俱乐部之夜
	17 日	萨默塞特运动会
	21 日	冲浪者选拔赛
	21 日	昆士兰开放水域赛
	26～28 日	澳大利亚短距离锦标赛
	28～29 日	昆士兰长距离热身赛
2017 年 11 月	10 日	第三次俱乐部之夜
	14 日	邦德交接会议
	18 日	绍斯波特热身赛
	19 日	海伦斯维尔发展会议
	25 日	黄金海岸地区接力赛
2017 年 12 月	1 日	第四次俱乐部之夜
	2 日	圣诞节派对
	9～15 日	昆士兰州冠军 VS 迈阿密俱乐部冠军
2018 年 1 月	6 日	春季游泳运动会
	12 日	第五次俱乐部之夜
	20 日	迈阿密超级挑战赛（热身赛）
	21 日	联邦发展会议
	27 日	俱乐部锦标赛
	27～29 日	澳大利亚公开水域锦标赛
2018 年 2 月	3 日	索美塞春季运动会
	4 日	博德塞特选拔赛
	9 日	第六次俱乐部之夜
	17～18 日	昆士兰春季锦标赛
	24 日	格里菲斯热身赛

续表

日期		活动
2018 年 3 月	2~4 日	青少年昆士兰冲浪生存排名赛初赛
	9~10 日	黄金海岸地区锦标赛
	16~18 日	青少年昆士兰冲浪生存排名赛决赛
	17~18 日	昆士兰长距离准备赛
	22~24 日	昆士兰初中组比赛
	25~27 日	昆士兰小学组比赛
2018 年 4 月	4~10 日	英联邦运动会游泳项目
	14~22 日	澳大利亚冲浪生存排名赛
	21~28 日	澳大利亚分年龄游泳锦标赛(悉尼)

第三节　中国游泳浙江经验提炼

半个多世纪前的中国游泳运动员曾经有过极其重要的海外训练经历,地点是当时的世界游泳强国匈牙利。不过,时至今日,匈牙利仍是游泳强国,游泳"女王"霍苏仍然垄断着国际泳坛女子混合泳。在 2019 年光州游泳世锦赛上,匈牙利小将克里斯托夫·米拉克(Kristóf Milák)又横空出世,打破了尘封十年的菲尔普斯创造的世界纪录,夺得 200 米蝶泳冠军。在当年那批赴匈牙利训练的运动员中,有人们耳熟能详的"穆氏兄弟"——穆祥雄和穆祥豪,以及后来担任国家游泳队总教练很长时间的陈运鹏。

1954 年,国家选派中国游泳队和中国足球队的运动员前往匈牙利训练,在当时百废待兴的情况下,国家做出这样的决定,说明了国家领导人对摆脱中国竞技体育一穷二白现状的坚定决心。当时的匈牙利是足球和游泳强国,在匈牙利冠军教练伊姆雷·萨鲁西(Imre Sárosi)的大运动量训练思路指导下,中国游泳运动员开始了"魔鬼训练"。萨鲁西是享誉国际泳坛的著名教练,他的队员曾在 1952 年赫尔辛基奥运会上获得 4 枚游泳金牌。在萨鲁西的精心调教下,中国游泳很快就有了第一次崛起,在 4 年时间内先后有 3 人 5 次打破世界纪录。吴传玉在 1953 年于罗马尼亚布加勒斯特举行的第一届国际青年友谊运动会的游泳比赛中,以 1 分 6 秒 40 的成绩获得男子 100 米仰泳冠军,为新中国在国际泳坛第一次升起了五星红旗。在 1954 年底举行的匈牙利全国游泳比赛中,穆祥雄获得了男子 100 米蛙泳冠军,随后又在中苏邀请赛上战胜了当时的 100 米蛙泳世界纪录保持者米那施金。1956 年 9 月,学成归国的中国游泳队厉兵秣马、积极备战,准备出征 12 月在澳大利亚举行的第 16 届墨尔本奥运会。然而,由于当时的国际奥委会接受台湾为所谓的"成员国",我国退出了那届奥运会。在这届奥运会上,日本选手古川胜以 2 分 34 秒 70 的成绩夺得了男子 200 米蛙泳冠军。如果没有那次缺席,中国很有可能一跃成为世界游泳强国。当时,为了检阅中国游泳的实力,在墨尔本奥运会举办的同时,国家体委在上海举办了一场奥运会模拟赛,穆祥雄 200 米蛙泳的成绩是 2 分 33 秒 10,比奥运会冠军古川胜快了1.6 秒。因此,如果我国参加 1956 年墨尔本奥运会,中国游泳的历史可能会被改写,中国的奥运史也可能会被改写。中国游泳因那届奥运会的缺席被排除在国际泳联大家庭外,缺席世界赛场长达二十多年。随后几年,穆祥雄在 1959 年举办的第一届全国运动会上,以 1 分 11 秒 10 的成绩打破了广东"蛙王"戚烈云保持的男子 100 米蛙泳 1 分 11 秒 60 的纪录。

中国游泳在第一个鼎盛时期后,发展一直比较平稳。游泳一直是我国人民群众喜闻乐见的运动项目之一,每年有数不清的横渡江河湖海的游泳盛事,但这些游泳盛事都属于大型群众性体育活动,还谈不上竞技游泳。直到 20 世纪 90 年代初,我国的竞技游泳才迎来了再一次崛起。而这一次,扮演主角的便是号称泳坛"五朵金花"的林莉、庄泳、钱红、王晓红和杨文意。据相关资料报道,她们的训练量之大在今天看来都令人吃惊,每天上午、下午和晚上各练一次,共训练六个小时,全年大约游 300 个 10000 米。在 1990 年北京亚运会的游泳比赛中,中国游泳队以 23 枚金牌比 7 枚金牌的巨大优势首次取代日本,成为亚洲泳坛的新霸主。紧接着是 1991 年在澳大利亚珀斯举行的游泳世锦赛,中国游泳的"五朵金花"集体亮相国际泳坛,其优异表现迅速引起了国际泳坛的关注。在 1992 年巴塞罗那奥运会上,她们联袂摘下 50 米自由泳、100 米自由泳、100 米蝶泳、200 米个人混合泳的 4 枚金牌,外加 5 枚银牌,更是引起了国际泳坛的惊叹,"五朵金花"也自然成为那个时代中国竞技体育的象征。巴塞罗那奥运会也成就了中国游泳在奥运舞台的第一次崛起。在 1994 年罗马游泳世锦赛上,中国游泳队更是以 12 金 6 银 1 铜共 19 枚奖牌和 5 项世界纪录的惊人战绩再度震撼国际泳坛。然而,中国游泳的"火箭速度"也引起了世界反兴奋剂机构（World Anti-Doping Agency，简称 WADA）的注意。就是从这一年起，盛极一时的中国游泳因为兴奋剂事件的打击，迅速跌落进令人难堪和耻辱的"谷底"，并诚惶诚恐地挣扎了十年之久：先是在 1994 年广岛亚运会上，多名中国游泳运动员被查出兴奋剂阳性；接着是在 1998 年珀斯游泳世锦赛上，中国游泳队在机场出关时被查出携带违禁药品入境；然后又是多名运动员在兴奋剂检测中被查出利尿剂成分。中国游泳在遭受接二连三的兴奋剂事件曝光和打击后面临"崩塌"，外媒对此的评价是"中国游泳沉到了池底"。

从 1994 年广岛亚运会到 2004 年雅典奥运会，整整十年，中国游泳历经了三届奥运会和五届世锦赛，均鲜有亮点。其间，捍卫中国游泳荣誉的主要人物有两个：一是上海选手乐靖宜，她在 1996 年亚特兰大奥运会上获得了女子 100 米自由泳金牌，为遭受一系列重创的中国游泳带来了一丝安慰；二是浙江运动员罗雪娟，她在 2001 年福冈游泳世锦赛上连夺 50 米和 100 米蛙泳金牌，并在两年后的巴塞罗那游泳世锦赛上强势卫冕，成为中国泳坛无可争议的领军人物。

痛定思痛的中国游泳也在低谷中展开了顽强的"自救"，并开始了一系列的训练及管理体制机制改革，其中影响最深远的是首次提出了"大国家队"的概念，改变了以往省级、市级游泳队各自为政的局面。这一改革举措很快收到了成效，中国国家游泳队不仅在 2002 年釜山亚运会游泳比赛中以金牌数 20∶11 再次完胜日本，而且在男子项目上一举夺得 5 枚金牌，其中，年仅 15 岁的浙江选手吴鹏力夺三金，成为中国男子游泳的新一代领军人物。在 2003 年巴塞罗那游泳世锦赛上，中国游泳的领军人物罗雪娟不仅蝉联了女子 50 米和 100 米蛙泳两枚金牌，而且在女子 4×100 米混合泳接力比赛中，联手战殊、周雅菲与杨雨爆出大冷门，战胜美国、澳大利亚等游泳强国，以打破赛会纪录的成绩夺得冠军。然而，无论是 2004 年雅典奥运会罗雪娟勇夺女子 100 米蛙泳金牌并打破奥运会纪录，还是 2008 年北京奥运会刘子歌和焦刘洋包揽女子 200 米蝶泳金牌和银牌，都只是中国游泳在个别女子项目上的突破，男子项目始终与世锦赛及奥运会领奖台无缘。直到 2008 年北京奥运会和 2009 年罗马游泳世锦赛，张琳在男子 800 米自由泳项目上先是夺得银牌，后是打破世界纪录并夺得金牌，才被国外媒体评价为"中国男子游泳半个世纪尴尬的结束"。

浙江游泳在中国泳坛乃至世界泳坛的真正崛起,始于 2012 年伦敦奥运会:孙杨获得男子 400 米和 1500 米自由泳两枚金牌,并打破了 1500 米自由泳世界纪录;叶诗文获得女子 200 米和 400 米混合泳两枚金牌,并打破了 400 米混合泳世界纪录。在 2016 年里约热内卢奥运会上,孙杨获得了男子 200 米自由泳金牌,并由此成为有史以来第一位获得男子 200 米、400 米、800 米和 1500 米自由泳冠军的选手;浙江选手也以 1 金 2 银 2 铜的优秀表现,包揽了中国游泳在里约热内卢奥运会上的全部奖牌。

2017 年 9 月 24 日,国家体育总局和浙江省人民政府在杭州签约共建"中国(浙江)国家游泳队",开创了中国体育史上"国家队＋省队"联合培养国家级拔尖运动员之先河,这是竞技体育"举国体制"的重大改革创新。国家体育总局之所以相中浙江,成立首个国家与地方共建的国家队,其目的就在于积极推广浙江游泳的成功经验。其实,中国泳坛的"浙江现象"在游泳界早已被广泛关注,并成为共识。"中国游泳看浙江"自伦敦奥运会后已经被学界和业界公认,新华社更是惊呼:浙江大地遍植"游泳基因"。然而浙江究竟为中国游泳提供了什么"浙江经验",我们还缺乏深刻挖掘、提炼和总结。

近年来,浙江游泳在国内外赛场均取得了一系列骄人战绩。在 2012 年伦敦奥运会和 2016 年里约热内卢奥运会上,浙江游泳获得中国游泳 6 枚金牌中的 5 枚;在 2015 年喀山世锦赛、2017 年布达佩斯世锦赛和 2019 年光州世锦赛上,浙江游泳获得中国游泳 10 枚金牌中的 9 枚;在 2013 年辽宁全运会和 2017 年天津全运会上,浙江游泳分别夺得 16 枚和 19 枚金牌。因此,说"中国游泳看浙江"和"浙江引领中国游泳"确实不为过。继 2012 年伦敦奥运会孙杨、叶诗文勇夺 4 枚金牌后,在 2015 年喀山世锦赛上,傅园慧又夺得女子 50 米仰泳金牌;在 2016 年里约热内卢奥运会上,孙杨、徐嘉余、傅园慧和汪顺共获得 1 金 2 银 2 铜,包揽了中国游泳的全部奖牌;在 2017 年布达佩斯世锦赛和 2019 年光州世锦赛上,徐嘉余蝉联男子 100 米仰泳金牌。至此,孙杨、叶诗文、傅园慧、徐嘉余、汪顺等一批浙江籍泳坛世界冠军的名字,俨然已经成为中国游泳崛起的象征。

更为可喜的是,浙江游泳继孙杨等奥运会和世锦赛冠军后,又诞生了当今中国男子蝶泳第一人李朱濠,他一举拿下 2017 年天津全运会 5 枚金牌。女子短距离自由泳好手朱梦惠亦毫不逊色,夺得天津全运会女子游泳 4 金

1银共5枚奖牌。天津全运会所有游泳比赛项目个人金牌榜前五名全部来自浙江,充分展现了浙江在国内游泳项目上的垄断性实力。在天津全运会首次设立的少年组14个游泳比赛项目中,浙江也获得了半数金牌,展现出浙江游泳后备人才的深厚底蕴。

一、中国游泳"浙江现象"及形成机制

总结中国游泳"浙江现象"及其形成机制,可以得出如下基本结论。

第一,中国游泳"浙江现象"的形成,基于浙江省从儿童、青少年业余训练到省队直至国家队专业训练一系列科学合理、行之有效且不断创新的制度、体制及机制设计,是经过数十年的不断优化和完善而形成的必然结果。其中,由高水平教练亲自担纲执教学前及学龄段儿童早期"有意栽培"的基础训练,对运动员成长过程中不断提升竞技能力和长期保持高水平竞技状态作用显著。这种重在夯实基础的早期奠基训练具有明显的"专门训练"特征,但又完全不同于"早期专项化",重在训练混合泳及有氧能力,为运动员今后选择主攻专项提供了多种可能的选项。

第二,浙江游泳最接地气的政策是1980年起一直延续至今的一年一度的"迎春杯"青少年(儿童)游泳锦标赛(以下简称"迎春杯")制度和2003年省教育厅、体育局联合发文提出的"中小学生人人会游泳"政策。鼓励儿童、青少年人人学游泳且中考游泳加分的政策,以及"迎春杯"的分龄游泳竞赛规则的不断创新与完善,奠定了浙江游泳庞大的儿童、青少年人口基数,催生了一批以传统体校为基地的高水平儿童、青少年游泳俱乐部,吸引了源源不断的儿童、青少年热爱游泳、投身游泳,涌现出了一批又一批有天赋、有梦想的优秀游泳苗子。浙江涌现出的一大批优秀和拔尖游泳运动员,无一例外,都是通过早期有意栽培及"迎春杯"走向国际泳坛的。

第三,浙江游泳在全国"一枝独秀",得益于浙江竞技体育人才培养体制和模式改革的顶层设计。"院校化"竞技体育人才培养的体制设计,不是简单地"拆了体工队的庙",而是在传承优秀运动队"集中训练"的基础上,强化了"学训并重"的完整人格培养。这一改革既与国际接轨,又符合中国国情,形成了运动苗子、运动新星、运动明星全阶段"教体合一"人才培养模式,构建了竞技体育系、单项运动协会和项目管理中心"三位一体"的竞技体育"举省"管理体制,形成了"训科医"结合、以"训"为龙头的科技助力合作保障团队,实现了竞技体育人才培养的集约化与运动训练的科学化。

第四,浙江是全国最早以组为单位、成规模"走出去"接受澳大利亚、美国等竞技游泳发达国家先进训练理念与方法的省份。"走出去"战略不仅成就了一大批优秀和拔尖游泳运动员,而且培养了一批善于学习国际先进理论与方法的高水平年轻教练。国外著名游泳教练的训练理念、执教方法、执教风格乃至对运动员的管理方式,对浙江的运动员、教练员、科医人员都带来了潜移默化的影响。浙江游泳之所以能成为中国游泳的标杆,除了基层有一批擅长慧眼识才、注重夯实基础的高水平教练外,更重要的是省队有善于因材施教和利用科技助力的高水平教练团队和科医团队。

二、浙江游泳人才培养模式主要创新

(一)做宽做厚"塔基",注重早期专门培养

任何体育运动项目,后备人才是否能源源不断地产生,取决于是否具有庞大的、热爱运动的儿童、青少年群体及由此构成的竞技体育人才金字塔的宽厚"塔基"。"塔基"是任何体育运动项目做大做强的基本保证,像游泳这样的竞技体育基础大项尤其如此。浙江竞技游泳之所以储备着庞大的后备人才,其主要经验如下。

首先是鼓励儿童、青少年热爱游泳。浙江是国内第一个由省教育厅和体育局联合为"普及学生游泳"出台文件的省份,早在 2003 年,浙江省就颁布了《关于在学校大力开展游泳活动的通知》,在各级各类学校中大力开展游泳活动。文件明确要求全省中小学生"人人学游泳"并且"人人会游泳",游泳也很快成为浙江儿童、青少年最喜爱的运动项目之一,并帮助他们形成了自觉且积极的生活方式。"游泳"成了升学考试科目,从而极大地促进了中小学游泳教学的普及和校外业余游泳培训行业的发展。各级体校创办的游泳俱乐部,因为其优越的软、硬件条件,尤其是拥有高水平教练的执教,自然吸引了大批有天赋、有梦想的儿童、青少年从一开始就接受比较专业的、系统的业余游泳训练,体校俱乐部也由此成为浙江竞技游泳后备人才的摇篮。调查显示,90%的基层游泳教练认为"中小学生人人会游泳"对扩大浙江儿童、青少年游泳人口起到了很大作用,认同这一观点的省专业队人员(包括教练、科医人员、管理人员,以下简称省队人员)和家长则分别占 86%和 92%。众多的儿童、青少年游泳爱好者为竞技游泳初级选材提供了大批

优秀苗子,仅杭州市体育局旗下呈"三足鼎立"之势的陈经纶、天水和大关这三家游泳俱乐部,每年就吸引着市区 200 余所幼儿园和小学约 10 万适龄儿童报名参加初级选材,从每个年龄段选出 3500 人左右进行 45 天的初级培训,然后再从每个年龄段选拔 350 人左右进入市级游泳队。杭州市游泳队常年在训的 5～13 岁儿童、青少年游泳运动员有 1500 人左右,这样的规模在全国是独一无二的,即便是跟游泳强国美国和澳大利亚相比较也毫不逊色。这就是"中国游泳看浙江、浙江游泳看杭州"的根本原因。

其次是在早期业余训练阶段选择了适合学龄段儿童、青少年的"走训制"训练模式。儿童的文化学习在普通幼儿园和小学,每天放学后,家长陪同孩子来俱乐部训练两小时,日复一日,年复一年,孩子喜欢,家长乐意,在儿童成长的全过程中,家长和体校都全程参与。"走训制"在杭州市发展得最好,形成了陈经纶、天水和大关三家游泳俱乐部的良性竞争,每个俱乐部都由国家级名教练担任总教练。调查显示,97％的基层教练和 98％的省队人员赞同"家校合作"的"走训制"模式,这种训练方式可以充分兼顾学龄段儿童高质量的普通学校文化教育和专业游泳训练机构高水平的基础游泳训练,被公认为是符合学龄段儿童、青少年"学习为主业、游泳为爱好"全面发展理念的训练方式,既接轨国际惯例,也符合中国国情,并且有利于成长过程中的多元化选择与发展。实践证明,"走训制"是符合儿童、青少年文化教育需求及身心发展规律的训练方式,这种方式在全省其他城市已普遍推广,并被其他竞技体育项目复制。

再次是基层体校游泳俱乐部建立并形成了一套系统、科学、完整的选材办法及标准。调查显示,所有的基层教练和省队人员一致认为儿童、青少年游泳运动员选材和比赛有必要对"身体形态"进行测试,认同这一观点的专业运动员和家长则分别占 92％和 96％。杭州籍奥运冠军罗雪娟、孙杨、叶诗文无一例外,都是在幼儿园就被教练选中,开始了"有意栽培"的早期专门训练。浙江游泳正是在"塔基"有一批慧眼识英才的高水平教练贯彻其注重早期选材、不急于求成、重在夯实基础的奠基训练,才造就了拔尖游泳运动员的厚积薄发。同时,调查显示,所有的基层教练都认为启蒙教练对儿童、青少年游泳运动员的成长成才有重要作用,认同儿童期启蒙教练很重要的专业运动员和家长则分别占 97％和 92％,这说明了启蒙教练在培养儿童游泳兴趣及夯实成长基础过程中的特殊重要性。此外,认为儿童、青少年时期的基础训练很重要的专业运动员和家长分别占 92％和 90％。基础训练的根本目的在于夯实游泳技能和有氧能力基础,而不是揠苗助长。

总之,在做宽做厚竞技游泳"塔基"层面,浙江的主要经验是:①"中小学生人人会游泳"的政策要求,使游泳成为浙江儿童和青少年自觉且积极的选择;②儿童、青少年业余训练阶段采用的"走训制",符合他们的文化教育需求及身心发展规律,既接轨国际惯例,又符合中国国情,得到了家长们的配合与支持;③在竞技游泳的"塔基"有一大批慧眼识英才的高水平教练,他们所采用的重在夯实基础、不急于求成的奠基训练起到了重要作用。

(二)做大做强"塔中",注重成长成才环境

"迎春杯"创办于 1980 年[①],四十年未曾间断,年年举办,竞赛规模庞大,竞赛规则科学。比赛规则的突出创新点是:①细分了参赛各组别的年龄及相应的成绩标准,设置有 10 岁及以下、11 岁、12 岁、13 岁、14 岁、15～18 岁六个组别;②14 岁及以下年龄组别的选手参加游泳比赛,都必须参加身体形态测试,凡身高达到国家游泳训练大纲良好以上标准且臂展超过身高者,将给予加分;③鼓励所有选手参加个人全能、200 米混合泳和 400 米及以上长距离自由泳,比赛成绩达到相应年龄组成绩标准 6 级及以上者,给予参赛单位团体加分,给予其教练选材补贴;④所有九年制义务教育阶段的学生运动员在参赛期间,必须参加规定的文化测试,其中小学段学生运动员测试语文和数学,初中段学生运动员测试语文、数学和英语。

"迎春杯"代表了浙江省各年龄段儿童、青少年竞技游泳的最高水平,每年的"迎春杯"都会出现让人眼前一亮的"惊喜",浙江游泳的代表性人物吴鹏、罗雪娟、杨雨、孙杨、叶诗文、傅园慧、徐嘉余、汪顺等都是通过这项赛事崭露头角的。调查显示,93％的基层教练认为"迎春杯"有必要按年龄段分组,认同这一观点的省队人员、专业运动员和家长分别占 96％、91％和95％。无独有偶,美国州级儿童、青少年游泳比赛同样也是按年龄段设置组别的,其分组方式与浙江几乎一致。

同时,调查显示,认为"迎春杯"有必要设置文化考试的基层教练和省队人员分别占 83％和 78％,但赞成设置文化考试的专业运动员和家长分别占

---

① 严蓓. 我国青少年业余游泳后备人才培养的现状及发展对策研究[J]. 体育科学,2004,24(6):60-63.

92％和98％,其比例明显高于教练员群体。这说明对学生运动员来说确实存在着"学训矛盾",教练员更看重竞技比赛成绩,运动员和家长则希望"能文能武",这种意见分歧是客观存在的。在浙江,儿童、青少年参加游泳比赛时的文化考试是"动真格"的,如2018年绍兴市就取消了21名学生运动员参加省运会的资格,原因就是这些学生运动员的文化考试不及格。

认为"迎春杯"对浙江竞技游泳人才辈出起重要作用的基层教练、省队人员和专业运动员分别占93％、92％和89％。实际上,比举办赛事本身更重要的是合理设置参赛选手的年龄分组,这为选拔各年龄段的优秀苗子提供了平台。但如何将这些优秀苗子培养成优秀运动员,做大做强竞技游泳人才金字塔的中坚力量,即"塔中",浙江的主要经验就是着力营造满足优秀运动员成长成才的良好育人环境,努力提高成才率。

首先是为优秀运动队配备了"训科医"结合、以训为龙头的运动训练科学化团队,"三合一"综合团队在体能训练,尤其是陆上训练、核心力量训练、生理生化监控、运动技术优化及多学科联合攻关等方面发挥了重要作用。①调查显示,省队人员、专业运动员一致认为科研医务保障对运动训练及体能康复很重要。当代运动训练科学化的三大标志是:科学的专业训练、科学的体能训练和科学的康复训练。在浙江,每个教练组都配置了比较专业的体能、科研和医务人员,从而更好地保证运动训练、竞赛、康复及营养科学化。孙杨2011年游泳世锦赛后的转身蹬壁技术改进和伦敦奥运会前肩袖劳损手术后的康复训练,获得了国家体育总局2012年伦敦奥运会科研攻关项目立项,也得到了浙江省科技厅重大科技专项经费支持,对孙杨伦敦奥运会勇夺两枚金牌有突出贡献。时至今日,孙杨的翻译李蜀东更像是科技主管。李蜀东博士任职于宁波大学体育学院,毕业于利物浦约翰摩尔斯大学(Liverpool John Moores University),该大学的体育学科排名全球第9,其地位被世界顶尖体育大学公认(上海体育学院排名51～100,北京体育大学排名101～200)。他对游泳生物力学造诣颇深,几乎每堂关键训练课都会拍摄孙杨水下转身、蹬壁、划水及打腿的技术动作,并在第一时间把通过分析软件得出的图表和数据反馈给孙杨。孙杨本人也于2018年进入上海体

---

① 李建设.竞技体育人才培养与管理体制转型的"浙江实践"探索[J].体育科学,2012,32(6):3-13.

育学院攻读运动人体科学博士学位,主攻方向就是游泳生物力学,因此,这种专业的面对面切磋交流,十分有利于动作技术的优化和要领把握。浙江竞技游泳优秀运动员的摇篮——浙江体育职业技术学院集中了全省体育系统内"科技助力"的优质资源,可以提供运动训练全过程的科研跟踪、监督、诊断和评估,并最大可能地预防和减少运动伤病,并在发生伤病后提供最及时的治疗和康复训练。

其次是较早就实施了优秀青年教练员培养工程,申请浙江省外专局的专项资助经费,并通过与国内外高水平大学合作,采用"走出去"与"请进来"等办法,组织年轻教练员规模化地赴竞技体育发达国家培训学习,使他们开阔眼界,促使他们尽快成长为青年领军人才。这些年轻教练在培养浙江优秀运动员的"厚度"上发挥了突出作用。2009年启动的"浙江竞技体育发展'双八'战略"在培养优秀年轻教练员队伍方面也发挥了重要的政策引领作用。

再次是建立正确的"教练员与运动员的关系",使长期形成习惯的单向被动训练过程变成教练员与运动员双向互动的教学过程,促进教练员身份教师化和运动员身份学生化,在教练员与运动员"师徒"关系的基础上叠加"师生"关系,努力强化教练员与运动员的训练交流,有利于解决运动训练的"三问",其目的是提高训练效率和效益。

长期以来,我们的竞技体育体制决定了教练员对运动员是单项选择,但教练员与运动员在长达数年乃至数十年的训练过程中形成的师徒关系,其交互影响已经远超父母与子女的关系。教练员与运动员在训练计划、训练方法、竞技目标乃至人生信念和价值观等方面的观点交换及良好沟通,对运动员的竞技能力提升、心理状态调适乃至职业运动生涯规划都将产生重要影响。但"教练员与运动员的关系"在我国竞技体育界被极大地忽略了。[1][2][3] 调查显示,所有的基层教练都认为"运动员与教练员的关系"对运

---

① 郭宇刚,夏树花,张忠秋.国际教练员—运动员关系研究现状、热点和前沿的可视化分析[J].成都体育学院学报,2015(4):31-37.

② 叶绿,王斌,刘尊佳,等.教练员—运动员关系对运动表现满意度的影响——希望与运动投入的序列中介作用[J].体育科学,2016,36(7):40-48.

③ 曹立智,迟立忠,李权华.运动员—教练员关系、社会支持与训练比赛满意感的关系[C].第十届全国体育科学大会论文摘要汇编(三),2015.

动员成长很重要,认为这一关系很重要的专业运动员和家长均占99%,但省队人员只占88%。这说明在较高层次的专业运动员培养阶段,仍有一成多的教练员习惯传统的"师徒制",也有个别教练员将运动员视作"个人财产",无视国家培养这一根本保障,这种"家长式"的管理是需要引起重视的。

运动员与教练员究竟是什么关系?一般认为两者就是简单的"师徒"关系,训练就是简单的"我教你练",成败基本在于师傅。然而,当下的运动训练,谁都可以借助丰富的教学载体和平台完成,简单的师徒关系已不适应运动训练科学化的要求,教练员与运动员既是师徒关系,更是师生关系。训练过程就是教学过程,在这个过程中,教练员应该具有更宽广的胸怀和更高的格局,鼓励运动员与自己交流沟通,如此教学相长,方能更好地提升训练效果。

此外,在运动员的职业生涯期,运动员与教练员生活在一起的时间远远超过其父母,这对运动员的一生都将产生重大影响。浙江游泳标志性人物孙杨与其恩师教练朱志根之间曾经的矛盾,表面上看是两人在管理理念与管理方式上持不同意见,本质上则是两代人在价值观与发展目标上的分歧。前者相对容易协调,后者则很难达成共识,因此,可能很难界定究竟谁对谁错。师徒"分手"后的"再牵手",说明两人在达成训练竞赛的终极目标上具有一致性。浙江在运动员教育管理乃至处分上"没有特殊运动员,只有优秀运动员"的方式是比较公正和开明的,如何进一步实现"公正",也是当下竞技体育教育者和管理者回避不了的重大课题。

总之,在做大做强竞技游泳"塔中"层面,浙江的主要经验是:①优秀运动队"训科医"结合、以训为龙头的运动训练科学化团队配置,在陆上体能训练、核心力量训练、生理生化监控、运动技术优化及多学科联合攻关方面发挥了重要作用;②"走出去""请进来"和"浙江竞技体育发展'双八'战略"使年轻教练员开阔了眼界,快速地成长,他们在培养浙江优秀运动员的"厚度"上发挥了显著作用;③正确的"教练员与运动员的关系"使长期形成的单向被动训练过程变成双向互动教学过程,在教练员与运动员"师徒"关系的基础上叠加"师生"关系,教练员与运动员之间的良好沟通交流有利于解决运动训练的"三问",提高训练效率和效益。

(三)做精做高"塔尖",注重"非常"人才培养

竞技游泳强国美国和澳大利亚的优秀运动员成长的共同特点是在普通

中小学完成文化学习,在俱乐部进行业余训练。进入大学阶段后,运动员则通常在完成大学学业的同时,在大学游泳队或职业俱乐部进行专业的系统训练。鉴于我国竞技体育的体制设计及人才培养"三级训练网"的模式,浙江游泳虽不可能独辟蹊径,但在实践操作上进行了卓有成效的创新。浙江的成功经验就是十分注重"非常"人才的"非常"培养,其中最重要的就是2010年开展了"拔尖教练员和明星运动员培养工程",并写进了"浙江竞技体育发展'双八'战略"和省体育局竞技体育发展"十二五"规划。

打造"拔尖教练员"和"明星运动员"这两个群体,是浙江竞技游泳整体突破的关键,也是提升浙江竞技游泳的核心竞争力的关键。做精做高竞技游泳人才金字塔的核心力量,即"塔尖",浙江的主要经验就是打破原有的"体工队"培养体制,注重竞技人才培养的院校化。

首先是实施了"院校化一条龙"的人才培养模式改革,院校培养有利于形成运动苗子、运动新星、运动明星全阶段"体教融合"的人才培养体系,这种培养体系在竞技体育发达国家是通行的,也被浙江实践证明是可行的。[1]调查显示,90%的省队教练认为运动员在专业队训练的同时进入大学学习很重要,并认为运动训练与文化学习是可以兼顾的。所有的专业运动员一致认为在专业训练的同时进入大学学习很重要,其中83%的运动员认为运动训练与文化学习完全可以兼顾,虽然训练与学习在时间安排上"有矛盾",但"矛盾不大"。省队层面的优秀运动员绝大多数是运动员与大学生的双重身份,这与美国、澳大利亚游泳运动员的情况类似。不同的是美、澳培养的是大学生运动员,他们在学校进行文化学习,在俱乐部进行游泳训练;我国培养的则是运动员大学生,他们在省队进行游泳训练,文化学习则是分层次开展,附属体校实行九年制义务教育,竞技游泳系优秀运动员实行高职教育或普通高校"送教上门",共同之处是"集中训练"。

其次是确立了"三位一体"的竞技游泳管理体制。竞技游泳系、省游泳协会和省游泳运动管理中心"三位一体"的制度设计,在省级层面有利于发挥机构集约、运作高效、管理有序、纵向到底、横向到边的管理优势,有利于通过"举省体制"调动地方和社会积极性,从而形成"全省一盘棋",有利于运

---

[1] 李建设.竞技体育人才培养与管理体制转型的"浙江实践"探索[J].体育科学,2012,32(6):3-13.

动队管理运行的扁平化,有利于专业的人干专业的事,有利于人才培养不同阶段的分工合作。

再次是坚定执行"走出去"战略。"走出去"的关键是真正虚心学习,而不是选一个高水平俱乐部去"海外训练"。浙江的做法首先是委托名教练接管训练,我们的教练则重在学习借鉴,学习后再参与指导训练,旨在积累实践经验。浙江游泳的海外训练不是简单的异地训练,而是真正聘请世界优秀教练带训,从而实现了训练观念和理念上的提升。"走出去"战略不仅使运动员能直接面对国外名教练的先进训练手段和方法,而且培养了一批又一批本土的年轻教练员;不仅培养了运动员,更重要的是培养了教练员。优秀外教的执教态度和风格及对运动员的教育和管理方式,使我们的训练和管理都产生了"质"的飞跃。

总之,在做精做高竞技游泳"塔尖"层面,浙江的主要经验是:①实施了"院校化一条龙"的人才培养模式,有利于形成运动苗子、运动新星、运动明星全阶段"体教融合"的人才培养体系,这种培养体系在竞技体育发达国家是通行的,也被浙江实践证明是可行的;②确立了"三位一体"的竞技游泳管理体制,竞技游泳系、省游泳协会和省游泳运动管理中心"三位一体"的制度设计,有利于发挥"举省体制"的优越性,有利于发挥机构集约、运作高效、管理有序、纵向到底、横向到边的管理优势,有利于人才培养不同阶段的分工合作;③坚定执行"走出去"战略,浙江游泳的海外训练不是单纯的异地训练,而是真正聘请世界优秀教练接管训练,从而实现了训练观念和理念上的提升,不仅使运动员直接面对国外名教练的先进训练手段和方法,而且培养了大量本土的年轻教练员。

链接四

中国(浙江)国家游泳队组织架构及运行模式

2017 年 9 月 24 日,国家体育总局与浙江省人民政府签订了共建中国(浙江)国家游泳队的协议,这充分体现了国家体育总局对浙江体育的关心和厚爱、对浙江游泳的信任和肯定。中国(浙江)国家游泳队的组建秉承突破创新、锐意进取的体育改革精神,从国家层面看是奥运备战新模式的积极探索,也是奥运备战过程中"全国一盘棋"的有益尝试。

中国(浙江)国家游泳队的组建大致为两个阶段。

第一阶段是2017年9月至12月,为队伍组建规划阶段,主要工作是制定组队实施方案,构建国家队组队框架,制定工作规划,分解年度目标任务,并于11月向国家体育总局报送了《关于组建中国(浙江)国家游泳队相关工作的请示》。

第二阶段是2018年1月收到国家体育总局的复函后至今,为队伍建设实施推进阶段,主要工作是制订各类经费预算、队伍发展规划和实施步骤,并就各项具体工作的落实与国家体育总局备战办、游泳运动管理中心进行沟通联系,同时向浙江省财政厅、人社厅等职能部门了解相关政策。在亚运会结束后,以中国游泳运动学院建设为突破口推进中国(浙江)国家游泳队各项工作,这既是中国(浙江)国家游泳队工作的一部分,也是推进工作的重要抓手,更是竞技体育改革在浙江试点的重要内容。

一、中国(浙江)国家游泳队组织架构和运行模式

中国(浙江)国家游泳队是以浙江游泳队为基础组建的队伍,是浙江游泳队的"升级版"和"精英版",管理上采用领导小组、管理小组、训练团队三级组织架构。其组建工作围绕训练团队展开,通过确定中国(浙江)国家游泳队人员选拔标准、薪资结构与管理方式等几方面内容,搭建中国(浙江)国家游泳队框架,并以建章立制为抓手确保队伍的运行。

(一)组织架构

中国(浙江)国家游泳队组织架构的总体目标是用扁平化的管理提高效率。总体组织架构上采用领导小组、管理小组、训练团队三级管理模式。

1.领导小组

组长:浙江省体育局局长。

副组长:浙江省体育局分管副局长、浙江体育职业技术学院院长。

成员:浙江省体育局、浙江体育职业技术学院相关人员。

职能:与国家体育总局竞技体育司、游泳运动管理中心、中国游泳协会进行沟通、协调,及时研究、解决工作口的具体问题;加强与省级各

职能部门的沟通、协调;加强对中国(浙江)国家游泳队备战训练和管理工作的宏观指导。

2. 管理小组

中国(浙江)国家游泳队管理小组为常设管理机构,负责日常管理工作,采用领队负责制,人员包括浙江体育职业技术学院分管副院长、各训练团队主教练、科医保障负责人、管理人员等。

职能:执行领导小组决策,负责具体的中国(浙江)国家游泳队队伍管理、训练备战、赛事组织、反兴奋剂等日常管理工作。浙江省体育局、浙江体育职业技术学院有关职能部门对各项工作进行指导和配合。

中国(浙江)国家游泳队日常管理工作的主体是管理小组,由"训、科、医、管"四方面人员组成:"训"为各训练团队主教练;"科""医"为科研、医务负责人(或科医组长);"管"为管理干部,由领导小组委派。管理小组负责各训练团队的日常管理工作和业务指导,负责财务、后勤、外事、训练等具体工作,联络上级相关职能部门,执行领导小组相关决定,为各训练团队提供服务保障。

3. 训练团队

主体:各训练团队主教练。

职能:在领导小组领导下,负责训练团队的构建并展开具体的训练备战工作。

职责:各训练团队实行主教练负责制,主教练负责训练团队的日常运行管理。主教练对带训运动员的管理、训练、生活、文化学习、比赛、反兴奋剂等工作负有主要责任。

(二)运行和管理

总体而言,在中国(浙江)国家游泳队的运行和管理上,以优化人员结构为导向,以训练团队建设为抓手;以奖励激励政策为导向,以薪资结构优化为抓手;以加强保障为导向,以科医攻关团队建设为抓手;以优化管理为导向,以管理流程优化为抓手。总体目标是围绕东京奥运会、杭州亚运会目标任务和项目发展两大核心,通过多种举措构建利于备战、利于发展,体现"高待遇、高荣誉、低风险"的新奥运备战模式。

1. 构建主教练负责制的训练团队,制定和完善各类人员的选用标准,选拔、聘用人员充实中国(浙江)国家游泳队

中国(浙江)国家游泳队的核心工作是构建主教练负责制的复合型训练团队。主教练在管理小组领导下,主要负责本团队的训练备战和日常管理工作,还负责团队内助理教练员、医务人员(康复师)、体能教练、干事等的聘用以及运动员的选拔。

这种方式最大限度地赋予了主教练选人、用人的权利,确立了主教练在训练团队中的核心地位;同时分工明确的训练团队能够紧密围绕训练主体,使整个保障模式与训练紧密结合,各保障要素统一协调。

为进一步充实各训练团队,中国(浙江)国家游泳队采用了积极、开放的选人和用人政策,坚持世界眼光、国际标准、中国特色、高点定位,集聚全国优秀人才,吸纳国际人才,充分借鉴国际经验,"面向世界、广纳天下英才",引进世界级的训练、科研团队,彻底打破国家、省、市的界限,凡是有技术、有能力的人员都将被聘用在合适的岗位从事备战的管理和保障工作。

在人员选用标准上,制定了教练员、运动员、辅助人员、管理人员四类人员的选拔标准,并细化了各类人员相应岗位的选拔聘任要求,重点研究了教练员和运动员的选拔标准。

(1)教练员选拔标准

①主教练

主教练人选在以下条件中须符合其中两项:具有高级及以上技术职称;曾经入选中国国家游泳队;所带运动员获得第十三届全运会冠军(含接力冠军)。主教练员人选在从浙江游泳队教练员中选拔的基础上,可适当吸收外省或外籍教练员。

②助理教练

助理教练人选在以下条件中须符合其中一项:具有高级以上技术职称;所带运动员获得第十三届全运会单项前八名。

助理教练员若达到聘任条件,则按照主教练承担的目标任务享受相应待遇;因实际工作需要,如未能达到助理教练员选拔标准,则享受第三档次助理教练员的相应年薪。

(2)运动员选拔标准

①正式运动员:获得奥运会或世锦赛前八名;获得亚运会或第十三届全运会前三名;获得第十三届全运会单项前八名;获得全国游泳冠军

赛、锦标赛单项前三名或 100 米、200 米自由泳项目前八名。以上条件至少满足一项。

②带训运动员：获得全国游泳冠军赛单项前十六名。

该类运动员不享受国家队运动员津贴。

（3）辅助人员选拔标准

①科医保障团队负责人：具有医学（科研）类高级技术职称；有较长时间的高水平运动队工作经历；有较为广泛的医疗资源和一定的科研设备、人员资源；主持过省部级以上竞技体育类专项攻关、服务课题；有较好的协调能力，能够以科医团队负责人的身份带领科医人员进行攻关与服务；能够长期工作在运动队一线，获得教练员、运动员的信任，并能较好地开展保障工作。

②医务人员：专业方向为针推专业，有一定内科基础；有较长时间的高水平运动队工作经历，能够长期、安心地在运动队一线工作。

③体能教练：了解游泳项目特点，受过专业体能培训，具备专业体能知识；拥有国际或国内体能教练资格证，有高水平运动员服务经验，能够长期、安心地在运动队一线工作。

④科研人员：具有硕士学历或中级以上技术职称；有较长时间的高水平运动队科研攻关和服务经验；能够长期、安心地在运动队一线工作。

（4）管理人员选拔标准

有较强的工作责任心和工作能力，能把握游泳项目的规律和特点，对浙江游泳项目的现状和发展方向有充分的认识和了解，具备有针对性地开展思政工作的能力和反兴奋剂工作常识，有较强的工作协调能力。

2. 细化标准，以薪资结构为核心，构建权、责、利明确的管理体系

主教练负责制下的训练团队备战模式赋予了主教练更多的选人、用人权利，也构建了与奥运周期的目标任务挂钩的主教练薪酬体系。参考 2018 年 1 月中国游泳协会发布的《国家游泳队直通车补助发放标准》，结合实际情况，以"分类细化、突尖保重"为基本原则，对各类人员的薪资结构和标准进行了重新调整，使各类人员的薪资档次更合理、标准更清晰。以年度主要赛事为考核依据，建立薪资动态管理体系。

目前薪资结构改进的核心仍是各训练团队的主教练和运动员(特别是承担奥运会夺金任务的人员)。建立了"成绩为依据,任务为导向"的定级标准,并以此为基础确定了助理教练员、医务人员等的薪资结构。

中国(浙江)国家游泳队人员基于成绩的定级标准如下。

(1)主教练

金牌:培养了2016年奥运会或2017年世锦赛冠军,在训队员获得2016年奥运会或2017年世锦赛冠军,所带运动员3人以上获得2016年奥运会或2017年世锦赛前八名(不含接力预赛人员)。这类教练承担下一届奥运会金牌任务。

奖牌:在训队员获得2016年奥运会或2017年世锦赛第四到八名(不含接力预赛人员)。这类教练承担下一届奥运会奖牌任务。

前八:在训队员获得2017年全运会单项前三名(含2016年奥运会、2017年世锦赛、全运会接力预赛人员)。这类教练承担下一届奥运会前八名任务。

(2)运动员

金牌:2016年奥运会冠军(不含接力预赛人员);2017年世锦赛冠军(不含接力预赛人员);2016年奥运会或2017年世锦赛奖牌得主(不含接力预赛人员)。这类运动员承担下一届奥运会金牌任务。

奖牌:2016年奥运会或2017年世锦赛前八名(不含接力预赛人员)。这类运动员承担下一届奥运会奖牌任务。

前八:2017年全运会前三名(含2016年奥运会、2017年世锦赛接力预赛人员)。这类运动员承担下一届奥运会前八名任务。

一般:2017年全运会单项前八名、冠军赛单项前三名,100米、200米自由泳冠军赛前八名(含2017年全运会接力前三名预赛人员)。

训练团队中的聘用制人员实行年薪制,根据所承担的目标任务和训练团队的年度考核指标给予其不同档次的薪酬。对训练团队人员的薪酬和运动员享受的训练津贴采取"能上能下、能进能出"的动态管理。

3.构建"内""外"结合的科医攻关保障团队

"内"指长期工作在一线的科医人员,这些人员实行科医组长负责制,由科医组长负责组建科医攻关和服务保障团队,负责团队的运作和管理,并对具体业务进行专业指导,加强技术创新,提高保障水平。对科医攻关和服务保障团队内的科研和医务人员采用两种管理模式。医务人员采用跟组模式,日常服务和保障落实在各训练组;科研人员实行跟队模式,以科研团队的形式进行运作和管理,共同完成整个中国(浙江)国家游泳队的相关科研工作。

"外"指重点攻关项目,依托国内外高等院校的优势学科专业资源,以大学为主导,构建体能训练与监测、生物力学与技术分析、运动康复、运动心理、信息技术、训练装备等多学科的科技保障和支持团队,面向竞技体育主战场,提供全方位的服务支撑保障。

二、中国(浙江)国家游泳队运行情况

中国(浙江)国家游泳队在 2018 年的总体运行情况可概括为:备战工作稳扎稳打,亚运会取得历史性突破;国家队建设调整策略,取得阶段性成果。2018 年亚运会是年度重点赛事,也是中国(浙江)国家游泳队 2018 年中期考核,在检验队伍的备战、运行等方面具有重要意义。

(一)亚运会完成情况

2018 年第十八届亚运会的游泳比赛于 8 月 19 至 24 日在印度尼西亚雅加达举行,中国(浙江)国家游泳队共有 16 名运动员、4 名教练、4 名医务保障人员入选中国代表团,共获得 12 金 6 银 4 铜以及两个第四名、三个第五名,超越了 2014 年仁川亚运会浙江省 12 人参赛获得 10 金 6 银 3 铜的成绩,参赛人数、金牌数、奖牌数再创新高。

本次亚运会上,中国(浙江)国家游泳队成员打破多项亚洲、全国及赛会纪录。其中徐嘉余、朱梦惠及其队友在男女 4×100 米混合泳接力中以 3 分 40 秒 45 的成绩创造了新亚洲纪录;徐嘉余、李朱濠及其队友在男子 4×100 米混合泳接力中以 3 分 29 秒 99 的成绩创造了新亚洲纪录;徐嘉余在男子 200 米仰泳项目中以 1 分 53 秒 99 的成绩打破由其保持的全国纪录。其他成绩见表4-15。

表 4-15　2018 年中国(浙江)国家游泳队成员亚运会参赛项目及名次

序号	项目	男子(名次)	女子(名次)
1	50 米自由泳		吴卿凤(3)
2	100 米自由泳		朱梦惠(2)
3	200 米自由泳	孙杨(1)	
4	400 米自由泳	孙杨(1)	
5	800 米自由泳	孙杨(1)	
6	1500 米自由泳	孙杨(1)	
7	50 米仰泳	徐嘉余(1)	傅园慧(4)
8	100 米仰泳	徐嘉余(1)	傅园慧(4)
9	200 米仰泳	徐嘉余(1)	柳雅欣(1)
10	50 米蝶泳	李朱濠(5)	林欣彤(3)
11	100 米蝶泳	李朱濠(2)	
12	200 米蝶泳	李朱濠(3)	
13	200 米个人混合泳	汪顺(1)	
14	400 米个人混合泳	汪顺(3)	
15	4×100 米自由泳接力	孙杨(2)	朱梦惠、吴卿凤、吴越(2)
16	4×200 米自由泳接力	孙杨、汪顺、商科元(2)	吴越(1)
17	4×100 米混合泳接力	徐嘉余、李朱濠(1)	朱梦惠(1)
18	男女 4×100 米混合泳接力	徐嘉余(1)	朱梦惠(1)

(二)日常运行和备战相关工作情况

1. 积极编制各类经费预算

根据签订的协议,中国(浙江)国家游泳队从 2018 年 1 月 1 日起正式运行,根据备战训练和队伍运行的需要编制了场馆建设、科研器材设备、人员薪资、年度赛事、外训等经费预算,完成了场馆建设设计方案和设备选用等前期基础性工作。

2. 积极争取政策支持,与各级部门沟通联系,做好相关工作

在工作推进过程中,积极与国家体育总局竞体司、备战办、游泳运动管理中心就各项具体工作的落实进行了沟通联系。从目前的情况看,与游泳运动管理中心及国家游泳队保持了较好的沟通,在训练计划

的制订、高原训练和国外训练安排、国外训练费用标准等方面得到了较多的支持。

3.全力保障队伍,扎实做好重点运动员、重点组的备战工作

进一步完善各重点组阶段训练计划和保障方案,扎实做好训练备战工作。从 2017 年 10 月起,浙江体育职业技术学院在相关政策不明朗、经费不到位的情况下,为保障训练备战工作的正常进行,在队伍组建、训练备战、内部管理和科医保障等各方面进行了全力的支持和保障,顺利完成各训练团队冬训、夏训及赴国外训练等工作。

4.成立党支部,加强队伍的凝聚力和战斗力

成立中国(浙江)国家游泳队党支部,由系主任王伟任支部书记,系副主任徐苏瑾任支部副书记,国家队教练员承担支部相关工作。通过建立党支部,加强了党的理论学习,加强了队伍的凝聚力和战斗力。

5.积极开拓资源,提高备战水平

中国(浙江)国家游泳队在国外高水平专业技术人员选聘、建立海外高水平训练基地、引进省外高水平教练员和运动员、与社会力量合作等几个方面积极开展尝试,努力为备战创造良好环境,提高备战水平。

(1)开展国外高水平专业技术人员选聘工作

积极联系国外高水平教练员和体能教练。为选聘合适的外籍教练,中国(浙江)国家游泳队在美国游泳协会平台发布了聘任教练员的信息,从个人简历看,报名的 12 人水平均偏低。体能教练无人报名。从与体能教练沟通反馈的信息看,他们都不愿长期在美国以外的地点工作。

(2)拟在美国建立训练点(基地)

中国(浙江)国家游泳队与美国籍知名体能教练杰拉德·玛瑞斯进行了联系,希望与其签约并在其所在的奥斯丁建立训练点(基地),2018 年 5 月派陶崃组赴该地点训练。但美国国内政策不允许教练员与外国国家队签约,可以与省队、俱乐部签约;而若以省队的名义与美国教练员签约,国家队又无法按照合同付款。诸如此类的限制,使得在海外建立训练点(基地)的愿望难以实现。

(3)吸收省外优秀教练员和运动员

在省外教练员、运动员的选调方面,曾与部分省份进行了联系,湖

北、天津、江苏、广西、江西等省份表达了一定的意向。一方面,浙江省优秀教练员所带运动员人数多、任务重,没有更多的精力带省外的运动员;另一方面,其他省份年轻教练的意向不明确,具体选调工作仍未启动。

(4)拟加强与社会力量的合作

拟与腾讯公司合作打造中国(浙江)国家游泳队互联网宣传平台。前期已与腾讯公司和海南赢德体育发展有限公司进行联系,希望通过浙江省游泳协会与上述两家公司进行合作。

三、中国(浙江)国家游泳队未来发展方向

(一)明确工作职责,逐步完善协调机制

中国(浙江)国家游泳队为省部共建,是国家体育总局在竞技体育领域的一项新的尝试和探索,没有现成的、成熟的模式可套。仍需进一步探索协调机制,逐步形成指挥有力、协调顺畅、责任明确的组织管理体系,为省部共建国家队模式提供参考。

(二)围绕核心备战工作,做好保障和管理工作

中国(浙江)国家游泳队以东京奥运会和杭州亚运会为目标,以重点运动员、重点项目、重点组的训练和备战为主要对象,全面做好科医保障、科技助力、后勤等工作。从管理角度出发,加强保障工作相关的"人、财、物"的统筹和协调水平,加强队伍思想建设,建设一支敢打硬仗、能打胜仗的队伍。

(三)以中国游泳运动学院为抓手,推动中国(浙江)国家游泳队建设和备战

在浙江省体育局和浙江体育职业技术学院的直接领导下,充分发挥学院从九年制义务教育到大专层次的全学历教学的优势,以学院游泳系为主体、游泳系优秀教练员和运动员为骨干,整合学院训练、教学、科研、医务、管理等优势资源,成立中国游泳运动学院。将中国游泳运动学院建设成为"训学融合"和"训学一体化"的示范点,充分体现竞技体育院校化管理和竞技体育人才院校化培养两大特点。

中国游泳运动学院以培养高水平游泳运动员、完成奥运会等重大赛事备战为核心任务,以专业运动队和文化教育二合一的方式培养奥运冠军、世界冠军、亚运会冠军是学院的特色,通过面向运动员学生开

展学历教育和游泳专业技能训练培养专业人才。以科学研究和医务保障为抓手,在提高专业攻关和保障能力的同时提升学院软实力;以游泳为特色促进国内外交流,推动中国游泳项目整体发展。

学院办学定位为:打造集"教学、训练、科研、培训、竞赛"于一体、包含所有办学层次、坚持学历教育与日常培训相结合的世界一流特色学院;履行"高等教育教学、高水平运动员训练、游泳人才培训、科学研究、对外合作"五大职能,着力培养具备国际视野、卓越才能、创新精神的游泳人才;逐步达成国际优秀运动队、国家高水平游泳训练基地、国家级游泳高等人才培养学府三大目标,力争成为我国"体教结合"的示范基地。

第五章 "中美澳"竞技游泳人才培养体系和个案研究

第一节 竞技游泳人才培养体系比较

一、管理体系

我国的竞技体育沿袭了半个多世纪的"国家—省级—市级"三级管理体制,自"奥运争光计划"颁布后,国家体育总局通过全运会积分规则的调整,充分调动了全国各省份的积极性,制定了围绕奥运、备战全运的战略。竞技游泳的管理体系则是"国家体育总局游泳运动管理中心—省级体育局游泳运动管理中心—市级体育局或体校游泳队",从而构建了竞技游泳人才培养及管理的三级网,竞技游泳的"举国体制"体现了"纵向到底"的特点,这正是业界常常提及的行话"竞技体育管理要一竿子插到底"。这一体制的特点是竞技游泳人才培养完全依赖体育系统,"塔基""塔中""塔尖"三级人才规模都很小,国家体育总局游泳运动管理中心的工作重心就是国家游泳队的组织管理,工作目标就是奥运会等重大赛事,机构扁平,效率较高。但体育系统与教育系统分离,教育系统未充分发挥对竞技游泳的推动作用。

美国没有体育局、体工队和少体校,奥运会、世锦赛等重大赛事的竞技游泳国家队以大学生运动员为主体,以大学毕业后仍在职业游泳俱乐部坚持系统训练的运动员为补充,中小学则为大学输送源源不断的游泳后备人才。美国竞技游泳的管理体系,纵向是美国游泳协会一管到底,类似于我们的国家体育总局游泳运动管理中心"一竿子插到底"的管理模式,美国游泳协会既管大区和州级游泳协会,又直接管国家游泳队;横向则是美国游泳协会与覆盖全美各学段的中学及大学体育联合会合作,而我国只在组队参加世界大学生运动会时才发生类似的合作。美国游泳纵横交错的管理结构，既相对独立又形成体系，实现了国家、学校、个人及社会团体的职权、义务与利益共享，这是美国式的"举国体制"，实现了纵向到底、横向到边的全覆盖。

澳大利亚竞技游泳管理体制属于"复合管理型"，澳大利亚国家体育运动委员会和各州体育发展局管理各单项协会，各单项协会与俱乐部及体育学院签约，负责竞技体育优秀运动员培养。澳大利亚竞技游泳人才培养的主体是学校和俱乐部，后备人才来自中小学，高水平教练集中在俱乐部和体育学院。游泳是澳大利亚人最喜爱的运动项目之一，20世纪80年代，澳大利亚实施了以奥运会为最高目标的"精英计划"，在全国遴选了9所体育学院承担全澳竞技运动精英人才的培养任务，旨在训练培养奥运级别的拔尖运动员。澳大利亚游泳在伦敦奥运会遭遇滑铁卢后，游泳协会迅速颁布了"领奖台中心计划"及"领奖台潜力计划"，该计划的核心内容就是游泳协会与全澳15家顶尖游泳俱乐部和训练中心签约结成合作伙伴，由游泳协会出资训练澳大利亚本土优秀游泳运动员，并且不允许签约俱乐部接受外国游泳运动员训练、不允许签约俱乐部教练执教外国运动员。

二、训练体系

我国竞技游泳训练体系跟其他竞技体育项目的训练体系一样，长期依赖的是"体校—体工队—国家队"三级训练网，"市级体育局—省级体育局—国家体育总局"承担了竞技体育从后备人才到拔尖人才培养的全部任务，教育系统的"学校体育"在国家竞技体育优秀和拔尖人才培养上鲜有作为。浙江竞技游泳之所以形成整体突破，在于破解了传统体校后备人才培养的"卡脖子"问题，即儿童、青少年既要接受高质量文化教育又要接受高水平业余训练的矛盾，"走训制"应运而生，这是基层体校业余训练模式改革的必然选择。省级和市级游泳队为常设建制的专业队，国家游泳队基本是长期集训制，虽然这可以保证专业训练的系统性，但运动员正规文化教育缺失的弊端是显而易见的。

美国和澳大利亚竞技游泳的训练体系都是"学校—俱乐部"二元模式。中小学为大学输送优秀后备人才，大学则成为产生优秀运动员的摇篮。美国的奥运游泳选手绝大部分来自普通大学甚至中学，澳大利亚的奥运游泳选手则主要集聚在体育学院训练。美国竞技游泳的训练体系覆盖全美学校和俱乐部,实行的是"从幼儿园、小学、中学到大学层层衔接的业余训练+与职业游泳俱乐部合作的专业训练"这样的体系,美国学校游泳队的训练一般都从俱乐部聘请主教练或将游泳队交给俱乐部,因此,美国的学校游泳训练具有很强的专业性。澳大利亚竞技游泳的训练体系与美国略有不同。澳大利亚的中小学与青少年游泳俱乐部合作,重在基础训练及发现后备人才;国家游泳协会与体育学院和职业游泳俱乐部合作,负责国家级高水平运动员训练。澳大利亚的高水平游泳教练集中在体育学院和俱乐部,许多著名的教练都经营自己的俱乐部,或是知名俱乐部的股东。虽然从表面上看,美国和澳大利亚高水平游泳运动员的训练都在学校,但除了"学生运动员"这一身份是业余的,其他的一切都是职业的,体现在训练上,就是从基础训练至高水平训练,全程贯穿着很强的职业性。

三、竞赛体系

我国竞技游泳的竞赛体系十分单一,组织国内高水平游泳竞赛和组队参加国际游泳竞赛的主体是体育系统,参赛运动员主要是各地的专业运动员。在举办全国青少年游泳竞赛方面,直到 2017 年天津全运会才首次增设了青少年组游泳比赛项目,各省体育系统主办的青少年游泳竞赛基本是一年一次,有的甚至在四年一届的省运会时才举办。各地教育系统主办的学生系列游泳竞赛规模很小,而且竞技水平很低。我国青少年游泳运动员每年参加的游泳比赛的次数大约为 2 次(场),省级专业队的优秀运动员每年参赛次数约为 4 次(场)。2018 年全国青少年游泳比赛改赛制为分年龄组系列赛、分站赛直至总决赛,即便如此,我国的青少年游泳运动员参加比赛的经验仍然十分欠缺。

美国每年不同规模的分年龄组游泳比赛高达数千场次,儿童、青少年运动员每年大约选择参加其中的 20 次(场)比赛,这对于儿童、青少年运动员检验训练成果、积累比赛经验及提高竞技能力十分重要,并为发现和选拔优秀苗子及拔尖人才提供了丰富的平台和机会。澳大利亚同样按年龄设置分组比赛,儿童、青少年每年参加的游泳比赛通常在 10 次(场)以上。在澳大利亚,儿童从 8 岁开始就参加学校组织的嘉年华游泳比赛,10 岁开始参加校际比赛直至州级锦标赛和全国锦标赛,政府提供参赛经费。参加俱乐部游泳训练的儿童、青少年,通常每月参加一场俱乐部之夜比赛,也可以参加俱乐部锦标赛和州泳协组织的挑战赛、接力赛等。在我国,浙江每年一度的"迎春杯"青少年(儿童)游泳锦标赛持续了 40 年,在全国独树一帜,无论是参赛选手规模还是竞技游泳成绩,都已接近甚至超过美国和澳大利亚的同年龄段水平。但即便如此,儿童、青少年参加年度比赛的场次仍然太少,应大力增加儿童、青少年游泳分龄赛。

四、教练员培养体系

我国的教练员培养体系基本上是晋升制,分初级、中级、高级和国家级,逐级申报、逐级晋升,晋升条件主要是带训成绩和在公开出版物上发表的教科研论文。在教练员职称晋升的全过程中,很少需要参加培训获得学习积分,晋升至高级教练员后基本就没有规定的年度学习培训了。长此以往,我们的教练员队伍对最新运动训练科技成果的了解就十分欠缺,教练员受制于"经验局限"的情况具有一定的普遍性,游泳项目同样如此。近年来启动的教练员晋级培训和考核制度是一大进步,但培训的强制性、规范性、权威性、系统性及国际化等方面尚有待完善。

在美国,游泳教练员分级培养具有完整的五级体系,每一级都必须接受美国游泳协会的课程培训与考核,不同等级的教练,培训的内容不同,但针对性和实用性都比较强。任何人都可以申报游泳教练员资格证,一旦入职就必须遵守严格的职业规范,只有达到三级及以上教练资格,才能负责游泳训练工作。美国游泳协会和美国游泳教练员协会规定,所有教练员都需要接受继续教育,即便是高级别的教练员,每年仍需获得一定的培训学时,才能保持证书的级别。培训的内容通常是游泳生物力学、生理学、生物化学、运动医学、心理学和营养学等。在美国,许多教练员本身就是心理学、生理学或生物力学行家。澳大利亚的游泳教练员培养体系与美国基本类似,各等级的教练员都需要经过相应级别的培训并获得学分,以保证他们掌握最新的游泳训练理念和科技助力手段。因此,澳大利亚的高水平教练都具有比较高的生理生化和生物力学素养。

相比较而言,我国的游泳教练员大多是行业"习武"出身,在训练实践上具有先发的"经验优势",但他们的运动科学知识结构不完善,导致了他们在科学与技术手段的学习和应用上存在着明显的短板。美国和澳大利亚已经实现了从"经验型"教练向"学者型"教练的转型,运动训练科学化已经成为常态。在教练员培养体系上,我国与美国和澳大利亚的差距还很大。

五、国家队组建

我国的竞技游泳项目跟其他运动项目一样,专业运动员集中训练、生活和学习,如果他们在少体校时期实行的就是"住训制",则运动员开始相对封闭的集体生活的时间更早。我国的国家游泳队基本是常设建制,实行的是长期集中或分组训练的制度,国家体育总局游泳运动管理中心是其大本营。2017年,"中国(浙江)国家游泳队"成立,开了地方组建国家队的先河,这一改革的"试水期"是四年,东京奥运会为其最终考核,目标是获得3枚金牌。我国的专业运动员都是国家公职人员,俗称"吃皇粮",专业队常设建制并长期集中训练是由体制决定的。美国和澳大利亚则完全不同,两者的国家游泳队均不是常设的。

美国国家游泳队成员绝大部分是在校大学生。大学生运动员在大学游泳队每周训练时长不能超过20小时,但水平比较高的运动员通常都自愿在职业游泳俱乐部增加训练,以保证训练的系统性。为了使大学生运动员兼顾文化学习和训练竞赛,美国奥委会和美国泳协通常规定的赛前集训时间都比较短,短则几天,长则1个月左右。美国国家游泳队通常配置主教练兼总经理、常务董事、运动员服务经理、比赛准备协调员、生物力学专家、运动医学专家、国际比赛行政助理、技术服务人员等。

澳大利亚的优秀游泳运动员平时都分散在各自的游泳俱乐部或大学校队训练,但在重大比赛前的3到4个月,所有顶尖高手都被征召进临时组建的国家队集中训练。2013年"领奖台中心计划"颁布后,国家队的集训地点统一在澳大利亚体育学院。负责国家队训练的体育学院实行高度职业化的标准配置,除教练团队和科技团队外,还配置了专业的体能训练师、理疗师和营养师,以做好运动员的伤病预防和康复治疗,尤其是在重大赛事前,尽可能地减少运动员的伤病,加快其原有伤病恢复。

我国国家游泳队之所以采用长期集训制,除了专业运动员的性质外,更重要的是省级、市级游泳队缺乏高水平游泳教练,也没有社会资本兴办的高水平职业游泳俱乐部。因此,鼓励社会资本兴办高水平的职业游泳俱乐部,应当是我国竞技游泳可持续发展的重要抓手。

六、早期专门训练

业界对早期训练本身没有任何异议,竞技体育成才者都是从娃娃抓起。但针对"早期专门训练"就有很多不同的观点。早期专门训练不当导致揠苗助长而昙花一现的现象,在我国较多体育运动项目中具有普遍性。然而,"早期专门化"与"早期专项化"在游泳训练中是有本质区别的,浙江游泳在"迎春杯"比赛项目设置上专门鼓励"蝶仰蛙自"混合泳及 400 米自由泳,其目的就是不过早地确定某一泳姿的专项训练。放眼国际泳坛,优秀的游泳运动员无一例外都是早期就开始了游泳的专门训练。"中美澳"竞技游泳的标志性人物分别为孙杨、菲尔普斯、索普,他们无一不是学龄前就开始了系统的早期专门训练。

美国游泳强盛的重要原因就在于十分注重早期人才发现,并实施早期专门训练,从而不断造就泳坛超级巨星。在美国,与菲尔普斯比肩的游泳运动员有两名。早期有斯皮茨,他 2 岁开始学习游泳,6 岁开始参加比赛,10 岁展现出惊人的天赋,打破多项全美年龄组游泳纪录,16 岁时首次参加 1968 年墨西哥城奥运会就斩获 2 枚接力金牌,20 岁时参加 1972 年慕尼黑奥运会的 7 个项目又全部获得金牌并全部打破世界纪录。现在则有莱德基,她 6 岁开始系统训练,至今已获得 5 枚奥运金牌、14 枚世锦赛金牌,是迄今为止获得游泳奥运金牌和世锦赛金牌最多的女子运动员,至今垄断着女子 400 米、800 米和 1500 米自由泳世界纪录。

运动员早期专门训练得当的标志是成才早并长期保持高水平竞技状态。我国竞技游泳不乏早期出彩的优秀苗子,而且拥有一批进入世界先进水平的优秀游泳运动员,但仍然缺少像菲尔普斯、莱德基、霍苏这样的世界顶级选手。如何解决竞技训练早期出彩后的"最后一公里",培养出国际泳坛超级巨星,是值得我们研究的命题。我们对儿童、青少年早期专门训练的研究仍然不深、不透,尤其是早期要不要进行以及如何进行力量训练、高原训练、强度训练等,还基本处于摸索阶段。

七、家庭参与培养

任何项目的人才培养都离不开学校、家庭和社会三要素。我国竞技人才培养延续了半个多世纪的"三级训练网",基本隔离了家庭的参与,这固然与我国竞技体育长期的封闭训练有关,但更严重的可能是观念的固化,这个问题应当引起足够的关注。在"中美澳"竞技游泳优秀运动员(尤其是拔尖运动员)的成长过程中,父母的"期盼"及自身的"期望"对运动员喜爱并坚持游泳起着不可替代的作用。浙江拔尖游泳运动员的成长多有长期的、强烈的"家庭参与培养"色彩,美国和澳大利亚的拔尖游泳运动员同样如此,无论是美国的菲尔普斯和莱德基,还是澳大利亚的索普,都是由家庭带领其接触游泳进而喜爱游泳的,家庭始终陪伴着他们成长。

浙江所有的基层教练、省队人员及专业运动员一致认为家长的支持对儿童、青少年热爱游泳并长期坚持游泳起着很重要的作用。在杭州处于学龄前和学龄段接受游泳训练的儿童中,约 87% 的儿童家长负责接送孩子往返游泳俱乐部训练,每周六天,年复一年,风雨无阻。约 73% 的儿童家长经常或每次一定去观看自己的孩子参加的各级游泳比赛,从而形成了浙江游泳特有的"家长看台文化"。现在的突出问题是,对于家长可以或应该以怎样的方式参与培养,还缺乏相对完善的机制设计。

八、教练员与运动员的关系

在我国,教练员与运动员的关系基本建立在"师徒制"基础上。师徒制的特点是"师傅教+徒弟学",两者之间很少有交流,成败主要在于师傅。这种人才培养模式虽然比较适合动作技能类运动项目的学习与传承,但已完全不适应当代运动训练理念。康希尔曼始终把运动训练看作一个受社会环境影响的教育过程,"主导"和"主演"训练过程的教练员和运动员都应遵从诸多基本的教育学和心理学规律。康希尔曼一生的执教指导思想是,教练员不只要进行生物学意义上的灌输,更重要的是进行教育学和心理学意义上的诱导。运动员的成长不仅需要自身的天赋和科学的训练,更需要强烈的"动机"和在其驱动下的"主动参与"。教练员的素养决定了他的执教水平,其执教水平又决定了执教成就。康希尔曼的执教生涯和执教成就印证了他的执教理念,值得我国教练员借鉴和学习。

"中美澳"竞技游泳优秀运动员的成长经历均表明,建立教练员与运动员之间的平等关系是培养和造就优秀运动员的重要经验。教练员与运动员之间的关系处理不好,会导致人际关系紧张,从而影响运动员的竞技成绩,甚至导致两者无法合作,这其中的关键一方正是教练员。"没有教不好的学生,只有不够优秀的教师"。在美国和澳大利亚,教练员给运动员安排个性化训练任务时,通常都会事先就训练计划及目标要求与运动员进行沟通,运动员通常都会根据自身的身体机能状况进行反馈,从而对训练计划和目标进行可能的调整。运动员与教练员之间这种相互尊重、健康平等的关系,符合教育训练规律,有利于运动员的健康发展。但这种关系在我国竞技游泳乃至其他项目的训练和竞赛中仍是极其少见的。

第二节 拔尖运动员成长个案探究

一、迈克尔·菲尔普斯(Michael Phelps)

(一)基本信息

1.个人简介

迈克尔·菲尔普斯是著名的美国游泳运动员,连续参加 2000 年悉尼、2004 年雅典、2008 年北京、2012 年伦敦和 2016 年里约热内卢五届奥运会。他共获得 28 枚奥运奖牌,其中有 23 枚金牌;在个人项目共获得 16 枚奥运奖牌,其中有 13 枚金牌。菲尔普斯至今仍然保持着男子 100 米蝶泳、200 米蝶泳和 400 米个人混合泳的世界纪录,也是 200 米自由泳和 200 米个人混合泳的前世界纪录保持者。他参与了奥运会、世锦赛和泛太平洋锦标赛,获得的奖牌多达 82 枚,其中有 65 枚金牌、14 枚银牌和 3 枚铜牌。菲尔普斯在国际泳坛的惊人表现,使他多次获得世界最佳男子游泳运动员奖等众多奖项。菲尔普斯在 2008 年北京奥运会上,史无前例地豪取单届奥运会 8 枚金牌,打破了斯皮茨在 1972 年慕尼黑奥运会上独得 7 枚金牌的纪录,由此获得了《体育画报》杂志的年度最佳运动员奖。

2.家庭背景

1985 年 6 月 30 日,菲尔普斯出生在马里兰州巴尔的摩郡(Baltimore,Maryland)的一个中产阶级家庭,在陶森市(Towson)附近的罗杰斯福奇区(Rodgers Forge)长大,在家中排行老幺,有两个姐姐。

菲尔普斯的母亲黛博拉是中学校长,兼任巴尔的摩郡教育行政官员。据菲尔普斯说,他母亲是在马里兰州西部长大的,外公是木匠,外公、外婆都没有上过大学,但他们的四个孩子都是大学毕业,黛博拉还读了硕士。在生活中,菲尔普斯的母亲始终试图通过努力改变孩子的人生,当她发现孩子们热爱游泳时,就竭尽全力帮助他们在游泳道路上成长。她要求孩子们自己能完成的事情必须自己完成,自己却不辞辛劳地每天负责接送孩子们去游泳俱乐部训练。勤勉的道德观和精神教育一直为菲尔普斯的家庭所推崇,因此,菲尔普斯从练习游泳开始,就一直践行着这些良好的家规。

菲尔普斯的父亲迈克尔是马里兰州的警察,高中和大学时期都是美式足球校队成员,曾是华盛顿红人队(Washington Redskins)的职业美式足球运动员。菲尔普斯童年时,父亲就教导他跟别人见面时要看着对方的眼睛,要真诚地与他们握手。迈克尔曾经也是一名优秀运动员,其精神品格深深地影响了菲尔普斯,菲尔普斯也继承了父亲那种运动员特有的争强好胜精神,不论参加什么比赛,都会竭尽全力争取胜利。

菲尔普斯的两个姐姐从小就展露出优秀的游泳运动天赋。大姐希拉里是长距离游泳运动员,在大学读书期间曾屡破学校游泳纪录;二姐惠特尼在十几岁时就成为美国优秀的蝶泳运动员,曾经参加过1996年亚特兰大奥运会美国选拔赛。

菲尔普斯9岁时,父母离异,菲尔普斯和姐姐都跟着母亲生活。时隔多年,在菲尔普斯酒驾被捕后,他的父母重归于好。

(二)早年经历

菲尔普斯早年就读于罗杰斯福奇小学,最先喜欢的运动项目是棒球,曾获得过所在地区举办的小学生棒球赛本垒打冠军。后来他又喜欢上了橄榄球和长曲棍球。菲尔普斯的母亲每天都要开车送两个姐姐去北巴尔的摩水上俱乐部参加游泳训练,受两个姐姐的影响,菲尔普斯7岁时也开始学习游泳,启蒙教练是他母亲的好朋友凯茜·李尔斯。一开始菲尔普斯并不愿意学习游泳,而且在泳池中不愿意将脸浸入水中,于是凯茜告诉他可以先学习仰泳。尽管菲尔普斯不时会抱怨,但抱怨归抱怨,他从来都不折不扣地完成每天的训练任务,而且很快就学会了腹部朝下的自由泳。后来,菲尔普斯被诊断为患有注意缺陷多动障碍(ADHD),又称儿童多动症。这种病的发病率约为5%,一般在5岁前发病,通常表现为身体活动过多、活动缺乏持久性、行为无法控制,并且出现认知、运动或语言发育延迟等现象。因此,菲尔普斯的学习成绩一直不好,大部分功课是B和C,甚至有几门功课是D。但在此之前,所有人都简单地认为菲尔普斯只是精力过于旺盛,应该让其参加体育运动,无论是棒球、橄榄球、长曲棍球还是游泳,其目的都是让其释放精力。

自从开始进行游泳训练后,菲尔普斯似乎就找到了安全感,在泳池中可以放松心灵,感觉自己可以掌控一切,慢慢地萌生出了获得一枚奥运游泳金牌的想法,这成了少年菲尔普斯的憧憬和梦想。

（三）运动生涯

1.人生恩师

1995年,10岁的菲尔普斯与他真正意义上的启蒙教练,后来成为他恩师的鲍勃·鲍曼（Bob Bowman）相遇了。鲍曼原来是佛罗里达州立大学（Florida State University）学校游泳队的队长,他大学期间学的专业是发展心理学,毕业后选择做一名职业游泳教练,在辗转了几个地方后被北巴尔的摩水上俱乐部（North Baltimore Water Club）聘为教练。

菲尔普斯和鲍曼的第一次相遇是菲尔普斯与队友在更衣室相互打闹而被鲍曼责问,鲍曼真正发现菲尔普斯的游泳天赋则是在几个月后的一次俱乐部内部测试赛上。鲍曼当时是俱乐部少年男子组的教练,在进行体能选材测试时,鲍曼要求队员们先游400米自由泳,然后换一个泳姿再游400米,接着再游400米混合泳,最后是4次100米自由泳冲刺。每个队员都必须连续做3组这样的测试。测试结果令鲍曼大为惊讶,菲尔普斯完成最后一组测试时的冲刺速度居然比他做第一组时的速度还要快。由此,菲尔普斯引起了鲍曼的关注。

训练了几个月之后,鲍曼安排了一次难度相当大的训练,以菲尔普斯当时的年龄,这次训练的量和强度都已经非常惊人了。然而,训练结束后,当其他孩子个个疲惫不堪地爬出泳池准备休息时,菲尔普斯却仍然精力充沛,不断跑到游泳池边,用泳帽装满水,然后把水倒在其他孩子的头上。鲍曼走过去要求菲尔普斯停止这种行为,并说如果还有精力,他就要再加大训练强度了。菲尔普斯随口说了一句让鲍曼永远都不会忘记的话:"我永远都不会累的。"正是这句话,让鲍曼意识到菲尔普斯具有"非常"的身体素质和"不一般"的游泳天赋。于是,鲍曼与菲尔普斯的父母进行沟通,双方一致认为菲尔普斯应该放弃其他体育项目,将全部精力投入游泳训练。

2000年,菲尔普斯在全美春季游泳锦标赛上打破了美国纪录,菲尔普斯的母亲当时十分兴奋地在看台上打出了一条用红白蓝三色装饰的"祝贺"

大横幅,鲍曼看到后就把它收了起来。为此,菲尔普斯的母亲很不高兴,但此刻的鲍曼却非常冷静,他耐心地对菲尔普斯的母亲说:"这是个调节期望值的问题。现在你儿子只是得了第三名,如果有一天他拿了全国冠军,你打算怎么办呢? 你要给他买辆车吗? 如果他创造了世界纪录,你要给他买栋房子吗? 你不能为他迈出的每一步都欣喜若狂,菲尔普斯未来的游泳生涯还很长,如果说一共要走 3000 步的话,我们现在只走了 200 步。如果你现在就这样的话,我们怎么继续前进呢?"鲍曼帮助菲尔普斯及其母亲调整了心态和目标,树立了更远大的理想。正是鲍曼,让菲尔普斯坚信"一切皆有可能"。比世界纪录快 2 秒? 没有问题! 快 3 秒? 还是没有问题! 你想有多快就能有多快,你完全能够做到任何你想做的事,你只需要去相信,去努力,去追逐。从这个角度来说,鲍曼也是一位了不起的心理学家。

鲍曼做任何事都充满激情,他不分昼夜地工作,对游泳狂热挚爱,仿佛就是为了游泳这个项目而生。每天早晨,太阳还未升起,他就已经开始工作了。在菲尔普斯起床前两小时,他就已经到游泳池了,很少有教练能够像他那样,一切为了运动员的成长。与此同时,鲍曼十分注重运动员的体育道德、义务和责任培养,他的训练计划中极其注重运动员的训练态度,他总是反复强调,不管我们做什么,都必须全力以赴。正是他的一手栽培,让菲尔普斯从一个所有泳姿都不太正确的孩子成长为国际泳坛的一代"飞鱼"。

自从菲尔普斯与鲍曼"师徒"搭档以来,他们之间一直保持这样的关系:"每当菲尔普斯想向后撤退时,鲍曼就向前大推。"鲍曼的执教态度可能十分粗暴,要求可能极其苛刻,有时还会在泳池边大喊大叫,当菲尔普斯长大之后,有时也会大声反驳。但"师徒"之间的争吵只能说明菲尔普斯和鲍曼的亲密无间,大声争吵更多是情绪的宣泄,作为心理学家的鲍曼深谙此道。就像任何能够取得成功的合作伙伴一样,他们在绝大部分时间里都相处得非常愉快,合作也非常融洽。因为,归根到底,鲍曼对菲尔普斯来说早已不仅仅是教练,称其为人生导师更为贴切。

菲尔普斯曾经说过:"跟随鲍曼训练是我做过的最聪明的事,我不会为别人游泳。"2004 年雅典奥运会结束后,鲍曼被密歇根大学(University of Michigan)聘为游泳队主教练,菲尔普斯随即加入了密歇根州的鲍曼培训班,但他并没有在密歇根大学攻读学位,而是在密歇根州担任志愿者助理教练。2008 年北京奥运会后,鲍曼回到了巴尔的摩,担任北巴尔的摩水上俱乐部的首席执行官,菲尔普斯又跟随鲍曼一起回到了北巴尔的摩水上俱乐部。2015年,鲍曼被亚利桑那州立大学(Arizona State University)聘为男子和女子游泳总教练,菲尔普斯也搬到了亚利桑那州继续接受鲍曼的训练。

2. 设定目标

1998年,菲尔普斯13岁,鲍曼觉得到了该给菲尔普斯设定目标的时候了,于是他就问菲尔普斯今年夏天的目标是什么。菲尔普斯的回答是"不知道"。于是,鲍曼就给菲尔普斯设定了三个项目的对应目标。首先是1500米自由泳,尽管当时菲尔普斯年纪尚小,但鲍曼认定有氧能力对游泳运动员十分重要,于是确定年度目标为16分整;其次是200米蝶泳,鲍曼将目标定为2分4秒68,这个成绩只比当时菲尔普斯所在年龄组的美国纪录慢0.01秒;最后是400米个人混合泳,鲍曼确定的目标是4分31秒68。达成共识后,鲍曼要求菲尔普斯将印有目标的纸贴在冰箱门上,可以每天看到这个目标并提醒自己。

次年,菲尔普斯参加了全美少年游泳锦标赛(National Junior Swimming Championships),1500米自由泳的成绩是16分0秒08,比目标成绩仅仅慢了0.08秒;200米蝶泳和400米个人混合泳的成绩分别是2分4秒68和4分31秒68,跟原先设定的目标成绩丝毫不差,足见鲍曼对目标设定之精准和菲尔普斯对完成目标之坚定。鲍曼为运动员设定目标并通过训练使其达成目标的功力,体现出其世界级教练的水平。

当年夏末,菲尔普斯在明尼阿波利斯(Minneapolis)参加了全美青年游泳比赛(National Youth Swimming Competition)。但第一个项目200米蝶泳他只游出了2分7秒的成绩,在41名选手中排名最后。这对鲍曼来说是个提醒和教训,使他认识到菲尔普斯还只是个少年,其身体及机能还远没有发育完备,游泳技术和承压能力还远没有准备到位。

3. 参加奥运会

2000年,为了备战全美春季游泳锦标赛,鲍曼内心深处给菲尔普斯设定的目标是奥运会选拔赛进入前两名,顺利入选国家队。尽管当时菲尔普斯的竞技表现并没有显现出任何能够入选2000年悉尼奥运会美国国家队的迹象,但鲍曼对菲尔普斯却充满信心。

200米蝶泳预赛中,菲尔普斯游出了1分59秒60的成绩,这个成绩打破了 15～16 岁年龄组的美国纪录;决赛中,菲尔普斯游出了 1 分 59 秒 02 的成绩,这个成绩仅次于英国的斯蒂芬·佩里(Stephen Perry)。赛后,鲍曼一直说:"我早就知道菲尔普斯能够入选奥运会游泳国家队。"次日,在男子 400 米个人混合泳比赛中,菲尔普斯以 4 分 24 秒的成绩创造了另一项 15～16 岁年龄组的美国纪录,并把这个纪录一下子提高了 7 秒。由此,15 岁的菲尔普斯作为美国 68 年来最年轻的奥运游泳选手参加了 2000 年悉尼奥运会,获得了 200 米蝶泳第 5 名。

4.开启冠军之路

2001 年,刚满 16 岁的菲尔普斯就打破了 200 米蝶泳世界纪录。在同年的福冈游泳世锦赛上,菲尔普斯赢得了其职业生涯中第一个世界冠军。在 2003 年巴塞罗那游泳世锦赛上,他获得 3 块奖牌,创造了 5 项新的世界纪录,其中 100 米蝶泳和 200 米混合泳的纪录是在同一天创造的。由此,他毫无争议地被评为 2003 年度世界最佳男子游泳运动员。这是菲尔普斯获得的第一个世界年度最佳。

从此,菲尔普斯开启了奥运会和世锦赛奖牌乃至金牌的"收割机"模式。他职业生涯中连续参加了五届奥运会,获得 23 金 3 银 2 铜;连续参加了六届世锦赛,获得 26 金 6 银 1 铜。成绩之辉煌,前无古人,令人惊叹。

菲尔普斯长期保持着男子 100 米蝶泳、200 米蝶泳和 400 米混合泳的世界纪录,也是 200 米自由泳和 200 米混合泳的前世界纪录保持者。截至 2018 年 8 月 21 日,菲尔普斯仍然保持着 11 个项目的全美分年龄组游泳纪录,其中 8 项是长池纪录,3 项是短池纪录。

(1)2004 年雅典奥运会成绩(6 金 2 铜)

金牌:100 米蝶泳、200 米蝶泳、200 米混合泳、400 米混合泳、4×200 米自由泳接力、4×100 米混合泳接力。

铜牌:200 米自由泳、4×100 米自由泳接力。

(2)2008 年北京奥运会成绩(8 金)

金牌:200 米自由泳、100 米蝶泳、200 米蝶泳、200 米混合泳、400 米混合泳、4×100 米自由泳接力、4×200 米自由泳接力、4×100 米混合泳接力。

(3)2012 年伦敦奥运会成绩(4 金 2 银)

金牌:100 米蝶泳、200 米混合泳、4×200 米自由泳接力、4×100 米混合泳接力。

银牌:200 米蝶泳、4×100 米自由泳接力。

(4)2016 年里约热内卢奥运会(5 金 1 银)

金牌:200 米蝶泳、200 米混合泳、4×100 米自由泳接力、4×200 米自由泳接力、4×100 米混合泳接力。

银牌:100 米蝶泳。

(5)2001 年福冈游泳世锦赛成绩(1 金 1 银)

金牌:200 米自由泳。

银牌:100 米蝶泳。

(6)2003 年巴塞罗那游泳世锦赛成绩(4 金 2 银)

金牌:200 米自由泳、200 米混合泳、400 米混合泳、4×100 米混合泳接力。

银牌:4×200 米自由泳接力。

(7)2005 年蒙特利尔游泳世锦赛成绩(5 金 1 银)

金牌:200 米自由泳、200 米混合泳、4×100 米自由泳接力、4×200 米自由泳接力、4×100 米混合泳接力。

银牌:100 米蝶泳。

(8)2007 年墨尔本游泳世锦赛成绩(7 金)

金牌:200 米自由泳、200 米混合泳、100 米蝶泳、200 米蝶泳、400 米混合泳、4×100 米自由泳接力、4×200 米自由泳接力。

(9)2009 年罗马游泳世锦赛成绩(5 金 1 银)

金牌:100 米蝶泳、200 米蝶泳、4×100 米自由泳接力、4×200 米自由泳接力、4×100 米混合泳接力。

银牌:200 米自由泳。

(10)2011 年上海游泳世锦赛成绩(4 金 2 银 1 铜)

金牌:100 米蝶泳、200 米蝶泳、4×200 米自由泳接力、4×100 米混合泳接力。

银牌:200 米自由泳、200 米混合泳。

铜牌:4×100 米自由泳接力。

菲尔普斯的其他获奖情况如下。

2001—2009、2012、2015、2016 年 12 次获得美国最佳男子游泳运动员奖;

2003、2004、2006—2009、2012 年 7 次获得世界最佳男子游泳运动员奖；

2004、2006—2009、2016 年 6 次获得金泳镜最佳男子表现奖；

2004、2007、2008、2012、2015、2016 年 6 次获得金泳镜最佳男子运动员奖；

2004、2008、2012、2016 年 4 次获得美国奥委会年度运动员奖；

2004、2005、2008、2009、2013 年 5 次获得劳伦斯年度最佳运动员奖；

2006—2009、2016 年 5 次获得金泳镜最佳接力表现奖；

2008 年获得《体育画报》年度最佳运动员奖；

2008、2012 年 2 次获得美联社年度最佳运动员奖；

2016 年获得金泳镜影响力奖；

2017 年获得劳伦斯最佳复出奖。

（四）赛场之外

1. 组建家庭

菲尔普斯与前美国加州小姐尼科尔·约翰逊（Nicole Johnson）于 2007 年相识，2012 年分手，又于 2015 年 2 月和解订婚。他们的儿子布默·罗伯特·菲尔普斯（Boomer Robert Phelps）于 2016 年 5 月 5 日出生，同年 6 月 13 日两人秘密结婚，四个月后公开。他们的第二个孩子贝克特·理查德·菲尔普斯（Beckett Richard Phelps）于 2018 年 12 月出生。菲尔普斯跟随他的恩师鲍曼担任亚利桑那州太阳魔鬼（Sun Devils）游泳队的助理教练，并都居住在亚利桑那州毗邻凤凰城（Phoenix）的一个富裕小镇——天堂谷（Paradise Valley）。

2. 心理伤病

菲尔普斯患有抑郁症。2004 年以来，菲尔普斯每届奥运会后都会陷入抑郁，2012 年伦敦奥运会结束后，甚至一度产生了轻生念头。2014 年，他因酒驾第二次被捕后被禁赛 6 个月，曾经连续 5 天把自己关在卧室里，不吃不睡，自暴自弃，一度认为自己毫无价值，甚至产生了自杀的念头。与菲尔普斯共同训练的运动员反映，经常在训练中听到菲尔普斯在水中发出的尖叫声。这种心理伤病一直伴随着菲尔普斯职业生涯的最后几年。

菲尔普斯曾这样描述自己的感受："作为一个男性运动员，一个像我这样的男性，如果表现出软弱的迹象，是不允许或不被允许的。这对于我来说,从小就是个难题,有时候教练会发现我陷入困境,或者连续几天没有按照计划发展,但所有这些,都是一个男性运动员很难敞开心扉谈论的负面事情。我最大的问题是不知道如何寻求帮助或说出自己的感受,也不知道会不会因此而被他人评判。我现在正在经历人生的低谷,我正在重新学习如何做一个正常人。因为很长一段时间,我的头都浸泡在水里,活在泡沫里,我从来没有机会去了解生活的其他方面。"菲尔普斯在接受采访时还说:"在我抑郁症发作的时候,我必须记住,我可以后退一步、深呼吸,明白我不需要完美,不正常也没关系,我还在学习当中。"

菲尔普斯在 2014 年陷入人生最低谷时,决定到康复诊所寻求心理医生的帮助,但其实教练鲍曼就是最好的心理医生。2016 年里约热内卢奥运会后,菲尔普斯退役,开始在全美国巡游,诉说他所经历的心理磨难,希望可以帮助更多有相同经历的人。早在 2008 年北京奥运会后,菲尔普斯就用 100 万美元的"速比涛(Speedo)奖金"设立了基金会,致力于发展游泳运动和促进健康的生活方式。2010 年,该基金会启动了菲尔普斯游泳学校,实施了儿童健康发展相关的计划。2017 年,菲尔普斯又加入了一家专注于精神健康障碍诊断的公司的董事会。

3. 二度退役

其实在 2012 年伦敦奥运会后,菲尔普斯就曾宣布退役。但在 2014 年,菲尔普斯宣布复出,5 月就在北卡罗来纳州夏洛特(Charlotte, North Carolina)举行的游泳大奖赛上赢得了 100 米蝶泳冠军。自从宣布复出后,菲尔普斯就减少了卡路里摄入量,增加了赛后"冰浴恢复"。在 2016 年全美奥运会游泳选拔测试中,尽管菲尔普斯当时已经 31 岁,但在泳池中仍然给人身体十分强壮的感觉,这是因为鲍曼在菲尔普斯的复出训练中有意识地增加了多次重复 40 秒的海豚打腿等特殊训练。

2016 年 3 月 8 日,菲尔普斯表示将在里约热内卢奥运会后正式退役。在里约热内卢奥运会上豪取 5 枚金牌后,在同年 12 月 2 日全美金泳镜奖颁奖典礼上,菲尔普斯宣布正式退役。

4. 人物争议

2004 年 11 月,19 岁的菲尔普斯在马里兰州索尔兹伯里(Salisbury, Maryland)因酒后驾车被捕,被判处缓刑 18 个月,罚款 250 美元,并被要求与高中生谈论酗酒驾车问题及参加一个反对酒后驾车的活动。菲尔普斯后来在《今日秀》上被问及这一事件时,他表示让很多人失望了。

2009 年 2 月,一张菲尔普斯服用大麻的照片被刊登在《世界新闻报》上,从而导致很多赞助商的损失,并被美国国家游泳队停赛 3 个月。菲尔普斯坦诚表示,照片是真实的,是在南卡罗来纳大学(University of South Carolina)的一次聚会上拍摄的,为此菲尔普斯作了公开道歉。

2014 年 9 月,菲尔普斯再次被指控在马里兰州巴尔的摩市酒后驾车和超速行驶,因而被捕。为此,美国游泳队暂停他参加所有比赛 6 个月,并表示他不会入选次年世锦赛美国国家队。由于菲尔普斯离队,美国队没能在那届世锦赛上进入男子 4×100 米自由泳接力赛的决赛。

(五)成长总结

1. 从小就表现出游泳的天赋及卓越的有氧能力。

2. 受家庭影响进入泳池,母亲始终参与、陪伴其成长。

3. 7 岁开始接受系统游泳训练,十分注重早期专门训练。

4. 其教练是心理学家,非常善于引导和设定目标。

5. 个人自制力弱,从小患儿童多动症,还患有抑郁症,负面新闻较多。

二、凯蒂·莱德基(Katie Ledecky)

(一)基本信息

凯蒂·莱德基是美国著名游泳运动员,是女子 400 米、800 米和 1500 米自由泳世界纪录保持者,已获得奥运会游泳金牌 5 枚、游泳世锦赛金牌 14 枚和银牌 1 枚。

莱德基于 1997 年 3 月 17 日出生在华盛顿特区,母亲是玛丽·根·莱德基(Mary Gen Ledecky),父亲是大卫·莱德基(David Ledecky)。莱德基的祖父 1947 年从捷克斯洛伐克移民至美国,祖母是犹太人,母亲则有爱尔兰血统。莱德基家族信奉天主教,因此,她经常在比赛前祈祷。

莱德基的母亲和哥哥迈克尔·莱德基都曾经是新墨西哥大学的游泳选手。受家庭的影响,莱德基 6 岁就开始练习游泳,在马里兰州的一所小学就读,并在那里的圣灵石岭学校(Stone Ridge School of the Sacred Heart)完成高中学业。在此期间,她保持了除 100 米蛙泳之外其他游泳项目的学校纪录,还创造了多次美国纪录。

从 2012 年开始,莱德基在首都游泳俱乐部(Nation's Capital Swimming

Club)训练,先后接受尤里·苏桂山(Yuri Suguiyama)和布鲁斯·格默尔(Bruce Gemmell)两位教练的指导。之后一段时间,她在贝塞斯达的帕利塞兹(Palisades)游泳队训练,直到 2016 年里约热内卢奥运会后,获得了斯坦福大学的竞技项目奖学金,成了斯坦福大学的学生,并加入了著名的斯坦福红衣主教女子游泳队(Stanford Cardinal Women's Swimming Team),开始接受著名教练格雷格·米汉(Greg Meehan)的指导。

2016 年 12 月,莱德基被选为美国企业号航空母舰的船舶赞助人,成为第一批获此殊荣的奥运选手。在当今国际泳坛,莱德基有"核少女"之称,其有氧能力之突出,令很多世界优秀男子游泳运动员都自叹不如。

(二)游泳生涯

在 2012 年伦敦奥运会上,莱德基以 8 分 14 秒 63 的优异成绩赢得了女子 800 米自由泳金牌,这一成绩仅次于英国的瑞贝卡·阿德灵顿(Rebecca Adlington)在 2008 年创造的 8 分 14 秒 10 的世界纪录。莱德基前 400 米用时为 4 分 4 秒 34,这是当时她在这个距离上的个人最佳成绩。她在 750 米时还领先世界纪录 0.31 秒,最后以 0.53 秒之差错失世界纪录,但仍以领先第二名 4.13 秒的巨大优势获胜。这是莱德基职业生涯的第一枚国际重大比赛金牌,正是凭借这枚金牌,她获得了 2012 年度金泳镜最佳女子表现奖。

在 2013 年巴塞罗那游泳世锦赛上,莱德基在女子 400 米、800 米、1500 米自由泳和 4×200 米自由泳接力赛中均获得金牌,并创造了两项世界纪录。在赢得世锦赛 400 米至 1500 米所有自由泳冠军后,她也成为自 2003 年德国名将汉娜·施托克鲍尔(Hannah Stockbauer)后,第二位包揽中长距离自由泳世锦赛冠军的女子运动员。在这次世锦赛上,她首次参加 400 米自由泳比赛,就以 3 分 59 秒 82 的成绩成为世界冠军,并创造了新的美国纪录。在 1500 米自由泳比赛中,莱德基以 15 分 36 秒 53 的破世界纪录的成绩赢得了金牌,比此前凯特·齐格勒(Kate Ziegler)保持的纪录快了整整 6 秒。在与戴恩·乐天·弗里斯(Dane Lotte Friis)的角逐中,莱德基后来居上,最后 50 米的成绩达到了惊人的 29 秒 47。在 800 米自由泳比赛中,莱德基又以 8 分 13 秒 86 的破世界纪录的成绩赢得金牌,同时打破了阿德灵顿 8 分 14 秒 10 的世界纪录。与 1500 米自由泳决赛相似,弗里斯领先了 650 米后被莱德基超越,莱德基最终以领先 2 秒 46 的优势赢得比赛。在女子 4×200 米自由泳接力比赛中,莱德基和队友香农·弗里兰(Shannon

Vreeland)、卡莉·比斯波（Karlee Bispc）和米西·富兰克林（Missy Franklin）合作，以 7 分 45 秒 14 的成绩赢得了金牌，这是莱德基职业生涯中第一次参加接力项目的比赛。

在 2015 年喀山游泳世锦赛上，莱德基更进一步，赢得了 200 米、400 米、800 米、1500 米自由泳和 4×200 米自由泳接力 5 枚金牌，并打破 3 项世界纪录，由此诞生了有史以来第一位在重大比赛中同时赢得 200 米、400 米、800 米和 1500 米自由泳金牌的女子游泳运动员。莱德基也因这一壮举，被评为本届赛事的最佳女子游泳运动员。莱德基先以 3 分 59 秒 13 的成绩赢得了 400 米自由泳金牌，创造了新的赛会纪录；接着在 1500 米自由泳比赛中，以 15 分 27 秒 71 的成绩打破了自己保持的世界纪录；紧接着又在 200 米自由泳比赛中，游出了 1 分 55 秒 16 的成绩，以领先第二名 0.16 秒的优势赢得了金牌。这是一场了不起的胜利，首先是她刚参加完 1500 米自由泳比赛，其次是 200 米自由泳的竞争对手十分强劲，包括队友富兰克林和意大利名将费代丽卡·佩莱格里尼（Federica Pellegrini）。在女子 4×200 米自由泳接力比赛中，莱德基与富兰克林、利亚·史密斯（Leah Smith）和凯蒂·麦克劳林（Katie McLaughlin）合作获得金牌。在比赛的第七天，莱德基以破世界纪录的 8 分 7 秒 39 的优异成绩，赢得了 800 米自由泳金牌。

在 2016 年里约热内卢奥运会上，莱德基参加的第一个比赛项目是 4×100 米自由泳接力，在预赛和决赛中均游最后一棒。她与西蒙·曼努埃尔（Simone Manuel）、安比·维特泽尔（Abbey Weitzeil）和丹娜·沃尔默（Dana Vollmer）一起，以 3 分 31 秒 89 的成绩获得银牌（金牌由澳大利亚队获得），但创造了新的美国纪录。她参加的第一项个人赛事是 400 米自由泳，以 3 分 56 秒 46 的成绩获得了金牌，比她之前创造的纪录快了约 2 秒，比第二名快了约 5 秒。紧接着，莱德基又凭借 1 分 53 秒 73 的个人最好成绩赢得了 200 米自由泳金牌。在 4×200 米自由泳接力比赛中，莱德基与艾莉森·施密特（Allison Schmitt）、利亚·史密斯和玛亚·迪拉多（Maya DiRado）合作，没有让金牌旁落。莱德基再次游最后一棒，游出了场上最快的分段速度（1 分 53 秒 74），将接棒时还落后 0.89 秒的劣势变成了冲刺时领先 1.84 秒的优势。在最后一项 800 米自由泳比赛中，莱德基展示了"核少女"的惊人实力，以创世界纪录的 8 分 4 秒 79 的成绩轻松赢得金牌，比银牌得主快了 11 秒。

莱德基成为自德比·迈耶（Debbie Meyer）于 1968 年在墨西哥城奥运会以来，第一位在同一届奥运会上赢得 200 米、400 米和 800 米自由泳金牌的选手。莱德基最终以 4 枚金牌和 1 枚银牌的突出表现，成为在单届奥运会上获得奖牌最多的美国女子运动员，超过了前辈富兰克林（在 2012 年伦敦奥运会上获得 4 枚金牌和 1 枚铜牌），成为除菲尔普斯外获得 2016 年里约热内卢奥运会奖牌数最多的选手。

在 2017 年布达佩斯游泳世锦赛上，莱德基打破了单届世锦赛获得金牌数的历史纪录，赢得 5 枚金牌和 1 枚银牌，使她职业生涯中获得的游泳世锦赛总金牌数达到了 14 枚。在第一项 400 米自由泳比赛中，莱德基成功卫冕了世界冠军头衔，以 3 分 58 秒 34 的成绩创造了新的赛会纪录。那天晚上，莱德基还与马洛里·科默福德（Mallory Comerford）、凯尔西·沃雷尔（Kelsi Worrell）和西蒙·曼努埃尔合作，参加了女子 4×100 米自由泳接力比赛，莱德基的百米用时为 53 秒 83，不仅为美国队赢得了金牌，还创造了新的美国纪录。在比赛的第三天，莱德基参加了女子 1500 米自由泳决赛，以 15 分 31 秒 82 的成绩获胜，凭借这第 12 枚世锦赛金牌，莱德基超过了富兰克林，成为世锦赛历史上获得金牌数最多的女子游泳运动员。比赛的第四天，莱德基在 200 米自由泳比赛中以 1 分 55 秒 18 的成绩不敌佩莱格里尼，与埃玛·麦肯（Emma McKeon）并列银牌，这是莱德基在国际重大赛事个人项目上的首次失利。然而，在前一天的 200 米半决赛中，莱德基曾以 1 分 54 秒 69 的成绩创造了年度最佳，而且这一成绩是在她参加完 1500 米自由泳决赛后不到一小时内取得的。在比赛的第五天，莱德基与利亚·史密斯、马洛里·科默福德和梅拉尼·马加利斯（Melanie Margalis）一起，在 4×200 米自由泳接力决赛中获得金牌。莱德基照例游最后一棒，成绩为 1 分 54 秒 02。随后，莱德基在 800 米自由泳比赛中再次赢得了胜利，这是她在奥运会和游泳世锦赛上连续第五次获得这个项目的冠军。

（三）获奖之路

2012 年，莱德基获得美国奥委会年度体育女运动员奖、美国年度游泳表现奖、金泳镜年度最佳女子表现奖、金泳镜年度最佳新人奖。

2013 年，莱德基获得《游泳世界》游泳运动员奖、《游泳世界》美国游泳运动员奖、国际泳联年度最佳游泳选手奖、美国奥委会年度体育女运动员奖、美国年度游泳运动员奖、美国年度游泳表现奖、金泳镜年度女运动员奖、金泳镜年度女性比赛奖。

2014 年,莱德基获得《游泳世界》游泳运动员奖、《游泳世界》美国游泳运动员奖、《法国队报》冠军中的冠军奖、美国年度游泳运动员奖、美国年度游泳表现奖、金泳镜年度女运动员奖、金泳镜年度女性比赛奖。

2015 年,莱德基获得《游泳世界》游泳运动员奖、《游泳世界》美国游泳运动员奖、国际泳联年度最佳游泳表现奖、美国年度游泳运动员奖、美国年度游泳表现奖、金泳镜年度女运动员奖、金泳镜年度女性比赛奖。

2016 年,莱德基获得《游泳世界》游泳运动员奖、《游泳世界》美国游泳运动员奖、国际泳联年度最佳游泳表现奖、《时代》杂志最有影响力 100 人、美国奥委会年度体育女运动员奖、美国年度游泳运动员奖、美国年度游泳表现奖、金泳镜年度女运动员奖、美国大学生体育联合会Ⅰ级(NCAA Division I)游泳和潜水的本田体育奖。

2017 年,莱德基获得《游泳世界》美国游泳运动员奖、美联社年度女运动员奖、《法国队报》冠军中的冠军奖、美国奥委会年度体育女运动员奖、金泳镜年度女运动员奖、美国大学生体育联合会Ⅰ级(NCAA Division I)游泳和潜水的本田体育奖、女子体育基金会年度最佳运动员奖。

2018 年,莱德基获得美国年度游泳运动员奖。

莱德基运动生涯中各个项目的个人最佳成绩见表 5-1。

表 5-1 莱德基运动生涯中的个人最佳成绩

项目	时间
50 米自由泳	25.45″
100 米自由泳	53.75″
200 米自由泳	1′53.73″
400 米自由泳	3′56.46″
800 米自由泳	8′4.79″
1500 米自由泳	15′20.48″
400 米个人混合泳	4′37.93″

(四)成长总结

1.受家庭影响进入泳池,母亲和哥哥都曾是游泳运动员。

2.6 岁起接受系统游泳训练,早期就展现出游泳天赋。

3.师从名教,一边学习一边训练,是典型的学生运动员。

4.训练极其刻苦,训练量和强度惊人,经常练到呕吐。

5.擅长自由泳,拥有卓越的有氧能力,号称泳坛"核少女"。

三、卡汀卡·霍苏(Katinka Hosszú)

(一)基本信息

卡汀卡·霍苏(以前通常翻译为霍斯祖),匈牙利籍,1989 年 5 月 3 日出生,是当今国际泳坛与莱德基齐名的女子游泳运动员,也是 400 米个人混合泳世界纪录和 200 米个人混合泳奥运会纪录保持者。她在 2016 年里约热内卢奥运会上豪取 3 枚金牌,此外还在世锦赛上夺得 7 枚金牌、1 枚银牌和 3 枚铜牌。

2002 年,已经 13 岁的霍苏才在外公的指导下开始正式练习游泳,但天赋过人的她 2004 年就在短池欧锦赛上获得 400 米混合泳铜牌。从接受专业游泳训练到在洲际大赛上收获奖牌,霍苏仅仅用了两年时间。与其他优秀运动员相比,霍苏起步较晚,属于"大器晚成"型,从 13 岁开始学习游泳到如今独步女子混合泳国际泳坛,这样的个案极为罕见。

(二)运动生涯

2004 年,15 岁的霍苏获得雅典奥运会参赛资格,初登奥运舞台。但她在雅典奥运会的表现不够理想,200 米自由泳仅排名第 31,首次奥运之旅便草草收场。此后的一个奥运周期,霍苏也表现平平,在 2008 年北京奥运会上,她参加了 200 米和 400 米混合泳项目,均未能跻身决赛。

在 2011 年上海游泳世锦赛上,霍苏在 200 米混合泳比赛中终于跻身决赛,最后获得了第六名。在 2013 年巴塞罗那游泳世锦赛上,霍苏摘得了女子 200 米混合泳和 400 米混合泳两个项目的金牌。在两年后的喀山游泳世锦赛上,她双双卫冕,成为女子混合泳领域的新霸主。

2016 年,已经 27 岁的霍苏第四次站上奥运会的舞台,此时,已经如日中天的她不仅拿到了女子 400 米混合泳金牌,还将世界纪录提升了 2.07 秒,随后又在 100 米仰泳和 200 米混合泳项目上再夺两金,4 天内 3 夺奥运金牌,成为当今国际泳坛女子混合泳领域的霸主,其地位至今还无人能撼动。

在 2017 年布达佩斯游泳世锦赛上,霍苏继续包揽 200 米混合泳和 400 米混合泳金牌,并在 200 米仰泳和 200 米蝶泳项目上摘得 1 银 1 铜。

(三)成功背后

1.金钱至上

在命运的打击下度过漫长的蛰伏期后,霍苏最终大器晚成,成为世界泳坛的一代女王,"铁娘子"的称号响彻国际泳坛。

霍苏不仅具有铁人一般的体能优势,而且还有非常全面的游泳技术,长短距离通吃,掌握自由泳、仰泳、蝶泳三种泳姿。2018 年,已经 29 岁"高龄"的她仍然报名参加了杭州短池游泳世锦赛的 6 个项目,拿到了 400 米混合泳、200 米混合泳、100 米混合泳和 200 米蝶泳的 4 枚金牌。然而这样疯狂地"捞金牌""捞奖金",对于她来说只是常规操作。

早在 2012 年,为了以赛代练,霍苏就曾在短池游泳世界杯分站赛中,两天之内参加了 11 个项目的角逐,充沛的体能从此震惊世界。凭借多年密集训练打下的有氧基础,霍苏并未随着年龄的增长而体能下降,在比赛中她似乎总是有着用不尽的充沛体能,她的这种表现非常值得研究。在 2016 年里约热内卢奥运会上,霍苏一举报名参加了 8 个项目,收获 5 枚奖牌,其中有 3 枚金牌。奥运会后,她几乎没有进行任何休整,反而是近乎疯狂地连续参赛,当年就参加了短池游泳世界杯北京站比赛,并在一天内完成了 200 米自由泳、100 米蝶泳、50 米仰泳、200 米混合泳、200 米仰泳和考验体力的 800 米自由泳 6 个项目,比赛成绩丝毫不打折扣,最终在该站比赛中狂揽 7 金 1 银 4 铜。紧接着,她又参加了迪拜站比赛,报名参加了 13 个项目,竟全部登上领奖台,并创造了 9 金 4 银的"恐怖"战绩。

据统计,霍苏在 2016 年共参加了 9 站短池游泳世界杯比赛,一年之内豪取 105 枚奖牌,平均每站参加 10 个项目的比赛,几乎项项获得奖牌甚至金牌。霍苏令人难以置信的"恐怖"体能,在国际泳坛是十分罕见的,故被国际泳坛公认为"铁娘子"。

"我喜欢在水中的感觉,享受游泳带来的刺激。"在霍苏看来,除了对游泳的热爱让她始终坚持高强度比赛,当然也有奖金的诱惑。2015 年,霍苏在国际泳联世界杯游泳系列赛上共获得 32.55 万美元的奖金。2016 年,霍苏再接再厉,在短池游泳世界杯 9 个分站赛上共获得 38.6 万美元奖金,刷新了游泳项目单赛季奖金新纪录。与大多数欧美运动员一样,霍苏是一位自负盈亏的"单飞"型运动员,平日训练、聘请教练、外出参赛的费用都自掏腰包。"我之所以这么拼命,其中的一个原因就是为了钱。""铁娘子"直言不讳,"我的生活费、差旅费甚至请教练的费用都需要自己支付,所以我需要不停地比赛来补贴自己。"

2.个性刚烈

或许是国际泳联对霍苏大量参加比赛"圈钱"的方式实在看不下去,2017 年 5 月,国际泳联宣布了新规:短池游泳世界杯系列赛的分站赛,一名选手最多只能报名 4 个项目(含接力)。此新政的矛头正是对准了霍苏这样的参赛"狂人",一向性格刚烈的"铁娘子"立即在社交媒体回应:"这叫革命性措施? 祝贺国际泳联,你们已经能判断出我现在只能游 4 项,只能拿这点钱了! 这种做法只能让游泳继续以业余运动的方式存在下去,永远不会得到更多关注。"

国际游泳赛事的奖金普遍较低,短池游泳世界杯分站赛个人项目冠军的奖金只有区区 1500 美元,这对于大多数自负盈亏的欧美运动员来说,的确是杯水车薪。在 2017 年短池游泳世界杯北京站比赛中,受到限制的霍苏只报名参加了 50 米仰泳、200 米混合泳、100 米仰泳和 100 米混合泳 4 个单项,最终轻松斩获 3 金 1 银。赛后,完全没有游过瘾的霍苏再次表达了对新规的强烈不满:"为什么要限制我参加比赛项目的数量? 如果我有能力游 10 个项目,为什么不让我游 10 个?"霸气和硬气十足的霍苏绝不只是嘴上说说,为了进一步表达对国际泳联的不满,2017 年 7 月,霍苏发起并成立了"全球职业游泳运动员协会",该组织是代表职业游泳运动员利益的国际组织。霍苏发表宣言:"有 30 多名游泳选手参加了我们的组织,其中包括 15 名奥运会冠军。期待国际泳联的官员们给我们在谈判桌上留一个位置,把运动员视为平等的伙伴与他们进行对话。"

对国际泳联而言,也许霍苏只是他们的最大"杠精";但对于前匈牙利泳协主席塔马斯·加尔法什(Tamas Galfash)来说,霍苏简直就是他的"噩梦"。作为匈牙利泳协主席,加尔法什曾经要求霍苏上交更多的比赛奖金,这让本身就在经济上自负盈亏的"铁娘子"火冒三丈。面对匈牙利泳协落后的管理方式及糟糕的国内训练环境,见多识广的霍苏公开说道:"国家泳协指望着我们发挥出世界级水准,但他们自己却与世界级管理水准相去甚远。"这还不算完,霍苏又联合匈牙利男子蛙泳名将久尔陶·达尼埃尔

(Gyurta Dániel)等选手及教练发表联合声明,呼吁以加尔法什为主席的匈牙利泳协领导班子辞职,给新生代游泳力量腾出空间。正是迫于强大的舆论压力,加尔法什只能宣布辞职,无奈地让出了他任职长达23年的匈牙利泳协主席位置。由此可见霍苏在匈牙利体育界的"铁腕"风格和强大话语权。

3.敢爱敢恨

霍苏与同为游泳运动员的肖恩·图舒普(Shane Tusup)在南加利福尼亚大学校园邂逅,并很快坠入了爱河,两人在2013年步入婚姻殿堂。在经历了伦敦奥运周期的低谷后,霍苏选择聘请图舒普担任自己的专职教练,两人的结合让彼此兼顾了事业和爱情,并且获得了双丰收,他们成了泳坛令人艳羡的神仙眷侣。性格张扬的两人经常在社交媒体上大秀恩爱,霍苏曾多次在泳池中向看台上的图舒普"比心"示爱。在2016年里约热内卢奥运会上,霍苏获得女子400米混合泳金牌后,一旁观赛的图舒普兴奋地挥舞起了双臂。当霍苏临近终点时,他神情紧张;在霍苏夺冠后,他还来了一个胜利的深蹲。

但控制欲极强的图舒普在训练及生活中对妻子极为严苛,多次因为霍苏在比赛中表现欠佳而对其大声斥责。不仅如此,图舒普还全面掌握"抢钱姐"的财政,霍苏通过比赛赚取的赛事奖金全部上交给自己的丈夫,在记者问霍苏究竟通过比赛挣了多少钱、怎么花这些钱时,她说:"我的钱都是由教练支配的,他也是我的丈夫,你们问他吧。"

喜欢在社交网络秀恩爱的霍苏在2017年突然陷入沉默,两人最后一张合影停留在当年的11月15日。12月,霍苏发表声明,公开承认两人的关系进入困难时期,而且彼此已经不再交流。在12月的短池欧锦赛上,她身边果然没有了图舒普的身影。

2018年5月,霍苏单方面宣布结束与图舒普的合作关系。图舒普立刻在媒体爆料予以反击。这对曾吸睛无数的眷侣就此彻底分道扬镳。图舒普表示:"我们的婚姻在去年11月底就出现了问题,我试图修复我们之间的关系,可能是我做得不够好,但为时已晚,过去的一切将宣告结束。"

霍苏离开了帮助自己登上泳坛巅峰的黄金搭档图舒普后,关心她的人们为她捏了一把汗。好在"铁娘子"完全没有让人失望,她在整个2018年的表现就如同在2018年底的杭州短池游泳世锦赛上的表现一样,强势依旧,霸气如初,甚至国际泳联在年终时也不得不颁给她最佳女运动员奖。在2019年的光州世锦赛上,霍苏包揽200米和400米混合泳冠军,实现了世锦赛个人混合泳的四连冠。在《福布斯》杂志发布的匈牙利五大最有价值的体育运动员榜单上,霍苏已经连续5年获得第一名。对于如日中天的霍苏来说,前景依然一片光明。

（四）成长总结

1. 运动天赋过人,13岁开始游泳,大器晚成,一发不可收。

2. 铁人般的体能优势,各种泳姿技术全面,长短距离通吃。

3. 以赛代练,拼命参赛,直言不讳"一切都为了金牌和金钱"。

4. 个性刚烈,屡次挑战国际泳联和匈牙利泳协官员的权威。

5. 与教练是师徒又是眷侣,敢爱敢恨,决绝果断。

四、孙杨

（一）基本信息

孙杨,1991年12月1日生于浙江杭州,曾任中国国家游泳队队长,是男子1500米自由泳世界纪录保持者和男子400米自由泳奥运会纪录保持者,获得2012年伦敦奥运会男子400米和1500米自由泳冠军、2016年里约热内卢奥运会男子200米自由泳冠军。他是世界泳坛唯一的奥运会和世锦赛男子200米、400米、1500米自由泳冠军得主,也是游泳史上唯一一位世锦赛男子800米自由泳三连冠得主。他是唯一获得游泳世锦赛最佳男子运动员奖的亚洲运动员,是唯一的中国男子游泳奥运冠军,也是唯一连续在两届奥运会游泳比赛中摘金的中国运动员。

2015年,孙杨成为继菲尔普斯之后,历史上第二位蝉联游泳世锦赛最佳男子运动员奖的男子游泳运动员。中国男子游泳在奥运会和世锦赛两大赛事中共获得18枚金牌,孙杨独揽其中的14枚。

（二）早年经历

孙杨出生于体育世家,名字取自父母姓氏。父亲孙全洪毕业于上海体育学院,曾是安徽省男子排球队运动员,现在浙江科技学院任教授;母亲杨明曾是浙江女排队员,现在杭州师范大学体育学院任教授。孙杨遗传了父母的体育基因,运动天赋和身高、体型条件得天独厚。1997年,杭州陈经纶体校的游泳教练朱颖到孙杨所在的幼儿园选材,一眼挑中身高突出的孙杨。随即孙杨跟随朱颖教练开始学习游泳,中途曾短暂放弃。1999年,父母带着孙杨再次参加了陈经纶体校暑期游泳培训,从此开始了游泳之路。

（三）运动生涯

1. 初出茅庐

孙杨在陈经纶体校系统训练四年后的2003年,年仅12岁的孙杨就被著名教练朱志根挑中,进入了浙江省游泳队。

2006年,孙杨在浙江省运会上独揽男子400米混合泳、男子200米自由泳、男子1500米自由泳3枚金牌,随即以"代训队员"的身份进入了国家队,当时还不足15岁。

2007年,孙杨正式进入国家游泳队,同年参加了墨尔本游泳世锦赛男子400米和800米自由泳两个项目,预赛即遭淘汰。

2008年,孙杨参加了北京奥运会男子400米和1500米自由泳两个单项,并和队友合作,参加了男子4×200米自由泳接力比赛。他在1500米自由泳比赛中闯入决赛,以15分5秒12的成绩获得第八名。这是孙杨首次参加奥运会,也是他首次在世界大赛中闯入决赛。

2009年,孙杨参加了罗马游泳世锦赛,在400米自由泳预赛中就遭淘汰,但在随后的1500米自由泳决赛中以14分46秒84的成绩摘得铜牌。这是孙杨在世界大赛上获得的第一枚奖牌。

2. 进步神速

在2010年广州亚运会上,孙杨先后在200米自由泳和400米自由泳比赛中摘得两枚银牌。在男子4×200米自由泳接力决赛中,孙杨与队友合作夺得冠军,获得了职业生涯中的第一枚亚运会金牌,同时也打破了日本对该项目长达56年的垄断,中国首次在亚运会上获得了男子游泳接力项目的金牌。随后,在男子1500米自由泳决赛中,孙杨以14分35秒43的成绩夺冠,超过原亚洲纪录10秒之多,与世界纪录只差不到1秒。国际泳坛长距离自由泳的一颗未来之星即将冉冉升起。

在2011年上海游泳世锦赛上,孙杨在400米自由泳比赛中获得银牌,在800米自由泳比赛中以7分38秒57的成绩获得金牌,这是孙杨获得的第一个世锦赛冠军。在男子4×200米自由泳接力比赛中,孙杨与队友一同夺得该项目的铜牌,这是中国在世界大赛男子游泳接力项目上获得的第一块奖牌。而在最后一天进行的男子 1500 米自由泳比赛中,孙杨以 14 分 34 秒 14 的成绩夺冠,这个成绩打破了尘封十年且是在快速泳衣时代创造的唯一尚未被打破的世界纪录,孙杨也由此成为第一个在世锦赛男子奥运游泳项目上获得冠军的中国运动员,同时也成为中国男子游泳在世锦赛上的第一个双冠王。

3.奥运登顶

在 2012 年伦敦奥运会上,孙杨在男子 400 米自由泳决赛中以 3 分 40 秒 14 的成绩打破了该项目的奥运会纪录,改写了中国男子游泳奥运会无金牌的历史,成为中国第一个男子游泳奥运冠军。紧接着,在男子 200 米自由泳决赛中,孙杨奋力获得了一枚银牌。在男子 4×200 米自由泳接力比赛中,孙杨和队友们为中国队摘得铜牌,这是中国在奥运会上首次摘得男子游泳接力项目的奖牌。随后,在自己的王牌项目——1500 米自由泳决赛中,孙杨更是以 14 分 31 秒 02 的优异成绩摘得金牌,并将自己创造的原世界纪录一下子缩短了 3 秒之多。孙杨在伦敦奥运会上共获 2 金 1 银 1 铜,是中国在本届奥运会上获得奖牌最多的运动员。

孙杨成就奥运冠军梦,离不开恩师朱志根,也离不开澳大利亚传奇游泳教练丹尼斯。孙杨与丹尼斯联手近十年,即便在澳大利亚泳协禁止丹尼斯继续执教孙杨的时期,也是由丹尼斯的助教指导孙杨。

4.世锦折桂

在 2013 年巴塞罗那游泳世锦赛上,孙杨除摘得男子 400 米自由泳金牌外,还在男子 800 米和 1500 米自由泳两个项目上成功卫冕。在男子 4×200 米自由泳接力决赛中,在前三棒还处于第五名的情况下,第四棒的孙杨奋起直追,从第五名成功追至第三名,最终以 0.17 秒的微弱优势为中国队赢得一枚宝贵的男子自由泳接力铜牌。孙杨在接力比赛中游出了 1 分 43 秒 16 的分段成绩,超过了本届世锦赛男子 200 米自由泳冠军。孙杨也凭借在本届世锦赛的优异表现,荣获最佳男子运动员奖,这是亚洲运动员首次获得该荣誉。

5.再创辉煌

在 2015 年喀山游泳世锦赛上,孙杨虽与男子 200 米自由泳金牌失之交臂,但在 400 米和 800 米自由泳决赛中再次双双卫冕,由此成为游泳史上第一位世锦赛男子 800 米自由泳三连冠获得者。随后,他因心脏不适,退出了

1500 米自由泳决赛。但凭借其优异表现,孙杨再次获得世锦赛最佳男子运动员奖,成为继菲尔普斯之后第二位蝉联该荣誉的男子游泳运动员,这也是亚洲运动员首次蝉联该荣誉。

2016 年 1 月 29 日,孙杨在澳大利亚训练备战里约热内卢奥运会时右脚骨折,保守治疗大约需六周时间。5 月底,在即将出发前往美国进行奥运最后备战的一次复查中,他发现本以为已经康复的第五跖骨不但没有完全愈合,第四跖骨也出现了"疲劳性骨折"。然而,备战奥运会的时间已经非常紧迫,不可能再腾出专门时间进行康复调整,这给正常训练带来了极大挑战。在克服了巨大困难后,孙杨如期参加了 2016 年里约热内卢奥运会,在男子 400 米自由泳决赛遗憾丢金后,紧接着参加了男子 200 米自由泳决赛,最终以 1 分 44 秒 65 的成绩夺冠,成为亚洲第一位男子 200 米自由泳奥运冠军。至此,孙杨成了历史上第一位集男子 200 米、400 米、1500 米自由泳奥运会金牌于一身的男子游泳运动员。

在 2017 年布达佩斯游泳世锦赛上,孙杨在男子 400 米自由泳决赛中以 3 分 41 秒 38 的赛季最好成绩夺得冠军,实现三连冠,追平了澳洲名将索普的纪录。随后,在男子 200 米自由泳决赛中,孙杨以 1 分 44 秒 39 的成绩刷新了由自己保持的亚洲纪录,获得冠军。至此,孙杨成了世界上首位在男子 200 米、400 米、800 米、1500 米中长距离自由泳项目上全部夺取过世锦赛金牌的选手。

（四）赛场表现

孙杨在其职业生涯中拥有 1 个世界纪录、2 次世锦赛最佳男子运动员奖、3 枚奥运会金牌和 14 枚世锦赛金牌。算上亚运会、全运会,其个人金牌总数达到了 113 枚。在 2018 年《游泳世界》杂志评选中,孙杨第五次获得了环太平洋地区最佳男子游泳运动员奖。对于"大白杨"的表现,美国媒体称赞他为"史上最伟大的自由泳选手"。孙汤在各项赛事中的获奖情况见表 5-2。

表 5-2　孙杨在各项赛事中的获奖情况

赛事	项目	成绩	备注
2012 年 伦敦奥运会	400 米自由泳	3′40.14″(金牌)	奥运会纪录
	200 米自由泳	1′44.93″(银牌)	
	1500 米自由泳	14′31.02″(金牌)	世界纪录
2016 年 里约热内卢奥运会	400 米自由泳	3′1.68″(银牌)	
	200 米自由泳	1′44.65″(金牌)	
2011 年 上海世锦赛	400 米自由泳	3′42.24″(银牌)	
	800 米自由泳	7′38.57″(金牌)	
	1500 米自由泳	14′34.14″(金牌)	
2013 年 巴塞罗那世锦赛	400 米自由泳	3′41.59″(金牌)	
	800 米自由泳	7′41.36″(金牌)	
	1500 米自由泳	14′41.15″(金牌)	
2015 年 喀山世锦赛	400 米自由泳	3′42.58″(金牌)	
	200 米自由泳	1′45.20″(银牌)	
	800 米自由泳	7′39.96″(金牌)	
2017 年 布达佩斯世锦赛	200 米自由泳	1′44.39″(金牌)	
	400 米自由泳	3′41.38″(金牌)	
2019 年 光州世锦赛	200 米自由泳	1′44.93″(金牌)	
	400 米自由泳	3′42.44″(金牌)	

(五)获得荣誉

1.国际荣誉

2018 年 11 月 29 日获得《游泳世界》杂志评选的环太平洋地区年度最佳男子游泳运动员。

2017 年 12 月 30 日获得专业游泳杂志 *SwimSwam* 评选的年度亚洲赛季最佳男子游泳运动员奖。

2017 年 12 月 2 日获得国际泳联中国游泳运动杰出贡献奖。

2017 年 11 月 29 日获得《游泳世界》杂志评选的环太平洋地区年度最佳男子游泳运动员奖。

2015 年 8 月 10 日获得第 16 届世锦赛最佳男子运动员奖。

2013 年 12 月 1 日获得《游泳世界》杂志评选的年度世界最佳男子游泳运动员奖。

2013 年 12 月 1 日获得《游泳世界》杂志评选的环太平洋地区年度最佳男子游泳运动员奖。

2013 年 8 月 5 日获得第 15 届世锦赛最佳男子运动员奖。

2012 年 12 月 2 日获得《游泳世界》杂志评选的环太平洋地区年度最佳男子游泳运动员奖。

2011 年 11 月 30 日获得《游泳世界》杂志评选的环太平洋地区年度最佳男子游泳运动员奖。

2. 国内荣誉

2018 年 2 月 11 日获得浙江省体坛十佳颁奖盛典最佳男运动员奖。

2017 年 12 月 20 日获得中国十佳劳伦斯冠军奖最佳男子运动员奖。

2017 年 12 月 20 日获得中国十佳劳伦斯冠军奖最具人气运动员奖。

2017 年 2 月 15 日获得浙江省体坛十佳颁奖盛典最佳男运动员奖。

2016 年 3 月 27 日获得浙江省体坛十佳颁奖盛典最佳男运动员奖。

2013 年 7 月 12 日获得浙江省体坛十佳颁奖盛典最佳男运动员奖。

2013 年 1 月 19 日获得 CCTV 体坛风云人物年度最佳男运动员奖。

2012 年 12 月 27 日获得最美浙江人——2012 青春领袖称号。

2012 年 11 月 8 日获得亚奥理事会体育明星奖。

2012 年 9 月 22 日获得中国游泳杰出贡献运动员称号。

2012 年 8 月 31 日获得浙江省功勋运动员称号。

2012 年 8 月 31 日获得浙江省劳动模范称号。

2012 年 1 月 15 日获得 CCTV 体坛风云人物年度最佳男运动员奖。

2011 年 12 月 30 日获得浙江省 2011 年度十佳运动员称号。

2011 年 10 月 11 日获得中国十佳劳伦斯冠军奖最佳突破奖。

2011 年 10 月 11 日获得中国十佳劳伦斯冠军奖最佳新人奖。

2011 年 3 月 29 日获得浙江省 2010 年度十佳运动员称号。

2011 年 1 月 16 日获得 CCTV 体坛风云人物年度最佳新人奖。

2010 年 3 月 25 日获得浙江省 2009 年度十佳运动员称号。

2009 年 3 月 12 日获得体彩杯我最喜爱的男运动员称号。

（六）赛场之外

1.学习经历

2010年,孙杨通过单考单招的方式,成为浙江大学教育学院体育系运动训练专业的本科生,并于2014年毕业,获得教育学学士学位。

2015年,孙杨进入苏州大学体育学院攻读体育教育训练学专业硕士学位,导师是王家宏教授。2017年10月14日,孙杨通过苏州大学的硕士毕业答辩,其硕士论文题目是《第三十一届奥运会男子200米自由泳冠军比赛技术分析》,即分析了里约热内卢奥运会孙杨本人夺得男子200米自由泳冠军的技术要点。同年12月,孙杨获得苏州大学研究生毕业证书并取得硕士学位。

2018年9月19日,孙杨成为上海体育学院2018级运动人体科学专业博士研究生,导师是刘宇教授。

2.社会活动

2011年8月,孙杨担任第26届世界大学生夏季运动会开幕式场内火炬手;2014年10月,孙杨担任浙江省第15届运动会场内主火炬手,并点燃主火炬台上的圣火;2018年9月16日,孙杨担任浙江省第16届运动会主火炬手并点燃圣火,这是他第二次担任省运会的主火炬手。连续两届在省运会开幕式上点燃主火炬,孙杨是第一人。

2017年8月28日,孙杨担任第13届全国运动会开幕式浙江代表团旗手。在各省份的代表团中,浙江代表团是亮点之一,担任旗手的是三枚奥运会金牌得主孙杨。此前错过担任奥运会、亚运会等综合性大赛中国体育代表团旗手的中国游泳队队长孙杨,终于实现了自己的"旗手"梦想。当他走入主会场并挥舞浙江代表团旗帜时,全场响起了热烈的欢呼声,由此也看得出这位"中国现役体育第一人"的爆棚人气。

2018年12月11日晚,第14届世界短池游泳锦标赛开幕式在杭州奥体中心"小莲花"馆举行。孙杨代表家乡在开幕式上用中英双语致欢迎词,欢迎各国选手来到杭州,将开幕式的气氛推向了高潮。

2018年9月2日晚,在雅加达亚运会闭幕式上,作为杭州人的孙杨身穿中国代表团服装在"杭州八分钟"环节闪亮登场,用中英双语向全亚洲发出"2022年杭州欢迎您"的邀约(2022年亚运会将在杭州举办)。

（七）成长总结

1.有良好的家庭环境和卓越的游泳天赋,从小就展现出优秀的有氧能力。

2.受家庭影响开始游泳训练,父母始终陪伴其南征北战。

3.6 岁开始学习游泳,8 岁开始系统训练,十分注重早期有氧训练。

4.师从中外名师名教,启蒙于朱颖,成长于朱志根,成名于丹尼斯。

5.个性略显张扬,热爱学习,勤于思考,特别能吃苦,有语言天赋。

第六章　竞技游泳人才成长规律

　　规律就是自然界和社会诸现象之间必然的、本质的、稳定的和反复出现的关系。事物之间内在的必然联系,决定着事物发展的必然趋向。因为客观事物发展过程中的本质联系具有普遍性,所以,规律和本质是同等程度的概念,支配或决定着现象的发生和发展。本质是指事物的内部联系,而规律则是同一类现象的本质间的稳定联系。规律可反复起作用,只要具备必要的条件,合乎规律的现象就会重复出现,这就是规律的必然性、普遍性和客观性。

　　那么,什么是成才规律? 王通讯[①]基于人才成长的研究,得出了八大规律。第一是师承效应规律。在人才教育培养过程中,徒弟一方的德识才学得到师傅一方的指导和点化,从而使前者在学习、继承与发展过程中,与同行相比,可以少走弯路,达到事半功倍的效果,进而形成"师徒型人才链"。第二是扬长避短规律。人有所长,也有所短,这种差别是由人的天赋素质、后天实践和兴趣爱好形成的。成才者大多是扬长避短,进而在某一领域有突出建树。第三是最佳年龄规律。对公元 1500—1960 年全世界 1249 名杰出自然科学家和 1928 项重大科学成果的统计分析显示,自然科学发明的最佳年龄区间是 25~45 岁,峰值为 37 岁。第四是马太效应规律。社会往往对已有相当声誉的科学家做出的特殊科学贡献给予的荣誉越来越多,而对那些还未出名的科学家,则不肯承认他们的成绩,这种现象被称为马太效应。因此,应给那些具有发展前途的"潜人才"以大力支持。第五是期望效应规律。人们从事某项工作、采取某种行动并且持之以恒的行为动力,通常来自个人对行为结果和工作成效的预期判断,这是现代管理激励理论的一个重要发现。第六是共生效应规律。人才的出现通常具有在某一地域、某

　　① 王通讯. 人才成长的八大规律[J]. 社会观察,2006(3):15-16.

一单位和某一群体相对集中的倾向,就是在相对较小的空间和时间范围内,人才不是单个出现,而是成团或成批出现。第七是累积效应规律。人口资源、人力资源与人才资源组成逐层收缩、不断拔高的"金字塔",高层次人才居于塔尖,高层次人才的生成数量取决于人口资源和人力资源,即整个人才队伍的基数。第八是综合效应规律。人才的成功与发展,都离不开自身素质和社会环境两大基本条件,自身素质通常由先天的基因及后天的热爱坚持所决定,社会环境则是人才成长所处的社会制度及文化环境。

优秀运动员这一群体的成长成才究竟走的是一条什么路?又是怎样从这条路上走过来的?本研究基于对"中美澳"优秀及拔尖游泳运动员成长经历的探究,得出的初步结论是:竞技游泳人才成长的规律是客观存在的,而且已经形成比较稳定的路径依赖,总结如下。

第一节　共生效应规律

任何竞技体育项目的发展都必须有儿童、青少年人口资源、人力资源与人才资源的丰厚积累,方可能呈现出竞技体育人才"金字塔"塔基"宽厚"、塔中"强大"、塔尖"高耸"的特征。美国、澳大利亚和中国浙江竞技游泳的塔尖人才,不是偶尔冒出一两个,而是一批又一批地不断涌现,都源于产生了"1+1>2"的共生效应,即"精中选优"的潜在好苗子在名师名教手上集聚,对他们有意栽培,在早期就开始"精工细作"地培养,为他们提供"优才优育"的成长环境及条件保障。好苗子和好教练的集聚,自然形成了人才不断涌现的马太效应。斯皮茨与康希尔曼、菲尔普斯与鲍曼、哈克特与丹尼斯、孙杨与朱志根和丹尼斯等,都是好苗子遇上了好教练的强强联合,他们相互影响与促进,产生了"强者恒强,越来越强"的共生效应。

第二节　师承效应规律

教练与队员通常可以理解为师傅与徒弟。"师徒制"人才培养模式具有个别指导和因材施教的优势,特别适合身体活动力度较强的技能技巧类项目的学习,在人才成长过程中,徒弟一方得到师傅一方的指导和点化,从而可以少走弯路,达到事半功倍的效果。教练得益于其"先在经验",也受制于其"经验局限",因此,教练在扮演师傅角色的同时,更应承担教师的角色。美国和澳大利亚竞技游泳教练员特别注重将训练过程作为教学过程,教练员与运动员的"教学相长"及交流沟通是运动员长期保持高质量训练和高水平竞技状态的重要保证。浙江游泳人才辈出的关键因素是基层教练善于慧眼识才并注重夯实基础训练,省队教练善于因材施教并扬长避短。基层和省队的两支高水平教练队伍是浙江游泳人才辈出的根本保证。

第三节 期望效应规律

人类从事某项活动的行为动力,在儿童时期主要来自家长的期盼,在青少年时期则主要来自个人的憧憬。家庭的"有意栽培"对儿童、青少年的爱好养成起着十分重要的作用。浙江游泳人才的成长过程几乎都伴随着家长的陪同,强烈的家庭参与感是浙江游泳的一大特色。美国和澳大利亚同样如此,菲尔普斯、莱德基、索普等泳坛巨星,无一不是学前就由家长带其进入泳池,在其成长成才的过程中,始终得到家长的陪伴、鼓励。调查显示,浙江所有的基层教练、省队人员和专业运动员都一致认为,家长的支持对儿童、青少年参加并坚持游泳训练很重要。在浙江,早期参加游泳训练的目的就是"想成为运动员"的专业运动员约占九成,这是一个相当高的比例。父母的"期盼"及自身的"期望"对儿童、青少年坚持游泳起着十分重要的作用,但家庭参与的力量在我国被重视的程度仍有待提升。

第四节 最佳年龄规律

本研究对近五届奥运会世界杰出游泳运动员进行了统计,结果显示:男运动员出好成绩的最佳年龄区间是 18～28 岁,女运动员则是 15～25 岁。如果学前就开始接受系统游泳训练,女性可能 8 年左右就能爆发,男性则通常需要 10 年乃至更长时间。当然也有特例,如匈牙利名将霍苏就是大器晚成型。最佳年龄规律提示我们,竞技游泳"天才少女"频频涌现是有规律可循的,就近几年而言,美国有莱德基和富兰克林,我国有叶诗文、李冰洁、王简嘉禾,她们均是在 15～16 岁的少女时期就已经成名,甚至成为世锦赛或奥运会冠军。但是,莱德基的"长盛不衰"与叶诗文的"伦敦一现"形成鲜明对比,提示我们对运动员的早期训练必须给予特别关注,因为训练不当导致昙花一现的现象目前在我国具有一定的普遍性,要尽力避免这种情况的发生。

第五节　扬长避短规律

人有所长,也必有所短,其差别是由人的天赋素质、后天努力和兴趣爱好造成的。"补短板"可以促使人全面发展,但成才更多是"扬长避短"的结果。在竞技体育领域,拔尖运动员都有一技之长,游泳项目尤其如此,"蝶仰蛙自"四种泳姿全能者凤毛麟角,如菲尔普斯擅长自由泳和蝶泳,莱德基和孙杨专注自由泳,徐嘉余主攻仰泳。浙江游泳对儿童、青少年的训练以四种泳姿的混合泳和有氧训练为主,在夯实有氧能力的同时发现受训者的"长板"。傅园慧由自由泳改仰泳就是扬长避短的选择。孙杨的自由泳主攻方向由中长距离改为中短距离则是在其无氧能力大幅提升后的选择,有利于减缓其肩袖关节劳损,延长其巅峰运动生涯。[①]

第六节　综合效应规律

优秀运动员尤其是拔尖运动员的成长成才,离不开自身的天赋异禀、卓越的身体素质、名教练的科学训练、坚韧不拔的意志品质及良好的社会环境。天赋和自身素质决定其潜力,后天的训练和坚持将其潜力变成能力,环境则决定其能力被激发到什么程度。浙江优秀游泳运动员批量成长成才的现象揭示了以下规律:首先是重视儿童、青少年的选材,"好苗子"要具有优越的游泳先天禀赋,并且表现出对游泳的热爱;其次是施以高水平的基础训练、专业训练及科技助力训练,营造"师徒"胜似"父子"的关系及良好的家庭参与培养的环境;最后是运动员本人必须具有持之以恒的超强意志力。

---

① 张跃,李建设,杨红春,等.孙杨备战伦敦奥运会转身技术改进与优化的生物力学研究[J].体育科学,2013,33(9):85-90.

第七章 基本结论和引申问题

第一节 基本结论

一、中国游泳"浙江经验"

浙江游泳的成功经验可以提炼为以下几点。

（一）在人才培养"塔基""塔中""塔尖"三个层次，都抓住了运动员成长周期的根本特质，构建的"后备""优秀""拔尖"三个不同层级运动员的训练体系、竞赛体系和管理体系，符合优秀运动员成长的身体发展规律和运动训练规律。

（二）在拔尖人才培养的每个关键阶段，都抓住了决定成才的关键要素。在儿童基础训练阶段，由高水平名师执教，"走训制"及"家庭参与培养"使儿童由"玩"游泳变为"练"游泳；在优秀运动员成长阶段，坚持"训科医"结合、以训为龙头的科学训练体系；在拔尖运动员成才阶段，坚定"走出去""请进来"联合培养和科技助力。

（三）在基层体校，有一批慧眼识英才的高水平教练，他们倡导并实施不急于求成、重在夯实基础的训练。在省队，有一批善于学习先进训练理念与方法、勇于进行实践探索的高水平教练。这两支高水平教练团队是浙江游泳取得整体突破的根本保证。

（四）浙江在优秀游泳运动员的培养方面，已经探索出基本成型的选材体系、训练体系和竞赛体系，历经数十年，已经形成比较稳定的路径依赖。可以从优秀和拔尖运动员成长路径中初步归纳出内在的逻辑必然性，并具有可复制性，可以应用于其他竞技体育项目。

二、美国游泳经验借鉴

美国游泳长盛不衰的经验可以归结为以下几点。

(一)美国游泳的管理体系体现了美国式"举国体制"的长处,国家泳协、地方泳协、俱乐部的纵向管理,中学和大学体育联合会的横向合作,实现了儿童、青少年和成人游泳训练与竞赛的全覆盖,既造就了庞大的美国游泳人群,又推动着美国游泳项目的普及与提高。

(二)美国游泳的竞赛体系是纵向分级、横向分区的网状结构,丰富的分层与分级游泳竞赛,为发现"天才"儿童和促进运动员成长提供了途径和平台。美国国家队队员基本来自大学,美国大学和职业俱乐部集聚了一大批高水平游泳教练,大学和俱乐部是培养优秀游泳运动员的摇篮。

(三)美国游泳的训练体系覆盖全国,无论是中小学还是大学,学校游泳队的训练一般都交给游泳俱乐部,或者从职业游泳俱乐部聘请主教练。学生运动员在保证学校体育联盟规定的训练时间外,通常在校外俱乐部增加训练量,既保证了身份的"业余性",又保证了训练的"系统性",即除了学生运动员的身份是业余的,其他的一切都是职业的。

(四)美国游泳教练员协会对教练员执教资格和业务能力的培训考核已经形成制度规范,无论什么级别的教练,都必须获得年度培训积分。美国的许多教练员本身就是心理学、生理学或生物力学行家,训练科学化、科技助力训练已经成为常态。在美国,游泳俱乐部教练员之间的交流十分频繁,高级别教练必须给低级别教练讲课,以分享训练和比赛的经验。

三、澳大利亚游泳经验

澳大利亚游泳成为强国的经验可以归结为以下几点。

(一)澳大利亚学龄段儿童被要求人人学游泳、人人会游泳,由此造就了庞大的儿童、青少年游泳人口基数。不少有游泳天赋的儿童从小就被家人带进泳池,或被家长委托给职业游泳俱乐部的职业教练,从基本动作开始学习游泳。家庭参与培养始终伴随着儿童、青少年从游泳爱好者成长为优秀运动员。

(二)澳大利亚竞技游泳人才培养的主体是学校和俱乐部,高水平教练多集中在俱乐部和体育学院。20世纪80年代,澳大利亚实施了以奥运会为最高目标的"精英计划",在全国遴选了 9 所体育学院承担奥运级别拔尖运动员的训练培养任务,设在首都堪培拉的澳大利亚体育学院是最重要的国家训练中心。

(三)澳大利亚对竞技游泳运动员的培养分三个阶段:首先,发掘有游泳天赋的优秀苗子;其次,提高他们的专项能力;最后,提升他们的竞技能力。澳大利亚顶尖游泳运动员平时都在大学或游泳俱乐部训练,大赛前三四个月,所有顶尖高手都被征召进国家队集中训练。国家队在集训期间都配置高水平教练团队、运动科学研究中心及后勤保障协调机构。

(四)澳大利亚游泳教练员培养、聘用和考核体制严格且规范,教练员需要不断接受培训,以保证他们掌握最新的训练理念、方法和科技助力手段,高水平教练几乎都是生理生化和生物力学行家。澳大利亚十分注重教练员和运动员之间亦师亦友的关系,建立教练员与运动员之间的良好合作关系是澳大利亚成为游泳强国的重要经验。

四、拔尖运动员成长规律

本研究对中国游泳"浙江经验"进行解构与重建,并借鉴美国和澳大利亚竞技游泳的经验,从优秀和拔尖运动员的成长路径中总结出的共性规律如下。

(一)共生效应规律。集中"精中选优"的苗子,在名师名教手上集聚,实施"精工细作"的专门培养,提供"优才优育"的条件保障。好苗子和好教练的集聚,可以产生"1+1>2"的共生效应,自然有利于产生人才不断涌现的马太效应。

(二)师承效应规律。浙江游泳人才辈出的关键因素是基层体校教练善于慧眼识才并注重实施夯实基础的训练,省队教练善于因材施教并扬长避短。基层体校和省队的两支高水平教练队伍吸引着众多的希望之星和可造之才。

(三)期望效应规律。家庭的"有意栽培"对儿童、青少年的爱好养成起着十分重要的作用,强烈的家庭参与感是浙江游泳的一大特色。父母的"期盼"和自身的"期望"对儿童、青少年喜爱并坚持游泳起着十分重要的作用。

(四)最佳年龄规律。竞技游泳出成绩的最佳年龄,男子是 18～28 岁,女子是 15～25 岁。"天才少女"频现泳坛是有规律可循的,莱德基的长盛不衰与霍苏的大器晚成,提示我们应注重早期专门训练的专业性,避免因为训练不当造成的伤病。早期专门训练得当有利于运动员长期保持高水平竞技状态。

(五)扬长避短规律。浙江儿童、青少年的游泳训练以四种泳姿的混合泳和有氧训练为主,目的是在夯实有氧能力的同时发现其"长板"。"补短板"能促使运动员全面发展,但成才大多是"扬长避短"的结果。

(六)综合效应规律。首先是注重选材,运动员应具有优越的游泳先天禀赋,并且表现出对游泳的热爱;其次是对运动员施以高水平的基础训练、专业训练和体能训练,同时要注重家庭参与培养;最后是运动员本人要有持之以恒的超强意志力。

第二节　引申问题

一、早期专门训练

人们对早期训练没有任何异议,竞技体育领域的成才者都是从娃娃抓起。然而,早期专门训练是个颇有争议的概念,因为早期专门训练不当、揠苗助长而导致昙花一现的现象绝非个例,在我国较多项目中有一定的普遍性。放眼国际泳坛,拔尖的游泳运动员,如菲尔普斯、索普、孙杨等,无一不是学龄前就开始了系统的早期训练。美国游泳始终强盛的重要原因就是注重早期发现优秀苗子,实施有效的早期训练,从而不断造就超级巨星。在美国,与菲尔普斯比肩的游泳巨星,同时代的有罗切特,之前有斯皮茨,当今有莱德基,他们都是早期科学训练的产物,早期专门训练得当的标志是运动员能够长期保持高水平竞技状态。但在我国,针对早期专门训练的研究还不深、不透,尤其是早期要不要进行以及如何进行力量训练、高原训练及强度训练等,还基本处于摸索阶段。

二、家庭参与培养

人才培养离不开学校、家庭和社会三要素。我国竞技体育人才培养沿用了半个多世纪的"三级训练网"模式,隔离了家庭的参与,家庭参与的力量在我国被长期忽视。这固然与我国竞技体育长期的封闭训练有关,但归根结底还是观念问题,这个问题应当引起关注和研究。父母的"期盼"及自身的"期望"对儿童、青少年喜爱并坚持游泳起着不可替代的作用,浙江拔尖游泳运动员的成长多伴随着"家庭参与培养",在美国同样如此。在我国,家长是否可以参与培养、应该以怎样的方式参与培养,还缺乏相对完善的机制设计。

三、人才培养方式

美国大学是高水平运动员的摇篮,但大学生运动员受到相关制度制约,除了在大学校队训练外,通常都在职业游泳俱乐部接受额外的系统训练。我国还没有真正意义上的职业游泳俱乐部,现存的游泳俱乐部基本上只负责游泳爱好者的业余培训,高水平的职业游泳教练也稀缺。国家队运动员绝大部分来自省级和市级专业队,专业队运动员又绝大部分来自各级体校。专业队受种种制约,在运动员坚持游泳训练的同时如何兼顾文化教育这一问题上处于两难的境地。因此,我国目前在"做大"优秀运动员队伍和"做强"拔尖运动员培养上均存在"短板"。鼓励高水平职业游泳俱乐部发展和大力推动"校园游泳",应当是我国竞技游泳努力的方向。

附　录

附录一　主要人物和名词

孙杨：男，1991 年出生，浙江杭州人，擅长自由泳，国际泳坛巨星，中国第一位奥运会男子游泳冠军，在 2012 年伦敦奥运会和 2016 年里约热内卢奥运会上获得 3 枚金牌，在历届游泳世锦赛上获得 14 枚金牌，是包揽世锦赛男子自由泳 200 米、400 米、800 米、1500 米冠军第一人。

叶诗文：女，1996 年出生，浙江杭州人，擅长混合泳，被称为"天才少女"，中国拔尖游泳运动员，在 2012 年伦敦奥运会上打破 200 米混合泳奥运会纪录和 400 米混合泳世界纪录，获得 2 枚金牌，是中国游泳历史上第一个"双冠王"。伦敦奥运会后沉寂了 7 年，直到 2019 年光州游泳世锦赛才开始复苏。

傅园慧：女，1996 年出生，浙江杭州人，擅长仰泳，中国拔尖游泳运动员，获得 2015 年喀山游泳世锦赛 50 米仰泳金牌、2016 年里约热内卢奥运会 100 米仰泳铜牌、2017 年布达佩斯游泳世锦赛 50 米仰泳银牌。

徐嘉余：男，1995 年出生，浙江温州人，擅长仰泳，中国拔尖游泳运动员，获得 2016 年里约热内卢奥运会 100 米仰泳银牌、2017 年布达佩斯游泳世锦赛 100 米仰泳金牌、2019 年光州游泳世锦赛 100 米仰泳金牌。

汪顺：男，1994 年出生，浙江宁波人，擅长混合泳，中国拔尖游泳运动员，获得 2015 年喀山游泳世锦赛 200 米混合泳铜牌、2016 年里约热内卢奥运会 200 米混合泳铜牌、2017 年布达佩斯游泳世锦赛 200 米混合泳铜牌。

杨雨：女，1985 年出生，浙江杭州人，擅长短距离自由泳，中国拔尖游泳运动员，获得雅典奥运会 4×200 米自由泳接力银牌，是 2000—2009 年中国最优秀的女子短距离自由泳运动员之一，曾获得长（短）池游泳世锦赛金牌

5枚、奖牌7枚。

罗雪娟:女,1984年出生,浙江杭州人,擅长蛙泳,中国拔尖游泳运动员,蝉联2001年、2003年两届游泳世锦赛50米和100米蛙泳金牌,获得2004年雅典奥运会100米蛙泳金牌。

吴鹏:男,1987年出生,浙江杭州人,擅长蝶泳,中国男子游泳一代领军人物,15岁时获得釜山亚运会200米蝶泳、200米仰泳和400米个人混合泳三项冠军,在全运会200米蝶泳项目上获得四连冠。没能获得奥运会奖牌成为其一生的遗憾。

李广源:男,1997年出生,浙江台州人,擅长仰泳,中国优秀游泳运动员,获得2014年南京青奥会200米仰泳和4×100米男女混合泳接力金牌、2016年里约热内卢奥运会200米仰泳第六名。

李朱濠:男,1999年出生,浙江温州人,擅长蝶泳,中国优秀游泳运动员,获得2014年南京青奥会100米蝶泳冠军、2016年里约热内卢奥运会100米蝶泳第五名、2017年布达佩斯游泳世锦赛男子4×100米混合泳接力第六名。

朱梦惠:女,1999年出生,浙江台州人,擅长短距离自由泳,中国优秀游泳运动员,获得2017年布达佩斯游泳世锦赛4×100米男女混合泳接力季军、女子4×100米混合泳接力第六名。

柳雅欣:女,1999年出生,浙江丽水人,擅长仰泳,中国优秀游泳运动员,15岁时获得全国冠军,其后获得2016年里约热内卢奥运会200米仰泳第七名。

吴越:女,1997年出生,浙江杭州人,擅长自由泳,中国优秀游泳运动员,获得2018年杭州短池游泳世锦赛女子4×50米混合泳接力亚军。

吴卿风:女,2003年出生,浙江绍兴人,擅长短距离自由泳,获得2018年雅加达亚运会50米自由泳铜牌和女子4×100米自由泳接力银牌。

何峻毅:男,1997年出生,浙江绍兴人,擅长短距离自由泳,在2019年全国游泳冠军赛上创造了100米自由泳的个人最好成绩,有望成为中国新"飞鱼"。

张琳:男,1987年出生,北京人,擅长长距离自由泳,中国拔尖游泳运动员,获得2008年北京奥运会800米自由泳银牌、2009年罗马游泳世锦赛800米自由泳金牌。

刘子歌:女,1989年出生,辽宁本溪人,擅长蝶泳,中国拔尖游泳运动员,获得2008年北京奥运会和2013年巴塞罗那游泳世锦赛200米蝶泳金牌。

焦刘洋:女,1990年出生,黑龙江哈尔滨人,擅长蝶泳,中国拔尖游泳运动员,获得2011年上海游泳世锦赛和2012年伦敦奥运会200米蝶泳金牌。

宁泽涛:男,1993年出生,河南郑州人,擅长短距离自由泳,中国拔尖游泳运动员,获得2015年喀山游泳世锦赛100米自由泳金牌,成为迄今为止唯一获得世界大赛100米自由泳冠军的中国男子游泳运动员。

李冰洁:女,2002年出生,河北保定人,擅长中长距离自由泳,被称为"天才少女",获得2017年布达佩斯游泳世锦赛400米自由泳铜牌和800米自由泳银牌、2018年杭州短池游泳世锦赛女子4×200米自由泳接力金牌。

王简嘉禾:女,2002年出生,辽宁鞍山人,擅长中长距离自由泳,也被称为"天才少女",2018年雅加达亚运会女子400米、800米和1500米自由泳三冠王,2018年杭州短池游泳世锦赛女子4×200米自由泳接力冠军,成绩直逼美国名将莱德基。

泳坛"五朵金花":林莉、庄泳、钱红、王晓红和杨文意。

林莉:女,1970年出生,江苏南通人,全能型游泳运动员,中国第一个游泳世界冠军,参加1988年、1992年和1996年三届奥运会,是我国第一个夺得奥运会金牌同时创造世界纪录的游泳运动员。

庄泳:女,1972年出生,上海人,擅长自由泳,第一个获得奥运会游泳金牌的中国运动员。曾获1988年汉城奥运会100米自由泳银牌,在1992年巴塞罗那奥运会上获100米自由泳金牌和50米自由泳、女子4×100米自由泳接力两枚银牌。

钱红:女,1971年出生,河北保定人,擅长蝶泳,其职业生涯中共获得51个世界冠军,被誉为"水蝴蝶",获得1988年汉城奥运会100米蝶泳铜牌、1992年巴塞罗那奥运会100米蝶泳金牌。

王晓红:女,1968年出生,江苏常州人,擅长蝶泳,大器晚成型运动员,23岁时获得1991年珀斯游泳世锦赛100米蝶泳银牌,次年获得巴塞罗那奥运会200米蝶泳银牌。

杨文意:女,1972年出生,上海人,擅长自由泳,1988年在第三届亚洲游泳锦标赛上打破50米自由泳世界纪录,同年获得汉城奥运会50米自由泳银牌,1992 年获得巴塞罗那奥运会 50 米自由泳金牌。

乐靖宜:女,1975 年出生,上海人,擅长自由泳,获得 1992 年巴塞罗那奥运会 50 米自由泳和女子 4×100 米自由泳接力银牌,在 1996 年亚特兰大奥运会上夺得 100 米自由泳金牌,并打破奥运会纪录。

战殊:女,1985 年出生,辽宁沈阳人,擅长仰泳,2003 年与周雅菲、杨雨、罗雪娟联手获得巴塞罗那游泳世锦赛女子 4×100 米混合泳接力冠军。

周雅菲:女,1984 年出生,山东青岛人,擅长蝶泳,多次打破女子 50 米蝶泳、100 米蝶泳、200 米蝶泳的世界纪录,被称为"亚洲蝶后"。获得 2003 年巴塞罗那游泳世锦赛女子 4×100 米混合泳接力金牌、2008 年北京奥运会女子4×100米混合泳接力铜牌。

迈克尔·菲尔普斯(Michael Phelps):1985 年出生,美国人,国际泳坛超级巨星,绰号"飞鱼",美国历史上最伟大的游泳运动员,参加过五届奥运会,共获得 23 枚奥运会金牌,前无古人,迄今尚无来者。

丹尼斯·科特瑞尔(Denis Cotterell):澳大利亚人,国际著名游泳教练,澳大利亚迈阿密游泳俱乐部总教练,国际泳坛长距离之王哈克特的教练,伦敦奥运会前开始执教孙杨,助其获得伦敦奥运会金牌。

肯·伍德(Ken Wood):澳大利亚红崖市高绩效中心总教练,带训过多名中国奥运会及世锦赛冠军。

鲍勃·鲍曼(Bob Bowman):菲尔普斯的教练,享誉国际泳坛的著名教练,大学所学专业是发展心理学。

内森·阿德里安(Nathan Adrian):美国游泳名将。

伊恩·詹姆斯·索普(Ian James Thorpe):1982 年出生,澳大利亚人,国际泳坛巨星,绰号"鱼雷""大脚",曾在 48 小时内 3 次刷新世界纪录,职业生涯共打破 13 项长池游泳世界纪录,在奥运会上获得 5 枚金牌、3 枚银牌和 1 枚铜牌,是史上唯一一位在同一届奥运会上获得 100 米、200 米和 400 米自由泳奖牌的运动员。

娜塔莉·考芙琳(Natalie Coughlin):美国游泳名将。

达拉·托雷斯(Dara Torres):美国游泳名将。

阿曼达·比尔德(Amanda Beard):美国游泳名将。

马克·舒伯特(Mark Schubert):美国奥运代表团游泳队主教练,率队参加 2008 年北京奥运会,豪取 12 枚金牌。所带俱乐部 44 次获得全美游泳锦标赛冠军。

凯蒂·莱德基(Katie Ledecky)：1997 年出生，美国人，国际泳坛超级巨星，号称泳坛"核少女"，长短距离自由泳通吃，在 2012 年伦敦和 2016 年里约热内卢奥运会上共获得 5 枚金牌，获得 14 枚世锦赛金牌和 1 枚世锦赛银牌，是目前女子 400 米、800 米和 1500 米自由泳世界纪录保持者。

卡汀卡·霍苏(Katinka Hosszú)：1989 年出生，匈牙利人，是当今国际泳坛与莱德基齐名的女子游泳运动员。13 岁开始学习游泳，23 岁参加奥运会，大器晚成，厚积薄发，号称泳坛"铁娘子"，是 400 米个人混合泳世界纪录和 200 米个人混合泳奥运会纪录保持者，在 2016 年里约热内卢奥运会上获得 3 枚金牌。

迈阿密游泳俱乐部：Pro-Miami Swimming Club。

澳大利亚红崖市高绩效中心：Redcliffe City High Performance Center。

米西·富兰克林(Missy Franklin)：1995 年出生，美国人，美国游泳名将，国际泳坛"天才少女"，绰号"女飞鱼"，16 岁首次参加游泳世锦赛就夺得 3 金 1 银 1 铜，并打破世界纪录。职业生涯共获得奥运会奖牌 5 枚(4 金 1 铜)，世锦赛奖牌 15 枚(11 金 1 银 3 铜)。

池江璃花子：日本著名游泳运动员，在 2018 年雅加达亚运会上获得 6 枚金牌，获该届亚运会"最有价值运动员(MVP)"称号。2019 年被确诊患白血病，暂停参加比赛，集中精力养病。

瑞恩·墨菲(Ryan Murphy)：,1995 年出生，美国游泳名将，擅长仰泳，在 2016 年里约热内卢奥运会上获得 100 米仰泳、200 米仰泳和 4×100 米混合泳接力 3 枚金牌，是当今国际泳坛男子仰泳之王。

马克·安德鲁·斯皮茨(Mark Andrew Spitz)：1950 年出生，美国游泳传奇人物，其父亲的家族来自匈牙利，母亲的家族来自俄罗斯。师从国际泳坛名教练康希尔曼，创造了在同一届奥运会上参加的 7 个项目全部夺冠并全部打破世界纪录的壮举，至今无人超越。

阿登希尔游泳俱乐部：Arden Hill Swimming Club，负责斯皮茨早期启蒙训练的俱乐部。

舍尔姆·查沃尔(Sherm Chavoor)：美国著名游泳教练，斯皮茨的启蒙教练，培养的运动员共获得 31 枚奥运会游泳奖牌，其中有 20 枚金牌。

詹姆斯·爱德华·康希尔曼(James Edward Counsilman)：美国传奇游

泳教练,训练出斯皮茨等 60 多位奥运会选手,这些选手创造了 52 个世界纪录,获得 47 枚奥运会游泳奖牌,其中有 27 枚金牌。提出的游泳"印第安纳系统"奠定了美国游泳长盛不衰的基础,已成为具有普适性的体育训练理论。

纽约州体育委员会:New York Sports Association Council。

(美国)健康与公共事业部:Department of Health and Human Services。

总统体育健身委员会:The President's Council on Physical Fitness and Sports。

《业余体育法》:*The Amateur Sports Act*。

《特德史蒂文斯奥林匹克与业余体育法》:*Ted Stevens Olympic and Amateur Sports Act*。

美国奥林匹克委员会:United States Olympic Committee。

美国大学生体育联合会:National Collegiate Athletic Association,简称 NCAA。

美国游泳协会:United States Swimming Association,简称 USSA。

(美国)地方游泳协会:Local Swimming Committee,简称 LSC。

全美春季游泳锦标赛:National Spring Swimming Championships。

斯坦福大学:Stanford University,美国游泳名校。

斯坦福红衣主教女子游泳队:Stanford Cardinal Women's Swimming Team。

佛罗里达大学:University of Florida,美国游泳名校。

金泳镜奖:Golden Goggle Award,美国游泳运动员的年度最高奖。

凯勒布·德雷塞尔(Caeleb Dressel):美国游泳名将,获得 2019 年光州游泳世锦赛 50 米蝶泳、100 米蝶泳、50 米自由泳、100 米自由泳 4 枚金牌,荣获该届世锦赛最佳男子运动员称号。

瑞恩·罗切特(Ryan Lochte):1984 年出生,美国游泳运动员,唯一可以媲美菲尔普斯的国际泳坛巨星和全能泳将,职业生涯共获得奥运会奖牌 6 金 3 银 3 铜,世锦赛奖牌 38 金 11 银 8 铜,15 次打破世界纪录。

游泳训练营:swimming camp,美国游泳普及与提高的重要平台。

印第安纳系统:Indiana System,康希尔曼对美国游泳的贡献,美国游泳教练员的经典训练理论,美国竞技游泳长盛不衰的理论基础。

美国奥林匹克训练中心:United States Olympic Training Center。

美国游泳教练员协会:American Swimming Coaches Association,简称ASCA。

大卫·萨洛(David Salo):美国奥运会和世锦赛游泳队教练,担任南加利福尼亚大学游泳队主教练近10年,霍苏曾经跟随其训练。

大卫·马什(David Marsh):美国奥运会游泳队教练和卡罗来纳游泳俱乐部主教练,培养了来自19个国家的49名奥运选手。

戴夫·德登(Dave Durden):加利福尼亚大学伯克利分校游泳男队主教练,多次获得NCAA年度教练奖,带训6名运动员参加2016年里约热内卢奥运会,获得8枚金牌。

罗德奖学金:Rhodes Scholarships,世界上竞争最激烈的奖学金之一,有"全球本科生诺贝尔奖"之称。

常春藤联盟:Ivy League,美国东北部地区哈佛、耶鲁等著名私立大学组成的联盟。后来又相继出现了由加利福尼亚大学伯克利分校等组成的新常春藤(New Ivies)联盟,由威廉姆斯学院等组成的小常春藤(Little Ivies)联盟。

澳大利亚游泳协会:Australian Swimming Association,简称ASA。

领奖台中心计划:Podium Centre Plans。

领奖台潜力计划:Podium Potential Centre Plans。

布莱恩·金(Brian King):丹尼斯的助教,曾短期执教孙杨。

马克·霍顿(Mack Horton):澳大利亚著名游泳运动员,获得2016年里约热内卢奥运会男子400米自由泳金牌。在2019年光州游泳世锦赛400米自由泳项目输给孙杨后,他曾拒绝登上领奖台与孙杨合影。

澳大利亚体育学院:Australian Institute of Sport,简称AIS,澳大利亚国家训练中心所在地。

澳大利亚奥林匹克委员会:Australian Olympic Committee,简称AOC。

澳大利亚体育运动委员会:Australian Sports Commission,简称ASC。

道格·弗罗斯特(Doug Frost):澳大利亚著名游泳教练,曾执教索普11年,帮助索普获得9枚奥运会游泳奖牌,其中有5枚金牌。

格兰特·哈克特(Grant Hackett):1980年出生,澳大利亚人,国际泳坛长距离自由泳之王,与著名教练丹尼斯合作21年,获得2000年悉尼奥运会和2004年雅典奥运会1500米自由泳金牌,包揽1996年至2005年游泳世锦赛1500米自由泳全部金牌。他是唯一一位四夺世锦赛1500米自由泳项目冠军的运动员。

凯尔·查尔默斯(Kyle Chalmers):澳大利亚游泳名将。

凯特·坎贝尔(Cate Campbell)、布伦特·坎贝尔(Bronte Campbell):分别出生于1992年和1994年,澳大利亚游泳名将,著名的泳坛姐妹花,获得2016年里约热内卢奥运会女子4×100米自由泳接力冠军。

米基·拉尔金(Mickey Larkin):澳大利亚游泳名将。

亚历山大·波波夫(Alexander Popov):1971年出生,俄罗斯人,绰号"泳坛沙皇",1992—1997年统治国际泳坛短距离自由泳项目,在1996年亚特兰大奥运会上成功卫冕50米和100米自由泳冠军,职业生涯获得奥运会奖牌4金5银,世锦赛奖牌6金4银1铜。

根纳迪·图列斯基(Gennadi Touretski):俄罗斯著名游泳教练,波波夫的教练。后任澳大利亚体育学院游泳总教练。

利比·特里克特(Libby Trickett):澳大利亚游泳名将,奥运冠军。

莱赛尔·琼斯(Leisel Jones):澳大利亚游泳名将,奥运冠军。

史蒂芬·施维(Stephen Schwei):瑞士著名游泳运动员,退役后加盟澳大利亚队,培养了特里克特、琼斯等多名奥运冠军。

克里斯托夫·米拉克(Kristóf Milák):匈牙利小将,在2019年光州游泳世锦赛上打破被菲尔普斯尘封十年的世界纪录,夺得男子200米蝶泳金牌。

伊姆雷·萨鲁西(Imre Sárosi):匈牙利著名游泳教练,1908年出生,2006年6月20日逝于布达佩斯,享年98岁。其队员在1952年赫尔辛基奥运会上获得4枚游泳金牌。1954年,中国游泳队赴匈牙利训练期间,萨鲁西任主管教练。在其大运动量训练思路的指导下,中国游泳队开启了"魔鬼训练"历程,很快就出现了中国游泳的第一次崛起,在4年时间内先后有3人5次打破世界纪录。

穆祥雄、穆祥豪:天津人,著名的穆氏兄弟,两人于1953年进入海军游泳队,1954年进入国家队,同年赴匈牙利训练。1958—1959年,穆祥雄连续3次打破100米蛙泳世界纪录,成为一代"蛙王",受到毛主席等党和国家领导人接见。穆祥豪是 1500 米自由泳全国冠军,退役后成为国家游泳队教练。

陈运鹏:1935 年出生,广东汕头人,多次获 100 米、200 米蝶泳全国冠军。1965 年起任游泳教练,1981—1995 年任国家游泳队副总教练、总教练,带领中国游泳队在 1992 年巴塞罗那奥运会上夺得 4 枚金牌、5 枚银牌,1989 年被评为新中国成立 40 周年杰出教练员。

吴传玉:1928—1954 年,福建漳州人,曾参加第 14 届、第 15 届奥运会游泳比赛,1953 年参加在罗马尼亚布加勒斯特举行的第一届国际青年友谊运动会,获得 100 米仰泳冠军,为新中国在国际泳坛第一次升起了五星红旗。

戚烈云:游泳运动员,20 世纪 50 年代广东"蛙王"。

黛博拉·苏·戴比·菲尔普斯(Deborah Sue Debbie Phelps):菲尔普斯的母亲。

迈克尔·弗雷德·菲尔普斯(Michael Fred Phelps):菲尔普斯的父亲。

希拉里·菲尔普斯(Hilarie Phelps):菲尔普斯的大姐,长距离游泳运动员。

惠特尼·菲尔普斯(Whitney phelps):菲尔普斯的二姐,优秀的蝶泳运动员,曾参加全美奥运游泳选拔赛。

注意缺陷多动障碍:Attention Deficit Hyperactivity Disorder,简称 ADHD,又称儿童多动症。菲尔普斯从小就患有比较明显的 ADHD。

北巴尔的摩水上俱乐部:North Baltimore Water Club,菲尔普斯早期训练的游泳俱乐部。

密歇根大学:University of Michigan,美国游泳名校。

亚利桑那州立大学:Arizona State University,美国游泳名校。

全美少年游泳锦标赛:National Junior Swimming Championships。

全美青年游泳比赛:National Youth Swimming Competition。

斯蒂芬·佩里(Stephen Perry):英国著名游泳运动员。

尼科尔·约翰逊(Nicole Johnson):菲尔普斯的妻子。

布默·罗伯特·菲尔普斯(Boomer Robert Phelps):菲尔普斯的大儿子。

贝克特·理查德·菲尔普斯(Beckett Richard Phelps):菲尔普斯的二儿子。

大卫·莱德基(David Ledecky):莱德基的父亲。

玛丽·根·莱德基(Mary Gen Ledecky):莱德基的母亲。

迈克尔·莱德基(Michael Ledecky):莱德基的哥哥,曾经是新墨西哥大学的游泳运动员。

首都游泳俱乐部:Nation's Capital Swimming Club,莱德基早期训练的游泳俱乐部。

《水上世界》杂志:*Aquatics World*,国际泳联(FINA)主办的杂志。

尤里·苏桂山(Yuri Suguiyama):游泳教练,曾经执教过莱德基。

布鲁斯·格默尔(Bruce Gemmell):游泳教练,曾经执教过莱德基。

帕利塞兹游泳队:Palisades Swimming Team,莱德基中学阶段训练的游泳俱乐部。

格雷格·米汉(Greg Meehan):莱德基的教练。

瑞贝卡·阿德灵顿(Rebecca Adlington):英国游泳名将。

汉娜·施托克鲍尔(Hannah Stockbauer):德国游泳名将。

凯特·齐格勒(Kate Ziegler):美国游泳名将。

戴恩·乐天·弗里斯(Dane Lotte Friis):丹麦游泳名将。

香农·弗里兰(Shannon Vreeland):美国游泳名将。

卡莉·比斯波(Karlee Bispo):美国游泳名将。

费代丽卡·佩莱格里尼(Federica Pellegrini):意大利游泳名将。

利亚·史密斯(Leah Smith):美国游泳名将。

凯蒂·麦克劳林(Katie McLaughlin):美国游泳名将。

西蒙·曼努埃尔(Simone Manuel):美国游泳名将。

安比·维特泽尔(Abbey Weitzeil):美国游泳名将。

丹娜·沃尔默(Dana Vollmer):美国游泳名将。

艾莉森·施密特(Allison Schmitt):美国游泳名将。

玛亚·迪拉多(Maya DiRado):美国游泳名将。

德比·迈耶(Debbie Meyer):美国游泳名将,在1968年墨西哥城奥运会上获得女子200米、400米、800米自由泳3项冠军,成为奥运会历史上第一位在同一届奥运会上赢得3枚个人项目金牌的女运动员。

马洛里·科默福德(Mallory Comerford):美国游泳名将。

凯尔西·沃雷尔(Kelsi Worrell):美国游泳名将。

埃玛·麦肯（Emma McKeon）：澳大利亚游泳名将。

梅拉尼·马加利斯（Melanie Margalis）：美国游泳名将。

国际游泳联合会：International Swimming Federation，简称 FINA（为其法文缩写，为了方便，英文缩写也相同）。

塔马斯·加尔法什（Tamas Galfash）：前匈牙利游泳协会主席。

久尔陶·达尼埃尔（Gyurta Dániel）：匈牙利男子蛙泳名将。

肖恩·图舒普（Shane Tusup）：南加利福尼亚大学游泳队员，曾是霍苏的丈夫兼教练。

杨明：孙杨的母亲，杭州师范大学体育学院教授。

孙全洪：孙杨的父亲，浙江科技学院教授，原安徽省男子排球队运动员。

朱志根：浙江游泳队首席教练，孙杨伦敦奥运会夺冠时的主管教练，培养出了吴鹏、杨雨、汪顺、何峻毅等一大批优秀游泳运动员。

朱颖：孙杨的启蒙教练，杭州市陈经纶体校国家级教练。

钱学森之问：为什么我们的学校总是培养不出杰出的人才？这个问题被称为"钱学森之问"，是关于中国教育事业发展的一道艰深的难题。

徐匡迪之问：中国有多少数学家投入到人工智能的基础算法研究中？这个问题被称为"徐匡迪之问"，直击我国人工智能发展的核心问题。

附录二　近九届奥运会"中美澳"游泳金牌统计

序号	国籍	姓名	性别	奥运会年份	项目
1	美国	加里	男	1984 年	男子 100 米仰泳
2	美国	科恩	女	1984 年	女子 400 米自由泳
3	美国	韦特	女	1984 年	女子 200 米自由泳
4	美国	斯坦德弗	女	1984 年	女子 100 米自由泳
5	美国	旦投	女	1984 年	女子 100 米自由泳
6	美国	盖恩斯	男	1984 年	男子 100 米自由泳
7	美国	科恩	女	1984 年	女子 800 米自由泳

续表

序号	国籍	姓名	性别	奥运会年份	项目
8	美国	安德鲁	女	1984 年	女子 100 米仰泳
9	美国	马尔	女	1984 年	女子 200 米蝶泳
10	美国	加里	男	1984 年	男子 200 米仰泳
11	美国	考尔金斯	女	1984 年	女子 400 米个人混合泳
12	美国	奥布鲁恩	男	1984 年	男子 1500 米自由泳
13	美国	迪卡洛	男	1984 年	男子 400 米自由泳
14	美国	马尔	女	1984 年	女子 100 米蝶泳
15	美国	伦德奎特斯	男	1984 年	男子 100 米蛙泳
16	美国	考尔金斯	女	1984 年	女子 200 米个人混合泳
17	美国	（接力）	女	1984 年	女子 4×100 米自由泳
18	美国	（接力）	女	1984 年	女子 4×100 米混合泳
19	美国	（接力）	男	1984 年	男子 4×100 米自由泳
20	美国	（接力）	男	1984 年	男子 4×100 米混合泳
21	美国	（接力）	男	1984 年	男子 4×200 米自由泳
22	美国	埃文斯	女	1988 年	女子 400 米个人混合泳
23	美国	埃文斯	女	1988 年	女子 400 米自由泳
24	美国	比昂迪	男	1988 年	男子 50 米自由泳
25	美国	埃文斯	女	1988 年	女子 800 米自由泳
26	美国	比昂迪	男	1988 年	男子 100 米自由泳
27	美国	（接力）	男	1988 年	男子 4×100 米混合泳
28	美国	（接力）	男	1988 年	男子 4×100 米混合泳
29	美国	（接力）	男	1988 年	男子 4×200 米自由泳
30	美国	迪贝尔	男	1992 年	男子 100 米蛙泳
31	美国	埃文斯	女	1992 年	女子 800 米自由泳
32	美国	斯图内特	男	1992 年	男子 200 米蝶泳
33	美国	莫拉莱斯	男	1992 年	男子 100 米蝶泳

续表

序号	国籍	姓名	性别	奥运会年份	项目
34	美国	海斯莱特	女	1992 年	女子 200 米自由泳
35	美国	巴罗曼	男	1992 年	男子 200 米蛙泳
36	美国	桑德斯	女	1992 年	女子 200 米蝶泳
37	美国	（接力）	男	1992 年	男子 4×100 米自由泳
38	美国	（接力）	男	1992 年	男子 4×100 米混合泳
39	美国	（接力）	女	1992 年	女子 4×100 米混合泳
40	美国	（接力）	女	1992 年	女子 4×100 米自由泳
41	美国	范戴肯	女	1996 年	女子 50 米自由泳
42	美国	多兰	男	1996 年	男子 400 米个人混合泳
43	美国	贝内特	女	1996 年	女子 800 米自由泳
44	美国	（接力）	男	1996 年	男子 4×100 米自由泳
45	美国	（接力）	女	1996 年	女子 4×100 米自由泳
46	美国	（接力）	女	1996 年	女子 4×200 米自由泳
47	美国	（接力）	男	1996 年	男子 4×200 米自由泳
48	美国	（接力）	女	1996 年	女子 4×100 米混合泳
49	美国	（接力）	男	1996 年	男子 4×100 米混合泳
50	美国	欧文	男	2000 年	男子 50 米自由泳
51	美国	霍尔	男	2000 年	男子 50 米自由泳
52	美国	克雷尔伯格	男	2000 年	男子 100 米仰泳
53	美国	克雷尔伯格	男	2000 年	男子 200 米仰泳
54	美国	马尔乔	男	2000 年	男子 200 米蝶泳
55	美国	海曼	女	2000 年	女子 200 米蝶泳
56	美国	多兰	男	2000 年	男子 400 米个人混合泳
57	美国	贝内特	女	2000 年	女子 400 米自由泳
58	美国	贝内特	女	2000 年	女子 800 米自由泳
59	美国	奎恩	女	2000 年	女子 100 米蛙泳

续表

序号	国籍	姓名	性别	奥运会年份	项目
60	美国	（接力）	男	2000 年	男子 4×100 米混合泳
61	美国	（接力）	女	2000 年	女子 4×100 米混合泳
62	美国	（接力）	女	2000 年	女子 4×100 米自由泳
63	美国	（接力）	女	2000 年	女子 4×200 米自由泳
64	美国	菲尔普斯	男	2004 年	男子 400 米个人混合泳
65	美国	菲尔普斯	男	2004 年	男子 200 米个人混合泳
66	美国	菲尔普斯	男	2004 年	男子 200 米蝶泳
67	美国	菲尔普斯	男	2004 年	男子 100 米蝶泳
68	美国	霍尔	男	2004 年	男子 50 米自由泳
69	美国	佩尔索尔	男	2004 年	男子 200 米仰泳
70	美国	佩尔索尔	男	2004 年	男子 100 米仰泳
71	美国	考芙琳	女	2004 年	女子 100 米仰泳
72	美国	比尔德	女	2004 年	女子 200 米蛙泳
73	美国	（接力）	男	2004 年	男子 4×100 米混合泳
74	美国	（接力）	男	2004 年	男子 4×200 米自由泳
75	美国	（接力）	女	2004 年	女子 4×200 米自由泳
76	美国	菲尔普斯	男	2008 年	男子 400 米个人混合泳
77	美国	菲尔普斯	男	2008 年	男子 200 米自由泳
78	美国	菲尔普斯	男	2008 年	男子 200 米蝶泳
79	美国	菲尔普斯	男	2008 年	男子 200 米个人混合泳
80	美国	菲尔普斯	男	2008 年	男子 100 米蝶泳
81	美国	佩尔索尔	男	2008 年	男子 100 米仰泳
82	美国	罗切特	男	2008 年	男子 200 米仰泳
83	美国	纳塔莉	女	2008 年	女子 100 米仰泳
84	美国	索尼	女	2008 年	女子 200 米蛙泳
85	美国	（接力）	男	2008 年	男子 4×200 米自由泳

续表

序号	国籍	姓名	性别	奥运会年份	项目
86	美国	（接力）	男	2008 年	男子 4×100 米自由泳
87	美国	（接力）	男	2008 年	男子 4×100 米混合泳
88	美国	罗切特	男	2012 年	男子 400 米个人混合泳
89	美国	格雷弗斯	男	2012 年	男子 100 米仰泳
90	美国	阿德里安	男	2012 年	男子 100 米自由泳
91	美国	菲尔普斯	男	2012 年	男子 200 米个人混合泳
92	美国	菲尔普斯	男	2012 年	男子 100 米蝶泳
93	美国	克拉里	男	2012 年	男子 200 米仰泳
94	美国	沃尔默	女	2012 年	女子 100 米蝶泳
95	美国	富兰克林	女	2012 年	女子 100 米仰泳
96	美国	施密特	女	2012 年	女子 200 米自由泳
97	美国	索尼	女	2012 年	女子 200 米蛙泳
98	美国	莱德基	女	2012 年	女子 800 米自由泳
99	美国	富兰克林	女	2012 年	女子 200 米仰泳
100	美国	（接力）	男	2012 年	男子 4×200 米自由泳
101	美国	（接力）	男	2012 年	男子 4×100 米混合泳
102	美国	（接力）	女	2012 年	女子 4×200 米自由泳
103	美国	（接力）	女	2012 年	女子 4×100 米混合泳
104	美国	埃尔文	男	2016 年	男子 50 米自由泳
105	美国	菲尔普斯	男	2016 年	男子 200 米个人混合泳
106	美国	菲尔普斯	男	2016 年	男子 200 米蝶泳
107	美国	墨菲	男	2016 年	男子 200 米仰泳
108	美国	墨菲	男	2016 年	男子 100 米仰泳
109	美国	莱德基	女	2016 年	女子 800 米自由泳
110	美国	莱德基	女	2016 年	女子 200 米自由泳
111	美国	莱德基	女	2016 年	女子 400 米自由泳

续表

序号	国籍	姓名	性别	奥运会年份	项目
112	美国	迪拉多	女	2016 年	女子 200 米仰泳
113	美国	曼努埃尔	女	2016 年	女子 100 米自由泳
114	美国	金	女	2016 年	女子 100 米蛙泳
115	美国	（接力）	男	2016 年	男子 4×100 米自由泳
116	美国	（接力）	男	2016 年	男子 4×200 米自由泳
117	美国	（接力）	女	2016 年	女子 4×100 米混合泳
118	美国	（接力）	女	2016 年	女子 4×200 米自由泳
119	美国	（接力）	男	2016 年	男子 4×100 米混合泳
120	中国	庄泳	女	1992 年	女子 100 米自由泳
121	中国	钱红	女	1992 年	女子 100 米蝶泳
122	中国	林莉	女	1992 年	女子 200 米个人混合泳
123	中国	杨文意	女	1992 年	女子 50 米自由泳
124	中国	乐靖宜	女	1996 年	女子 100 米自由泳
125	中国	罗雪娟	女	2004 年	女子 100 米蛙泳
126	中国	刘子歌	女	2008 年	女子 200 米蝶泳
127	中国	孙杨	男	2012 年	男子 400 米自由泳
128	中国	孙杨	男	2012 年	男子 1500 米自由泳
129	中国	叶诗文	女	2012 年	女子 400 米个人混合泳
130	中国	叶诗文	女	2012 年	女子 200 米个人混合泳
131	中国	焦刘洋	女	2012 年	女子 200 米蝶泳
132	中国	孙杨	男	2016 年	男子 200 米自由泳
133	澳大利亚	西次	男	1984 年	男子 200 米蝶泳
134	澳大利亚	伯金斯	男	1988 年	男子 1500 米自由泳
135	澳大利亚	伯金斯	男	1996 年	男子 1500 米自由泳
136	澳大利亚	奥尼尔	女	1996 年	女子 200 米蝶泳
137	澳大利亚	哈克特	男	2000 年	男子 1500 米自由泳

续表

序号	国籍	姓名	性别	奥运会年份	项目
138	澳大利亚	（接力）	男	2000 年	男子 4×100 米自由泳
139	澳大利亚	（接力）	男	2000 年	男子 4×200 米自由泳
140	澳大利亚	奥尼尔	女	2000 年	女子 200 米自由泳
141	澳大利亚	索普	男	2000 年	男子 400 米自由泳
142	澳大利亚	哈克特	男	2004 年	男子 1500 米自由泳
143	澳大利亚	亨利	女	2004 年	女子 100 米自由泳
144	澳大利亚	索普	男	2004 年	男子 200 米自由泳
145	澳大利亚	索普	男	2004 年	男子 400 米自由泳
146	澳大利亚	托马斯	女	2004 年	女子 100 米蝶泳
147	澳大利亚	（接力）	女	2004 年	女子 4×100 米混合泳
148	澳大利亚	（接力）	女	2004 年	女子 4×100 米自由泳
149	澳大利亚	特里克特	女	2008 年	女子 100 米蝶泳
150	澳大利亚	莱丝	女	2008 年	女子 200 米个人混合泳
151	澳大利亚	莱丝	女	2008 年	女子 400 米个人混合泳
152	澳大利亚	琼斯	女	2008 年	女子 100 米蛙泳
153	澳大利亚	（接力）	女	2008 年	女子 4×100 米混合泳
154	澳大利亚	（接力）	女	2008 年	女子 4×100 米自由泳
155	澳大利亚	（接力）	女	2012 年	女子 4×100 米自由泳
156	澳大利亚	霍顿	男	2016 年	男子 400 米自由泳
157	澳大利亚	查尔默斯	男	2016 年	男子 200 米个人混合泳
158	澳大利亚	（接力）	女	2016 年	女子 4×100 米自由泳

美国金牌总数:119;澳大利亚金牌总数:26;中国金牌总数:13。

附录三　调查问卷及结果分析

一、基层体校、游泳俱乐部教练员调查问卷及结果分析(样本数量为 30)

"'中美澳'竞技游泳优秀人才成长规律比较研究"项目调查问卷
——基层体校、游泳俱乐部教练员调查

感谢您参加本问卷调查。本问卷是基于国家社科基金项目"'中美澳'竞技游泳优秀人才成长规律比较研究"(16BTY085)所设计的,旨在通过广泛、深入的调查研究,还原我国儿童、青少年游泳训练现状,总结提炼优秀运动员的成长成才规律。您选择的答案非常重要,没有对错之分。我们希望得到的是您对问题的个人看法和评价,填答问卷时请不要与他人商量。

请选择您认为合适的答案。

1.您认为儿童开始接受游泳训练的理想年龄是何时?

(A.学龄前;B.学龄后)

一致认为"学龄前"就应该开始接受游泳训练,与美国和澳大利亚的认知基本相同。从拔尖游泳运动员的成长轨迹看,菲尔普斯 7 岁开始游泳,15 岁参加奥运会,16 岁获世锦赛冠军,19 岁获奥运会冠军;莱德基 6 岁开始游泳,15 岁首次参加奥运会就获得金牌;索普 5 岁开始游泳,14 岁进入国家队,16 岁获世锦赛冠军,18 岁获奥运会冠军;孙杨 6 岁开始游泳,8 岁开始系统训练,17 岁参加奥运会,20 岁获世锦赛冠军,21 岁获奥运会冠军;叶诗文 6 岁开始游泳,14 岁获全国冠军,16 岁首次参加奥运会就获得金牌。

选项	人数/人	比例/%
学龄前	30	100
学龄后	0	0

2.您认为哪种方式更适合学龄段儿童的游泳训练?

（A.走训制；B.住训制）

几乎一致认为"走训制"是更适合学龄段儿童的训练方式,这一结果与国际接轨。走训制可以兼顾学龄段儿童在普通学校的文化学习和在游泳俱乐部的系统训练。美国和澳大利亚从来都是如此,形成杭州儿童游泳训练"三足鼎立"态势的陈经纶、天水、大关三所俱乐部也长期如此。

选项	人数/人	比例/%
走训制	29	96.7
住训制	1	3.3

3.您认为学龄段儿童参加业余游泳训练,家长的支持重要吗?

（A.重要；B.不重要）

一致认为"重要",表明家长的支持对儿童能否参加并坚持游泳训练十分重要。毕竟"玩"是儿童的天性,日复一日、年复一年重复单调的训练,与其说是"好玩"和"快乐"的,不如说是靠"意志"和"梦想"在坚持。比如:菲尔普斯7岁跟着两个姐姐学游泳,母亲一直陪伴他成长;索普出身体育世家,5岁跟着姐姐学游泳,父母一直陪伴他成长;孙杨6岁去陈经纶体校学游泳,8岁正式开始系统训练,父母从小陪伴着他,从启蒙一直到现在。

选项	人数/人	比例/%
重要	30	100
不重要	0	0

4.您认为学龄段儿童的基础训练对其成长成才重要吗?

（A.重要；B.不重要）

一致认为"重要",说明运动员儿童期的基础训练对其成长成才很重要。基础训练需要处理好运动能力的自然增长和训练增长的关系。游泳不同于大多数体育项目,是身体呈水平（非直立）姿态,通过获取游进动力、克服水的阻力从而使身体向前运动的体育项目,其技术和体能尤为重要,基础训练重在规范动作技术和夯实有氧能力。

选项	人数/人	比例/%
重要	30	100
不重要	0	0

5. 您认为启蒙教练对儿童、青少年游泳爱好者的成长成才重要吗？

（A. 重要；B. 不重要）

一致认为"重要"，说明了启蒙教练的重要性。其中，教练是否善于慧眼识才、是否擅长基础训练尤为关键。好苗子遇到好教练，方能形成共生效应，既有利于运动员的成长，又有利于教练员的进步。

选项	人数/人	比例/%
重要	30	100
不重要	0	0

6. 您认为浙江"迎春杯"青少年（儿童）游泳锦标赛对浙江游泳人才辈出有何作用？

（A. 作用很大；B. 作用不大）

几乎一致认为每年举办的"迎春杯"青少年（儿童）游泳锦标赛（以下简称"迎春杯"）对浙江竞技游泳后备人才选拔和人才辈出起着重要作用。浙江优秀游泳运动员无一例外，都是通过参加"迎春杯"被发现，进而被选拔进省队的。

选项	人数/人	比例/%
作用很大	28	93.3
作用不大	2	6.7

7. 您认为"迎春杯"青少年（儿童）游泳锦标赛有必要分年龄段设置比赛吗？

（A. 有必要；B. 没必要）

几乎一致认为"迎春杯"有必要按年龄分段设置比赛。学龄段儿童与其同年龄段对手比赛，既体现竞技体育的公平竞争，又有利于其从同年龄段选手中脱颖而出，得到一种"赢"的获得感，激励其更加积极地投入游泳训练。

分年龄段比赛是国际惯例,具有普适性。

选项	人数/人	比例/%
有必要	28	93.3
没必要	2	6.7

8.您认为"迎春杯"青少年(儿童)游泳锦标赛有必要测评"身体形态"吗?

(A.有必要;B.没必要)

一致认为"迎春杯"有必要测评身体形态,说明教练员比较注重游泳儿童的身体形态,身材高大、手大、脚大对成长为优秀游泳运动员是十分重要的。此外,考察拔尖运动员群体的特征发现,除了身体形态外,生理生化指标及心理特征指标的重要性丝毫不亚于身体形态指标,甚至更为重要。

选项	人数/人	比例/%
有必要	30	100
没必要	0	0

9.您认为"迎春杯"青少年(儿童)游泳锦标赛有必要设置"文化考试"吗?

(A.有必要;B.没必要)

83.3%的基层教练认为在"迎春杯"比赛期间有必要设置文化考试。设置文化考试的目的在于鼓励学生全面发展。浙江对参加业余训练的学生的文化考核是十分认真的,不少市县在组队参加省运会时,也提出了文化课必须合格的要求。2018年,绍兴市就有21名运动员因文化考试不及格被取消了参加省运会的资格。

选项	人数/人	比例/%
有必要	25	83.3
没必要	5	16.7

10.您认为浙江省"中小学生人人会游泳"的政策对浙江省游泳人口增长的作用如何?

（A.作用很大;B.作用不大）

90％的基层教练认为浙江省教育厅和浙江省体育局联合出台"中小学生人人会游泳"的政策对扩大青少年游泳人口起到了很大作用。浙江地处江南,每年都有溺水死亡的学生。起初,该政策更多考虑的是鼓励学校开设游泳课以提高学生水中求生的能力,但却无意间促进了浙江省青少年游泳人口的增加。

选项	人数/人	比例/％
作用很大	27	90
作用不大	3	10

11.您认为"运动天赋"对运动员的成长成才重要吗?

（A.重要;B.不重要）

一致认为"运动天赋"对运动员的成长成才很重要,竞技游泳项目尤其如此。除了通常竞技体育项目都要求的运动员外形、身体机能等"运动天赋"外,"水感"对游泳运动员来说也是重要的运动天赋。

选项	人数/人	比例/％
重要	30	100
不重要	0	0

12.您认为"运动员与教练员的关系"对运动员的成长成才重要吗?

（A.重要;B.不重要）

一致认为"运动员与教练员的关系"对运动员的成长成才很重要。在儿童、青少年时期,游泳技术基本依赖"师徒"间的传习,儿童、青少年游泳技术的规范和提高基本依靠师傅的引领,良好的"师徒关系"使运动员终身受益。

选项	人数/人	比例/％
重要	30	100
不重要	0	0

结论:意见完全一致的有学龄前就应该开始接受游泳训练,家长的支持对儿童参加并坚持游泳训练十分重要,儿童期的基础训练对运动员成长十分重要,启蒙教练对儿童和青少年的成长十分重要,"运动天赋"对运动员的成长成才十分重要,"运动员与教练员的关系"对运动员的成长成才十分重要,"迎春杯"有必要设置"身体形态"测评。96.7%的基层教练认为"走训制"是适宜学龄前儿童的训练方式;93.7%的基层教练认为"迎春杯"对浙江竞技游泳人才辈出有重要作用,并认为有必要按年龄分段设置比赛;90%的基层教练认为"中小学生人人会游泳"的政策对扩大浙江的青少年游泳人口起到了很大作用;83.3%的基层教练认为在"迎春杯"比赛期间有必要设置文化考试。

二、基层体校、游泳俱乐部家长调查问卷及结果分析(样本数量为292)

"'中美澳'竞技游泳优秀人才成长规律比较研究"项目调查问卷
—— 基层体校、游泳俱乐部家长调查

感谢您参加本问卷调查。本问卷是基于国家社科基金项目"'中美澳'竞技游泳优秀人才成长规律比较研究"(16BTY085)所设计的,旨在通过广泛、深入的调查研究,还原我国儿童、青少年游泳训练现状,总结提炼优秀运动员的成长成才规律。您选择的答案非常重要,没有对错之分。我们希望得到的是您对问题的个人看法和评价,填答问卷时请不要与他人商量。

请选择您认为合适的答案。

1.您的孩子是什么时候开始接受业余游泳训练的?

(A.学龄前;B.学龄后)

82.5%的家长表示孩子是学龄前开始接受业余游泳训练的。这里的学龄以实际年龄8岁为界,业余游泳训练即指较为系统的课余游泳训练。

选项	人数/人	比例/%
学龄前	241	82.5
学龄后	51	17.5

2.您认为哪种方式更适合学龄段儿童的游泳训练？

（A.走训制；B.住训制）

94.5％的家长认为"走训制"是更适合学龄段儿童的训练方式，表明家长希望游泳训练与文化学习兼顾。

选项	人数/人	比例/％
走训制	276	94.5
住训制	16	5.5

3.您送孩子参加业余游泳训练的首要目的是什么？

（A.强身健体；B.成为运动员）

40.1％的家长表示让孩子参加业余游泳训练的首要目的是"强身健体"，59.9％则是为了"成为运动员"。这个结果有些出乎意料，说明运动员这一职业已被社会认可，其中，拔尖运动员的"明星效应"产生了重要的示范作用。

选项	人数/人	比例/％
强身健体	117	40.1
成为运动员	175	59.9

4.您的孩子前去参加游泳训练的主要方式是什么？

（A.孩子自己往返；B.家长负责接送）

13.4％的家长表示由孩子自行往返体校或俱乐部参加训练，86.6％的家长负责接送孩子。可能是家长担心孩子的交通安全，更可能是家长愿意陪伴孩子，并观看孩子训练。据观察，有些家长未必有较好的条件接送，而是陪同孩子一起用非机动车或公共交通的方式前往。

选项	人数/人	比例/％
孩子自己往返	39	13.4
家长负责接送	253	86.6

5.您认为学龄段儿童的基础训练对其成长成才重要吗？

（A.重要；B.不太重要）

90.1%的家长认为学龄段儿童的基础训练对其成长成才重要。

选项	人数/人	比例/%
重要	263	90.1
不太重要	29	9.9

6.您认为启蒙教练对儿童、青少年游泳爱好者的成长成才重要吗？
（A.重要；B.不太重要）

92.1%的家长认为启蒙教练对儿童、青少年游泳爱好者的成长成才重要。

选项	人数/人	比例/%
重要	269	92.1
不太重要	23	7.9

7.您在意是否由著名教练来带训您的孩子吗？
（A.在意；B.不太在意）

95.2%的家长在意带训自己孩子的是否是著名教练，说明家长期望著名教练带训自己的孩子，目的是希望孩子能发展得更好，更易走运动员的道路。

选项	人数/人	比例/%
在意	278	95.2
不太在意	14	4.8

8.您的孩子参加游泳比赛时，您会去看比赛吗？
（A.一定去（含经常去）；B.不太去（含不去））

72.9%的家长经常或一定去观看自己孩子参加的游泳比赛。家长的关心与陪伴对孩子坚持游泳是最好的激励，由家长们形成的泳池"看台文化"是浙江游泳的一大特色，有利于家长间的交流。

选项	人数/人	比例/%
一定去（含经常去）	213	72.9
不太去（含不去）	79	27.1

9.您认为"迎春杯"青少年(儿童)游泳锦标赛有必要分年龄段设置比赛吗?

(A.有必要;B.没必要)

95.2%的家长认为有必要分年龄段设置比赛。

选项	人数/人	比例/%
有必要	278	95.2
没必要	14	4.8

10.您认为"迎春杯"青少年(儿童)游泳锦标赛有必要测评"身体形态"吗?

(A.有必要;B.没必要)

96.2%的家长认为有必要测评"身体形态"。

选项	人数/人	比例/%
有必要	281	96.2
没必要	11	3.8

11.您认为"迎春杯"青少年(儿童)游泳锦标赛有必要设置"文化考试"吗?

(A.有必要;B.没必要)

98.3%的家长认为有必要设置"文化考试"。

选项	人数/人	比例/%
有必要	287	98.3
没必要	5	1.7

12.您认为浙江省"中小学生人人会游泳"的政策对浙江省游泳人口增长的作用如何?

(A.作用很大;B.作用不大)

91.8%的家长认为"中小学生人人会游泳"的政策对促进浙江省游泳人口增长作用很大。

选项	人数/人	比例/%
作用很大	268	91.8
作用不大	24	9.2

13. 您认为"运动天赋"对运动员的成长成才重要吗？

（A. 重要；B. 不重要）

88.7％的家长认为"运动天赋"对运动员的成长成才重要。

选项	人数/人	比例/%
重要	259	88.7
不重要	33	11.3

14. 您认为"运动员与教练员的关系"对运动员的成长成才重要吗？

（A. 重要；B. 不太重要）

99％的家长认为"运动员与教练员的关系"对运动员的成长成才重要。

选项	人数/人	比例/%
重要	289	99.0
不太重要	3	1.0

　　结论：在调研的 292 位家长中，82.5％是让孩子学龄前开始接受业余游泳训练的；94.5％认为"走训制"是学龄段儿童适宜的游泳训练方式；59.9％送孩子参加游泳训练的首要目的是希望孩子"成为运动员"；86.6％负责接送并陪伴孩子往返俱乐部；90.1％认为学龄段儿童的基础训练对孩子的成长成才很重要；92.1％认为启蒙教练对孩子的成长成才很重要；95.2％在意带训自己孩子的是否是著名教练；72.9％经常或一定去观看自己孩子参加的游泳比赛；95.2％认为"迎春杯"应该按年龄分段设置比赛；96.2％认为"迎春杯"有必要测评"身体形态"；98.3％认为"迎春杯"有必要设置"文化考试"；91.8％认为"中小学生人人会游泳"的政策对促进游泳人口增长作用很大；88.7％认为"运动天赋"对运动员的成长成才重要；99％认为"运动员与教练员的关系"对运动员的成长成才重要。

三、专业队游泳运动员调查问卷及结果分析(样本数量为90)

"'中美澳'竞技游泳优秀人才成长规律比较研究"调查问卷
——专业队游泳运动员调查

感谢您参加本问卷调查。本问卷是基于国家社科基金项目"'中美澳'竞技游泳优秀人才成长规律比较研究"(16BTY085)所设计的,旨在通过广泛、深入的调查研究,还原我国儿童、青少年游泳训练现状,总结提炼优秀运动员的成长成才规律。您选择的答案非常重要,没有对错之分。我们希望得到的是您对问题的个人看法和评价,填答问卷时请不要与他人商量。

请选择您认为合适的答案。

1.您认为儿童开始接受游泳训练的理想年龄是何时?

(A.学龄前;B.学龄后)

91.1%的运动员认为儿童开始接受游泳训练的理想年龄是学龄前。

选项	人数/人	比例/%
学龄前	82	91.1
学龄后	8	8.9

2.您认为哪种方式更适合学龄段儿童的游泳训练?

(A.走训制;B.住训制)

88.9%的运动员认为"走训制"更适合学龄段儿童的游泳训练。

选项	人数/人	比例/%
走训制	80	88.9
住训制	10	11.1

3.您认为学龄段儿童参加业余游泳训练,家长的支持重要吗?

(A.重要;B.不重要)

一致认为家长的支持对学龄段儿童参加游泳训练重要。

选项	人数/人	比例/%
重要	90	100
不重要	0	0

4.您早期参加业余游泳训练的首要目的是什么?

(A.强身健体;B.成为运动员)

86.7%的运动员早期参加游泳训练的目的就是想成为运动员。

选项	人数/人	比例/%
强身健体	12	13.3
成为运动员	78	86.7

5.您认为启蒙教练对您的成长重要吗?

(A.重要;B.不太重要)

96.7%的运动员认为启蒙教练对自己的成长重要。

选项	人数/人	比例/%
重要	87	96.7
不太重要	3	3.3

6.您认为"运动天赋"对运动员的成长成才重要吗?

(A.重要;B.不太重要)

74.4%的运动员认为"运动天赋"对运动员的成长成才重要。

选项	人数/人	比例/%
重要	67	74.4
不太重要	23	25.6

7.您认为"运动员与教练员的关系"对运动员的成长成才重要吗?

(A.重要;B.不太重要)

几乎一致认为"运动员与教练员的关系"对运动员的成长成才重要。

选项	人数/人	比例/%
重要	89	98.9
不太重要	1	1.1

8.您认为儿童、青少年时期的基础训练对运动员的成长成才重要吗?
(A.重要;B.不太重要)
92.2%的运动员认为儿童、青少年时期的基础训练重要。

选项	人数/人	比例/%
重要	83	92.2
不太重要	7	7.8

9.您认为科研医务保障对运动训练和体能康复重要吗?
(A.重要;B.不太重要)
一致认为科研医务保障对运动训练和体能康复重要。

选项	人数/人	比例/%
重要	90	100
不太重要	0	0

10.您认为在专业队训练的同时进入大学学习重要吗?
(A.重要;B.不太重要)
一致认为在专业训练的同时进入大学学习重要。

选项	人数/人	比例/%
重要	90	100
不太重要	0	0

11.您认为在专业队期间运动训练与文化学习两者之间有矛盾吗?
(A.有矛盾但矛盾不大;B.有矛盾且矛盾较大)
83.3%的运动员认为运动训练与文化学习之间"有矛盾但矛盾不大",即可以兼顾。事实上,美国、澳大利亚的大学生游泳运动员从来都是如此。

选项	人数/人	比例/%
有矛盾但矛盾不大	75	83.3
有矛盾且矛盾较大	15	16.7

12.您认为"迎春杯"青少年（儿童）游泳锦标赛对浙江游泳人才辈出作用大吗？

（A.作用很大；B.作用不大）

88.9%的运动员认为"迎春杯"对浙江游泳人才辈出作用很大。

选项	人数/人	比例/%
作用很大	80	88.9
作用不大	10	11.1

13.您认为"迎春杯"青少年（儿童）游泳锦标赛有必要分年龄段设置比赛吗？

（A.有必要；B.没必要）

91.1%的运动员认为有必要分年龄段设置比赛。

选项	人数/人	比例/%
有必要	82	91.1
没必要	8	8.9

14.您认为"迎春杯"青少年（儿童）游泳锦标赛有必要测评"身体形态"吗？

（A.有必要；B.没必要）

92.2%的运动员认为有必要测评"身体形态"。

选项	人数/人	比例/%
有必要	83	92.2
没必要	7	7.8

15.您认为"迎春杯"青少年(儿童)游泳锦标赛有必要设置"文化考试"吗?

(A.有必要;B.没必要)

92.2%的运动员认为有必要设置"文化考试"。

选项	人数/人	比例/%
有必要	83	92.2
没必要	7	7.8

结论:在调研的90名专业运动员中,所有运动员一致认为家长的支持对学龄段儿童参加游泳训练很重要,科研医务保障对运动训练和体能康复很重要,在省队接受专业训练的同时进入大学学习很重要;91.1%认为儿童开始接受游泳训练的理想年龄是学龄前;88.9%认为"走训制"更适合学龄段儿童的游泳训练;86.7%早期参加游泳训练的首要目的就是想成为运动员;96.7%认为启蒙教练对自己的成长很重要;74.4%认为"运动天赋"对成长成才很重要;98.9%认为"运动员与教练员的关系"对运动员的成长成才很重要;92.2%认为基础训练对其成长成才很重要;83.3%认为运动训练与文化学习之间有矛盾但矛盾不大;88.9%认为"迎春杯"对浙江游泳人才辈出作用很大;91.1%认为"迎春杯"有必要按年龄分段设置比赛;92.2%认为"迎春杯"有必要测评参赛者的"身体形态";92.2%认为"迎春杯"有必要设置"文化考试"。

四、省专业队教练员、科研医务人员、管理人员调查问卷及结果分析(样本数量为50)

"'中美澳'竞技游泳优秀人才成长规律比较研究"调查问卷
——省专业队教练员、科研医务人员、管理人员调查

感谢您参加本问卷调查。本问卷是基于国家社科基金项目"'中美澳'竞技游泳优秀人才成长规律比较研究"(16BTY085)所设计的,旨在通过广泛、深入的调查研究,还原我国儿童、青少年游泳训练现状,总结提炼优秀运动员的成长成才规律。您选择的答案非常重要,没有对错之分。我们希望

得到的是您对问题的个人看法和评价,填答问卷时请不要与他人商量。

请选择您认为合适的答案。

1. 您认为儿童开始接受游泳训练的理想年龄是何时?

(A. 学龄前;B. 学龄后)

94%的省专业队教练员、科研医务人员、管理人员(以下称被调查者)认为儿童接受游泳训练的理想年龄是学龄前。

选项	人数/人	比例/%
学龄前	47	94
学龄后	3	6

2. 您认为哪种方式更适合学龄段儿童的游泳训练?

(A. 走训制;B. 住训制)

98%的被调查者认为"走训制"更适合学龄段儿童的游泳训练。

选项	人数/人	比例/%
走训制	49	98
住训制	1	2

3. 您认为学龄段儿童参加业余游泳训练,家长的支持重要吗?

(A. 重要;B. 不重要)

一致认为家长的支持对儿童、青少年参加业余游泳训练重要。

选项	人数/人	比例/%
重要	50	100
不重要	0	0

4. 您认为启蒙教练对儿童、青少年在游泳方面的成长成才重要吗?

(A. 重要;B. 不太重要)

88%的被调查者认为启蒙教练对儿童、青少年在游泳方面的成长成才重要。

选项	人数/人	比例/%
重要	44	88
不太重要	6	12

5. 您认为"运动天赋"对运动员的成长成才重要吗?

（A. 重要；B. 不太重要）

96％的被调查者认为"运动天赋"对运动员的成长成才重要。

选项	人数/人	比例/%
重要	48	96
不太重要	2	4

6. 您认为"运动员与教练员的关系"对运动员的成长成才重要吗?

（A. 重要；B. 不太重要）

88％的被调查者认为"运动员与教练员的关系"对运动员的成长成才重要。

选项	人数/人	比例/%
重要	44	88
不太重要	6	12

7. 您认为儿童、青少年时期的基础训练对运动员的成长成才重要吗?

（A. 重要；B. 不太重要）

一致认为儿童、青少年时期的基础训练对运动员的成长成才重要。

选项	人数/人	比例/%
重要	50	100
不太重要	0	0

8. 您认为科研医务保障对运动训练和体能康复重要吗?

（A. 重要；B. 不太重要）

一致认为科研医务保障对运动训练和体能康复重要。

选项	人数/人	比例/%
重要	50	100
不太重要	0	0

9.您认为运动员在专业队训练的同时进入大学学习重要吗？

（A.重要；B.不太重要）

90%的被调查者认为运动员在专业队训练的同时进入大学学习重要。

选项	人数/人	比例/%
重要	45	90
不太重要	5	10

10.您认为运动员在专业队期间运动训练与文化学习能兼顾吗？

（A.可以兼顾；B.很难兼顾）

90%的被调查者认为运动员在专业队期间运动训练与文化学习可以兼顾。

选项	人数/人	比例/%
可以兼顾	45	90
很难兼顾	5	10

11.您认为"迎春杯"青少年（儿童）游泳锦标赛对浙江游泳人才辈出作用大吗？

（A.作用很大；B.作用不大）

92%的被调查者认为"迎春杯"对浙江游泳人才辈出作用很大。

选项	人数/人	比例/%
作用很大	46	92
作用不大	4	8

12.您认为"迎春杯"青少年（儿童）游泳锦标赛有必要分年龄段设置比赛吗？

（A.有必要；B.没必要）

96％的被调查者认为有必要按年龄分段设置比赛。

选项	人数/人	比例/％
有必要	48	96
没必要	2	4

13.您认为"迎春杯"青少年（儿童）游泳锦标赛有必要测评"身体形态"吗？

（A.有必要；B.没必要）

一致认为有必要测评"身体形态"。

选项	人数/人	比例/％
有必要	50	100
没必要	0	0

14.您认为"迎春杯"青少年（儿童）游泳锦标赛有必要设置"文化考试"吗？

（A.有必要；B.没必要）

78％的被调查者认为有必要设置"文化考试"。

选项	人数/人	比例/％
有必要	39	78
没必要	11	22

15.您认为浙江省"中小学生人人会游泳"的政策对浙江省游泳人口增长的作用如何？

（A.作用很大；B.作用不大）

86％的被调查者认为"中小学生人人会游泳"的政策对浙江游泳人口增长作用很大。

选项	人数/人	比例/％
作用很大	43	86
作用不大	7	14

16. 您对浙江竞技体育管理体制机制院校化改革的评价是什么？

（A. 肯定,有待完善；B. 否定,改革失败）

94％的被调查者对浙江竞技体育管理体制机制院校化改革持肯定态度,并认为有待完善。

选项	人数/人	比例/%
肯定,有待完善	47	94
否定,改革失败	3	6

结论：在调研的 50 名省专业队教练员、科研医务人员、管理人员中,所有人一致认为家长的支持对儿童、青少年的成长成才很重要,早期基础训练对运动员的成长成才很重要,科研医务保障对运动训练和体能康复很重要,有必要测评参加"迎春杯"选手的"身体形态"；94％认为儿童接受游泳训练的理想年龄是学龄前；98％认为"走训制"更适合学龄段儿童的游泳训练；88％认为启蒙教练对儿童、青少年的成长成才很重要；96％认为"运动天赋"对运动员的成长成才很重要；88％认为"运动员与教练员的关系"对运动员的成长成才很重要；90％认为运动员在专业队训练的同时进入大学学习很重要；90％认为运动员在专业队期间运动训练与文化学习可以兼顾；92％认为"迎春杯"对浙江游泳人才辈出作用很大；96％认为"迎春杯"有必要按年龄分段设置比赛；78％认为"迎春杯"有必要设置"文化考试"；86％认为"中小学生人人会游泳"的政策对浙江游泳人口增长作用很大；94％对浙江竞技体育管理体制机制院校化改革的评价是肯定的,并认为有待完善。

五、资深游泳教练员访谈调查提纲

问题一：您认为"中国游泳看浙江"和浙江游泳人才辈出、长盛不衰的主要原因是什么？

问题二：您认为学龄段儿童从什么年龄段开始系统训练合适？适合采用哪种训练方式？

问题三：请您谈谈"运动天赋"及早期"有意栽培"对运动员成长成才的重要性。

问题四：谈谈您对"运动员—家长—教练员"之间关系的看法。

问题五：您是如何看待游泳"天才少女"频频出现的现象的？

问题六：您是如何看待高水平运动队（员）科研医务保障的？

问题七：您认为优秀游泳运动员的成长成才有没有规律？有什么规律？

问题八：谈谈您对浙江竞技体育管理体制机制院校化改革的看法。

附录四 孙杨美国米逊维耶荷(Mission Viejo) 俱乐部短训报告(2018-10-4～2018-10-28)

本次美国训练的主要目的是帮助孙杨提高转身和出发技术。我们用游泳功率测试装置对孙杨的途中游技术进行了测试，通过录像和功率测试，找到了孙杨可以改进的短板，并且设计了一些辅助练习来强化薄弱环节。

一、Underwater Kick（水下腿）

孙杨在美国训练期间，吉纳迪斯(Genadijus)博士基于视频分析数据，评估了孙杨的水下腿、转身、出发和途中游技术。水下腿技术对转身和出发来说都十分重要。游泳功率测试结果显示，孙杨的水下腿技术还有很大的提升空间，提升其水下腿技术可以提升其转身和出发技术。针对孙杨的水下腿技术，提出了要重点攻关以下几个方面。

1. Arms' stability（手臂的稳定性）

Tighten arms can reduce drag in the water significantly. Since Sun Yang is moving arms slightly during the underwater kick，we suggested stabilizing them using the following drills：

Kicking in the streamline position with hands propped against the wall；

Kicking in the vertical position when hanging 1 meter under the diving platform；

Kicking underwater with a small 3-lb dumbbell held in fully extended hands.

All these drills develop a habit to keep arms tight and stable in the kick. Sun Yang tried all these drills. He especially liked the second one.

手臂用力收紧可以显著减小在水中的阻力。由于孙杨在打水下腿的时候手臂总是有轻微的晃动，我们建议采用以下几种分解练习来帮助他稳定手臂：

用手顶着池壁，身体呈流线型打腿；

垂直悬挂在出发台下方 1 米处打腿；

在水下手臂伸直并握住一个 3 磅的小哑铃，打水下腿。

这些分解练习可以培养在打腿时收紧并稳定手臂的习惯。孙杨对以上三种分解练习都进行了尝试，表示特别喜欢第二种练习。

2. Minimizing the amplitude of kick（减小打腿的幅度）

Smaller amplitude of underwater kick reduces loss of speed during the transition from up-kick to down-kick, when swimmers bend their knees. These are drills which help to minimize kicking amplitude：

Kicking on the side；

Kicking with a pull-buoy between ankles.

Sun Yang included kicking on the side in his underwater kicking sets. Over time, it will help to improve his kicking technique.

在屈膝状态下减小水下打腿的幅度可以在向上至向下打腿转换期间减小速度的损失。以下是帮助减小打腿幅度的分解练习。

进行侧身的打腿练习；

打水下腿的时候用脚踝夹住划水板。

孙杨在水下腿练习中加入了侧身的打腿动作，长此以往，有助于提升打腿技术。

3. Including the 3rd kick to underwater kick（打第三下水下腿）

Normally, Sun Yang does two underwater kicks after the turn right before breaking the surface. He does not kick during the gliding and rotation. It would be a huge benefit to include the 3rd kick and begin kicking during the rotation. We didn't have time to work with him on the 3rd kick during my 1st visit to Mission Viejo on October 7-9, but spent more time on this phase during my 2nd visit on October 18-29.

通常孙杨转身之后至出水之前只是打两下水下腿，在出水之前的滑行和蹬边之后的转身阶段并没有打腿。如果在蹬边之后的转身过程中增加第三下水下腿，将可能形成巨大的优势。在我（指吉纳迪斯博士）10 月 7～9

日第一次访问米逊维耶荷俱乐部时(以下称第一阶段),孙杨没有充分的时间去练习这项技术。但在我 10 月 18～29 日第二次访问时(以下称第二阶段),我们花了更多时间在这个阶段上。

4. Underwater kick positions（不同体位的水下腿）

We also analyzed Sun Yang's underwater kick in three different positions：

On the back (right after the flip turn)；

On the side (after push off the wall)；

On the stomach (second half of rotation).

The average speed of the underwater kick：

On the back：1.997m/s；

On the side：1.865m/s；

On the stomach：1.906m/s.

These results shows that Sun Yang needs to improve his underwater kick on the side.

我们还分析了孙杨三种体位状态下的水下腿技术：

面朝上的水下腿(团身后瞬间的体位)；

侧面的水下腿(蹬边后的体位,如图 1)；

面朝下的水下腿(转身动作后半程的体位,如图 2)。

水下腿的平均速度：

面朝上的水下腿：1.997m/s；

侧面的水下腿：1.865m/s；

面朝下的水下腿：1.906m/s。

结果显示,孙杨需要提高侧面水下腿的能力。

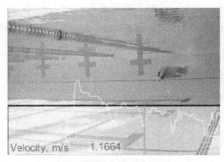 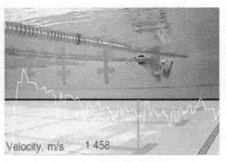

图 1　侧面的水下腿　　　　　图 2　面朝下的水下腿

二、Dives（入水）

We also analyzed Sun Yang's dives and noticed that his arms and legs aren't tight enough when entering the water. Based on that we developed a few drills to improve the position of arms and legs during the dive.

我们还分析了孙杨的入水动作，发现他的手臂和腿在入水时收得不够紧。基于这个问题，我们设计了一些有针对性的分解练习来改善入水时手臂和腿的位置。

1. Diving with small dumbbells in hands（手持小负荷的哑铃起跳出发）

This drill forces him to keep hands in a tight position，which minimizes drag in the water. We did this drill in three steps：lift elbows high in line with shoulders；extend arms forward as if holding two 1-lb dumbbells；jump into the pool. This drill helped Sun Yang to understand how to keep arms tight during the dive.

这个分解练习可以强迫手一直处在收紧的状态，这样可以减少在水中的阻力。我们将这个分解练习分为三个步骤：一是将两臂肘关节抬高，和肩膀成一条直线；二是将手臂向前伸展，感觉手臂被两个 1 磅重的哑铃收紧；三是跳入泳池。这个分解练习可以帮助孙杨领悟在入水时如何保持收紧手臂。

2. Diving with a pull-buoy between knees（入水时膝盖夹住划水板）

This drill helps to keep both legs（feet）together when entering the water.

Sun Yang had both these drills regularly during my 1st visit and before my 2nd visit. As a result，his arms and feet have been tighter during the dive.

这个分解练习可以帮助双腿（脚）在入水时保持并拢。

孙杨从本次训练的第一阶段到第二阶段前一直都规律地练习以上两种分解练习。最后，孙杨的手臂和腿在入水时都比以前更明显地收紧了。

We tested Sun Yang's dives extensively during my 2nd visit. After multiple tests，we noticed that his legs didn't enter the same spot as arms and body. The larger the distance is between hands and feet, the more the drag is created. In order not to drop legs too soon, we created a drill with weight bracelets around the ankles. This drill helps to reduce the distance between hands and feet while diving significantly.

在训练的第二阶段,我们对孙杨的入水动作进行了高强度的测试。在多次测试后,我们注意到:腿的入水点与手臂及身体的入水点不在同一个位置。手和脚入水点的距离越大,出发过程中受到的阻力越大。为了不让腿太快掉到水里,我们设计了一个分解练习,即(起跳出发时)在其脚踝上绑上负荷(图3)。这个练习可以显著缩小手与脚入水点间的距离。

Sometimes, Sun Yang is arching his lower back on entering the water. It creates additional drag and reduces the speed for about 0.2-0.4s. To avoid arching his lower back, we created a drill to dive with a 3-lb dumbbell on the back. By doing this drill, Sun Yang learned how to keep his lower back tighter. As a result, his entry speed increased.

孙杨在起跳入水时有时会出现弓背,这也会造成额外的阻力,使出发大约慢0.2~0.4秒。避免弓背的辅助练习是将3磅的哑铃放在背后入水(图3)。这个练习使孙杨学会了如何收紧背部肌肉。背部肌肉收紧后,其入水速度就会加快。弓背和直背的对比如图4和图5。

图3　脚踝负荷和腰部负荷的出发辅助练习

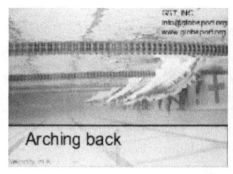 

图 4　弓背　　　　　　　　图 5　直背

三、Turns（转身）

Good turns depend on several factors, such as approach the wall at a high speed, good head position before the turn, compact rotation, pushing off the wall, underwater kicking, and breaking the surface. After filming Sun Yang's kicking technique, we identified the following areas of improvement.

好的转身取决于很多因素,如高速接近池壁、转身前正确的头部位置、紧凑的团身、蹬边的技术、水下腿的技术和出水的技术等。根据孙杨水下动作的技术影像分析,可以从以下几个方面加以改进。

1. Stronger kick before the turn（到边转身前打腿更加用力）

Having 4-5 stronger kicks right before the turn helps swimmers to approach the wall at a higher speed. It makes faster body rotation and stronger pushing off the wall. This drill was done by Sun Yang to make his kick stronger before the turn:

Kicking when holding a small dumbbell with both hands on the lower back.

This drill forces swimmers to kick stronger before the turn and strengthens back muscles to rotate faster. Sun Yang had this drill regularly during the camp at Mission Viejo.

到边转身前的最后 4～5 次打腿更加用力,可以帮助游泳者以更高的速度到边,身体转动的速度更快,蹬边出发也会更有力。下面这个分解练习可以让孙杨转身前的打腿更加有力：

双手持小哑铃放在腰部后方做打腿动作。

这个分解练习可以强迫游泳者在转身前更用力地打腿，同时可以让背部肌肉收紧以提高团身速度。这也是孙杨本次训练期间定期做的一个分解练习。

2. Good head position before the turn（转身前正确的头部位置）

Sun Yang tends to look up at the wall before the turn.

孙杨在转身前往往会抬头看池壁，如图 6。

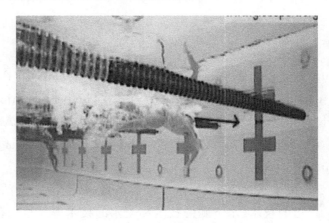

图 6 到边转身前抬头看池壁

It reduces his speed when approaching the wall. As a result，the rotation becomes slower. To keep the correct head position，Sun Yang should fully extend his neck and watch down before the turn. This drill was offered to Sun Yang to improve his head position：

Paddle head drill.

抬头看池壁这个动作降低了孙杨到边的速度，所以团身也就慢了。为了保持准确的头部位置，孙杨应该把脖子充分伸长，同时在转身前保持向下看。以下分解练习可以帮助孙杨改善头部的位置：

头顶手蹼练习。

The paddle head drill means swimming with a paddle in the vertical position on the head. Water presses the paddle toward the head. As a result，the paddle will stay in the vertical position as long as the swimmer doesn't raise his head before the turn. The larger the paddle is, the harder it is kept on the top of the head. Sun Yang really liked this drill and spent a lot of time perfecting it.

做这个练习时,头顶着手蹼游泳,让手蹼一直垂直于头部的前进方向。水流会将手蹼抵在头上,只要游泳者在转身前不抬头,手蹼就一直处于竖直位置。手蹼越大,就越难保持在头上。孙杨十分喜欢这个练习,花了很多时间去把这个练习做到完美,如图 7。

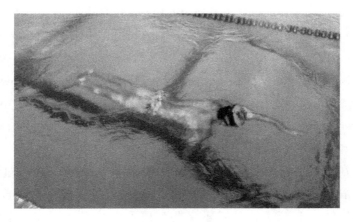

图 7　头顶手蹼练习

3. Right distance to rotate before the turn（转身前团身动作与池壁的合理距离）

When swimmers bend their knees at about 120°, they can push off the wall most strongly. It generates the maximum power. Sun Yang bends his knees around 90°, which means that he is too close to wall to push at the maximum power. After analyzing the distance between the wall and his body before the turn, we suggested he begin rotation earlier. However, it wasn't a easy change for him. That's why we developed this drill for him:

Swimming with fins to have a higher speed before the turn.

This drill helped Sun Yang to understand when he should begin rotation before the turn. After several sessions, he was able to rotate at the right distance.

当膝关节的角度约为 120°时,游泳者在蹬边时最易发力,并能产生最大的爆发力。孙杨的膝关节角度在蹬边开始时大约是 $90°$,表明他在需要最大发力蹬壁的阶段,身体太靠近池壁。在分析孙杨转身前和池壁的距离后,我们建议他提早开始做团身动作。当然,这对他来说并非易事。因此,我们设计了以下分解练习来帮助他:

戴脚蹼游,可以使转身前的速度更快。

这个练习可以让孙杨清楚他应该在什么时候开始做转身前的团身动作。在几次训练课后,孙杨便可以在正确的位置提前做出团身动作。

4. Pushing off the wall during the turn（转身中的蹬边技术）

To generate the maximum power from the wall, swimmers should keep body still when pushing off the wall. Sun Yang was slightly rotating when pushing off the wall. As a result, he was losing some power at that phase. We suggested using the paddle head drill to improve this phase. After several days, Sun Yang was able to keep body still when pushing off the wall.

为了在蹬边过程中获得最大的爆发力,游泳者在整个蹬边过程中身体应该相对静止。孙杨的身体在蹬边过程中已经开始了轻微的旋转,因此,在蹬边阶段爆发力会减小。我们建议把头顶手蹼练习运用在整个转身过程中,以解决转身过早的问题。经过几天练习,孙杨掌握了在蹬边过程中保持身体相对静止的技术。

5. Breaking the surface（出水）

Swimmers should maintain a high speed when breaking the surface after turns and dives. Sun Yang tends to raise the head slightly while pressing his left arm down. He should try to avoid pressing his left arm down and keep his left arm at his earlobe to minimize frontal drag. Also it would be good to avoid double breathing and learn how to breathe on the 2nd stroke, instead of the 1st stroke. Obviously, it is especially important for his 200m race. Sun Yang was working hard to correct breakout technique during my 2nd visit.

在转身或者出发后的出水瞬间,游泳者应该尽可能保持高速度出水。孙杨往往有轻微抬头同时左手臂向下压的动作。孙杨应该在出水时避免将左手臂向下压,并将左手臂保持在耳垂位置,从而减小身体前端在水中的阻力。另外,要避免出水后连续两次呼吸,应该学会在出水后第二次划手时呼吸,而不是第一次划手时就开始呼吸,这在 200 米自由泳中尤其重要。孙杨在第二阶段训练时一直在努力改进出水技术。

四、Swimming Technique(途中游技术)

We used Swim Power Test to analyze Sun Yang's swimming technique. Swim Power Test revealed that there is small loss of the speed at the beginning of the left arm stroke.

我们用游泳功率测试的方法分析了孙杨的途中游技术。测试显示,在左手开始划水阶段,游速出现些许损失,如图 8。

图 8　左手划水速度损矢的时刻

Normally, it happens when the swimmer's arm slips to the side slightly or is not coordinate with the body muscles well. To improve that phase, we suggested holding paddles with fingers at their ends or heads.

Both positions help to keep arms tight, which helps to connect arm muscles to the body better.

通常情况下,造成划水时游速下降的原因是手臂有些往外或者与身体肌肉的配合不佳。我们建议用手指抓住手蹼的后端或前端(去体会不同的抱水感觉),从而改善这种情况,如图 9 和图 10。

两种姿势都能帮助手臂下意识地收紧,这样可以更好地帮助手臂肌肉和身体肌肉配合,连贯用力。

 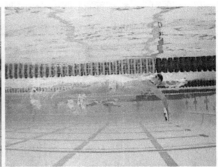

图 9   抓握手蹼后端的辅助练习   图 10   抓握手蹼前端的辅助练习

五、Breathing Technique (途中游的呼吸技术)

Sun Yang tends to lose some speed during the breathing cycle.
孙杨在呼吸过程中往往会出现速度损失,如图 11。

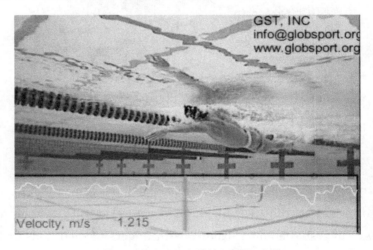

图 11   呼吸过程中游速下降的时刻

　　Normally, it happens when the swimmer leans on the arm to balance
the body during the breathing cycle. To improve his breathing cycle, we
suggested a one-arm stroke: keep the other arm at his side and breathe
towards the stroke arm. With one arm at his side, Sun Yang had to use his

body not his arm to keep balance during breathing.

通常情况下,呼吸过程中出现速度损失是由于游泳者在呼吸时过于依赖(前端的)手臂去平衡整个身体。为了改善他的呼吸过程,我们建议进行单臂分解练习:不划水的手贴着身体,头朝划手侧呼吸。在这种单臂分解练习中,孙杨必须更多地依靠身体而不是手臂来维持呼吸过程中的平衡。

附录五 锁定目标,同心同德, 强化管理,突出实效

——浙江体育职业技术学院 2012 年冬训动员报告

伦敦奥运会已经画上句号,浙江竞技体育不但创造了多项历史第一,为祖国、为浙江争得了荣誉,也成功地完成了赛前确定的"守住底线,力超北京,赶超雅典"的目标。

中国竞技体育大赛规律告诉我们,全运会的竞争之激烈远胜于奥运会,形势之复杂也远胜于奥运会。因此,我们没有任何可以松口气的理由,更没有任何可以炫耀的资本,我们必须保持冷静、清醒,理性分析,拒绝乐观! 唯此,我们方有可能在辽宁全运上再续辉煌。

一、伦敦奥运会的收获

在伦敦奥运会上,我省共获得 4 金 2 银 2 铜,取得 3 个第五名、1 个第六名和 1 个第八名,破 2 项世界纪录和 2 项 3 次奥运会纪录,创造了浙江参加奥运会的历史最好成绩。从参赛人数看,我省共有 21 名运动员参赛,与福建并列排在全国各省份第七位;从参赛项目看,我省共参加了 8 个大项、29 个小项;从竞赛成绩看,我省在游泳、赛艇、拳击等项目中带入全运会 10 金 3 银 3 铜,共计 250 分,列全国各省份金牌第二、奖牌第四、总分第六。

反思伦敦奥运会备战、参战过程,我们收获了些许成功经验。①提出了要"坚定不移地贯彻奥运带全运、全运促奥运的指导思想,坚定不移地走竞技体育院校化发展之路,坚定不移地突出竞技体育金牌优先发展战略",三个"坚定不移"已经成为学院发展的指导思想和工作原则。②建立了"训科医"三位一体、以训练为核心、以管理为保障、以科医为支撑的保障团队,获得了国家体育总局"游泳和赛艇奥运攻关"误题和浙江省科技厅重大项目的

支持。③成立了省体育局备战领导小组和备战办,首次吸收了部分市级体育局分管副局长参加备战领导小组工作,有利于形成竞技体育人才培养"举省体制"下全省一盘棋的"大省队"优势。④得到了省财政备战专项经费的支持,本周期省财政备战专项经费较以往周期提前一年到位,为优秀运动员出国训练和比赛器材购置提供了比较及时的保障。⑤学习先进训练理念与方法,本周期优秀运动员开始规模化地尝试"走出去""请进来",学习借鉴竞技体育发达国家已被实践证明了的成功经验,学院与澳大利亚、美国等多所大学和俱乐部建立了良好的交流合作关系。

二、辽宁全运会的形势

辽宁全运会将于 2013 年 8 月 31 日开幕,倒计时已不足 300 天,全运会资格赛、积分赛、排位赛早已开始,全运会备战已经进入迎战状态。在历届全运会上,黑龙江已获 16 枚金牌,田径、游泳、自行车、射击、摔跤、女子篮球等项目的实力明显提升,本届全运会有望再获 8 枚以上金牌;天津已获 5 枚金牌,本届全运会三大球新政使其成为最大的受益者,同时,作为下届全运会的东道主,天津必将扩大项目规模并得到国家体育总局进一步的政策支持,本届全运会有望再获 21 枚以上金牌;福建已获 4 枚金牌,作为下届城运会的东道主,福建也必将扩大项目规模并得到国家体育总局进一步的政策支持,本届全运会有望再获 20 枚以上金牌。黑龙江、天津和福建必将是我省争夺金牌榜前八的主要对手。值得注意的是,尽管上海和北京带入全运会的金牌数暂时落后于我们,但其曾经是金牌老三强,虽然近两届全运会跌出前三,但上海竞技体育基础厚、规模大、夺金点多,三大球新政会使其净增 4 枚以上金牌,本届全运会上海不会跌出金牌榜前五,我们在金牌榜上不可能撼动上海。北京近三届全运会的金牌数始终稳定在前六,竞技体育的规模、实力和影响力均在我们之上,同时又拥有老牌男女足球强队,去年还成为全国篮球职业联赛男女霸主,三大球新政会使北京受益颇丰。因此,尽管浙江挑战北京争夺金牌榜第六的难度极大,却带来了努力的空间。

竞技赛场犹如战场,打有准备之仗是战场的黄金法则,知己知彼方能研究出合理的战略和战术。就目前我们所掌握的各省份备战信息来看,三大球新政究竟会对竞争格局造成多大影响,还缺乏令人信服的数据和依据。

因此,我们现阶段的重点应当放在苦练内功上,冬训的重点应当放在提升核心竞争力上。

三、我们的行动纲领

竞技体育,永远是凭实力说话;奥运全运,永远是强者的对话。我们选择了竞技体育,我们就选择了永争第一。虽然拿不了金牌的运动员未必不是好运动员,但不想拿金牌的运动员当然不是好运动员。这既是奥林匹克精神的真谛,也是运动员追求的人生价值。

竞技体育从来都是以结果求生存的。学院今天召开隆重的冬训动员大会,目的是部署冬训计划,落实目标责任。但我们务必要记住,计划只有落地才有意义,没有落地的计划就是不落实,不落实的所谓布置,都是纸上谈兵。为此,我们应遵循以下四个方面的行动纲领。

第一是锁定目标。

学院已签订了确保辽宁全运会金牌、奖牌和总分三项指标中两项进前八、其中金牌必须进前八的奋斗目标,即"双八"工程。为此,学院经过数轮分析、论证和评估,提出了力夺 26 枚赛会金牌的目标,并根据目标进行了分解,其中一系 3 枚、二系 9 枚、三系 1 枚、四系 1 枚、五系 2 枚、六系 5 枚、七系 3 枚、八系 2 枚。学院将在资源配置上分别给予优先保证、重点保证和倾斜保证,全力以赴地提高重点运动员夺金的成功率。

目标已经分解,过程一定要监督,结果一定要考核,奖惩一定要分明。我们不要把锁定目标当成一句口号,锁定目标必须首先锁定责任,这样的锁定才有责任感和使命感。竞技体育只认功劳不认苦劳,"尽力而为"不能当作承诺,因为这种承诺毫无意义和价值。

第二是同心同德。

竞技体育需要团队精神和奉献精神。钱学森曾说:"离开集体,一事无成。"完成辽宁全运会"双八"工程,要靠全体同仁的统一意志和统一思想,同时也希望大家淡泊名利。诸葛亮在《诫子书》中说:"非淡泊无以明志,非宁静无以致远。"只有你淡泊了个人的功名利禄以后,才能够真正坚定报效祖国的信念。

捍卫浙江竞技体育的荣誉是学院的天职。我们的运动员与其他省份的运动员相比,能力相差无几,智商基本持平,但我们可以造就集体英雄和团队楷模。常言道"三个臭皮匠,顶个诸葛亮",但也可能"三个和尚没水吃",这充分说明了同心同德的重要性。

第三是强化管理。

竞技体育的制胜规律告诉我们,全运会层次的较量"三分靠训练,七分靠管理",单兵作战如此,集体项目尤甚。为了切实加强优秀运动员的训练管理、竞赛管理、生活管理、行为规范管理乃至社会活动管理,学院在严格执行已经颁布的管理规章制度的基础上,出台了《运动队战时管理规定》,全体将士务必做到令行禁止。

就全运会参赛管理,学院将重点抓好程序化参赛方案的制定与检查、重点运动员的伤病治疗与控制、主要对手备战信息的收集与分析三方面。各级训练管理干部和教练员要对熟悉规程和应用规程十分重视,程序化参赛的首要问题就是要研究规程、熟悉规程,并学会应用规程。

第四是突出实效。

突出实效就是突出有效积累。有效积累就是能力提升的过程,可能是量的渐变,也可能是量到质的突变。只要训练思路和方向正确,量的积累就一定会伴随能力的提升,只是提升的快慢有差别。如果我们训练时间很长、强度很大,但仍然没有提高,那就要反思我们的训练思路和方向是否正确。如果方向和思路不对,练得越多,可能问题越大。所以,有效训练不能只是一句口号。其实,训练计划的千变万化,离不开"量""强度""密度"三个指标的合理安排,这是教练员的核心技术。

竞技体育要有"唯我独尊"的霸气。"唯我独尊"是一种自信,但并不是"以自我为中心",这是一种境界,这是一种智慧,敢以这种姿态生活的人注定是不平凡的人,这些人的特征是目光远大、信心十足,有自己的主见和追求,不轻易被别人左右,一般都能成就大事。教练员需要这种气质,运动员更需要这种气质,这就叫勇者无敌、强者无敌。

同志们,2010 年我们取得了亚运会的历史最好成绩,2011 年我们获得了城运会的历史最好成绩,今年我们又夺得了奥运会的历史最好成绩,我们有理由、有信心去冲击全运会的历史最好成绩。让我们怀揣梦想,充满激情,努力奋斗,创造辽宁全运会佳绩,真正把我院建设成培养浙江竞技体育人才的摇篮,为建设"两富浙江"做出我们应有的贡献。